스토리텔링
작법과 실무

초판 1쇄 인쇄 • 2019년 12월 01일
지은이 • 주인석
펴낸이 • 이승훈
펴낸곳 • 해드림출판사
주 소 • 서울 영등포구 경인로82길 3-4(문래동1가 39)
　　　　 센터플러스빌딩 1004호(우편07371)
전 화 • 02-2612-5552
팩 스 • 02-2688-5568
E-mail • jlee5059@hanmail.net

등록번호 • 제2013-000076
등록일자 • 2008년 9월 29일

* 책값은 표지에 있습니다
* 잘못된 책은 바꿔드립니다

ISBN　979-11-5634-382-0

200여 곳의 현장을 스토리텔링한 주인석 작가
스토리텔링 작법과 실무

알고 싶다
배우고 싶다
하고 싶다
스·토·리·텔·링

주인석 지음

해드림출판사

■지은이

작가 **주인석**

매일신문 신춘문예와 영주일보 신춘문예를 통해 데뷔하였다. 계명대학교 문예창작학과 석사 졸업을 하였고 200여 곳의 현장 스토리텔링을 하였다. 이를 바탕으로 학교, 도서관, 공공기관, 기업체 등에서 인문학과 스토리텔링 강의를 하고 있다. 스토리텔링을 통해 지역을 발전시킨 사례로 포항 MBC TV '동해인 톡톡'에 단독 출연하였고 라디오 출연도 다수하였다. 특히 울산의 '강동 사랑길'은 전국 최초로 관광 스토리텔링 책을 발간한 곳인데 낙후된 어촌마을을 '장어마을'로 전국에 알렸다. 뒤이어 경주의 '감포 깍지길'은 전국 매니페스토대회에서도 최우수상을 받은 곳이다. 경북 영주의 '데굴데굴 물꼬마'는 우리나라 최초로 하수처리장에 스토리텔링을 접목한 사례로 지금은 인형극으로까지 이어져 똥물도 이야기로 만들면 팔 수 있음을 입증시켰다.

저서로는 수필집 『끈』이 있고 관광 스토리텔링으로는 『강동 사랑길』『감포 깍지길』『간절곶 소망길』이 있고 기획 저서는 『울산 어울길』이 있으며, 하수처리장 스토리텔링으로는 『데굴데굴 물꼬마』가 있다. 마을 스토리텔링에는 여우 이야기 「여희 설화」, 오봉 십장생 이야기 「돗밤실 둘레길」, 약초 이야기 「장수 힐링 하우스」, 오동나무 이야기 「오동 마을」, 소금 이야기 「맷돌 항아리」가 있으며 전체 250여 개의 스토리텔링을 하여 현장 경험이 풍부한 스토리텔링 작가이다.

■ 프롤로그

'매일 쓰면 이를 수 있고 진정성을 가지면 이룰 수 있다'

  10여 년 동안 스토리텔링을 했다. 200여 개가 넘는 이야기를 썼고 콘텐츠와 연결했다. 평소엔 고전을 읽고 글을 쓰고 강연도 했다. 작가로서 부끄러움 없는 삶을 살기 위해 일일계획을 세워 매일 실천하다 보니 '강산도 변한다.'라는 세월이 훌쩍 흘러버렸다. '서당 개도 삼 년이면 풍월을 읊는다' 했는데 이런 말들을 나 스스로 증명해 볼 시간이 왔다.
  책을 쓰는 것은 모든 것을 내려놓고 그동안의 작업을 촘촘히 정리하는 사색의 시간이다. 말은 많았고 생각은 작았던 시간이 흘러갔다. 말은 흘러가는 물이나 바람과 같다. 더러는 땅에 스며들고 더러는 나무에 열매 맺기도 했겠지만 아쉬움이 남는 것은 사실이다. 그래서 자숙의 시간을 만들었다. 이 시간은 내적으로는 나를 돌아보는 시간이요 나를 성숙·성장시키는 시간이고 외적으로는 타자에게 작은 도움을 주는 시간이요 타자와 소통하는 시간이다.
  지금까지 사람들의 가슴에 남긴 많은 이야기가 흘러가는 물이 되지 않도록 자그마한 호수 하나를 만드는 심정으로 스토리텔링의 축대를 쌓고, 현장에서의 작법과 사례를 채워 넣고, 작아도 매력이 있는 이야기의 가리연꽃을 심어볼 예정이다. 지금까지 나를 믿어주고 지지해준 분들을 믿고 부끄럽지만, 용기를 내어본다. 이 책에는 내가 고민했던 많은 부분이 들어 있다.

스토리텔링을 잘하기 위해서는 먼저 이야기꾼이 되어야 했다. 같은 사건을 두고도 다양하게 바라보는 눈이 필요했다. 평면적 설명이든 입체적 인과이든 같은 소재로 이야기를 해도 사람마다 다르게 소통되는 것은 메시지를 달리했기 때문이다. 이야기를 부리는 힘은 바로 주제에 있다. 주제는 감정을 건드리는 촉이다. 촉을 개발하기 위해서는 매일 일어나는 일을 사건 상황으로 보는 눈이 있어야 하고, 이 상황을 재미있게 전달하는 입이 필요하며, 매일 글을 써서 저축할 수 있도록 '글축통장'을 관리하는 손이 절실하다.

통장에 숫자가 쌓이면 반은 이룬 셈이다. 스토리텔링의 기본은 이야기로 소통하는 것이다. 여기에 이야기의 진정성까지 더해지고 알맞은 콘텐츠가 접목된다면 좋은 스토리텔링이 될 가능성이 높다. 이야기만 있고 진정성이 없으면 사기꾼이란 소리를 들을 수 있지만, 이야기에 진정성을 담으면 이야기꾼이란 소리를 들을 수 있다. 이야기 잘한다는 소리를 들으며 전국 곳곳의 이야기로 사람들과 소통하고 싶었다.

이야기가 접목되지 않는 곳은 없지만, 이야기가 접속된 곳은 그리 많지 않다. 누구나 스토리텔링을 말할 수는 있어도 아무나 스토리텔링을 할 수 있는 것은 아니다. 하찮거나 어설픈 이야기도 스토리텔링의 재료가 될 수는 있지만, 진정성이 빠진 이야기로는 스토리텔링을 하여도 심장을 뛰게 할 수는 없다. 다시 말하면 이야기가 마음으로 접목되어야 감정이 접속된다는 뜻이다. 인간에 대하여 깊이 생각하지 않으면 진실한 이야기를 쓸 수 없고 감동을 줄 수도 없다. 스토리텔링이 어렵다면 어려운 이유가 여기에 있다. 스토리텔링을 잘하기 위해서는 매일 이야기꾼으로 깨어 있어야 한다.

이론은 아무리 설명을 잘해도 독자에게 전달되지 못하는 부분이 있다. 그래서 사례는 잘 보이게 하고 이론은 슬쩍 숨겼다. 때론 잘 정리된 이론보다 잘 적용된 사례 하나가 이론을 단번에 말해 줄 수 있기 때문이다. '백문이 불여일견'이란 말처럼 스토리텔링에 관한 이론을 백번 읽는 것보다 한 가지 사례를 듣고 현장에서 직접 지어보는 것이 나을 수도 있다. 책을 다 읽은 후에 스토리텔링 현장에 가서 콘텐츠를 직접 본다면 머릿속이 더 잘 정리가 될 것이다. 보고 듣고 만든 스토리를 자주 말해보고 이야기를 발효시키는 연습이 스토리텔링을 잘하는 비결임은 분명하다.

이 책은 스토리텔링 이론을 유창하게 말하기보다 스토리텔링을 직접 할 수 있도록 사례를 많이 들어 집필하였다. 그러나 1부는 기본 이론으로 인하여 어렵다고 생각할 수 있을지 모르겠다. 스토리텔링 과업지시를 하는 사람, 현장에서 직접 스토리텔링을 할 사람, 자신만의 스토리텔링으로 마케팅을 할 사람에게 도움이 되었으면 하는 마음으로 독자의 눈높이를 수시로 살폈다. 그래서 스토리텔링에 대한 어떤 부분은 강조를 위해 의도적으로 중복하여 말하기도 했다. 이 책의 표지를 넘길 때,

　스토리텔링이 뭔데?

　무엇으로 하는 건데?

　그거 어떻게 하는 건데?

　그거 하면 뭐가 좋은데?

　아, 그럼 나도 하면 되네.

요약하면 이 책은 네 번의 '데'와 한 번의 '네'로 만들어진 책이다. 결국 경상도 사투리 '데네'로 말하고 '되네'로 독자들에게 다가가길 바란다. 어떤 사람을 만나느냐에 따라 인생이 달라지듯이 어떤 책도 그러할 것이다. 좋은 이야기로 좋은 세상을 만들었으면 좋겠다는 한 가지 생각만 가지고 오늘도 글을 쓴다. 이 책이 나오기까지 함께 애써 주신 많은 분께 감사드린다. 숙식을 제공해 준 사랑스러운 딸과 꼼꼼하게 읽고 마음의 지분을 준 든든한 아들에게도 감사한 마음을 전한다.

　그리고 빛처럼 내 곁에 계시고 염려와 칭찬으로 이끌어 주시며 한 글자 한 글자 짚어주신 나의 주사(朱砂) 스승님 얼굴을 떠올리며 인사를 갈음한다.

2019년 와인 같은 시월에

주인석

■ 목차

프롤로그　　6

0부 스토리텔링에 관한 질문들
부제 : 스토리텔링 맛보기　　15

1부 알고 있었지만 제대로 알고 싶다
부제 : 이야기란?

1. 표주박과 배　　　　　　　　　　　　　　28
2. 사람들은 이야기를 좋아해　　　　　　　　32
3. 이야기가 뭐지?　　　　　　　　　　　　　35
4. 이야기에도 뼈대가 있어?　　　　　　　　40
5. 한 성질 해야 인정받는 이야기　　　　　　43
6. 이야기의 두 세계　　　　　　　　　　　　46

2부 말할 수 있지만 제대로 말하고 싶다

부제 : 스토리텔링이란?

1. 그게 스토리텔링이라고?	52
2. 스토리텔링의 시발은 언제지?	59
3. 우리나라에선 언제 생겼지?	63
4. 스토리텔링의 범위는?	67
5. 스토리텔링의 공감은 어디로부터?	70
6. 왜 스토리텔링을 할까?	74
7. 스토리텔링의 힘은 얼마나 셀까?	77
8. 잊지 말아야 할 그것	84
9. 주인석의 스토리텔링 공식	88

3부 하기 어렵다지만 하면 할 수 있다

부제 : 스토리텔링을 하기 위한 자세

1. 아무와 누구에게 던지는 질문	94
2. 누가하면 잘할까?	97
3. 스토리텔링을 잘 하는 방법이 있을까?	100
4. 스토리텔링의 가치는 뭘까?	106
5. 하나를 분석하면 열을 배운다고?	109
6. 하나에 매달리면 재미없다	112
7. 제대로 짚어보아야 할 것들	116

4부 할 수 있다지만 제대로 하고 싶다

부제 : 스토리텔링 창작과정

1. 현장 답사	123
2. 주민설명회와 면담	128
3. 소재와 주제	132
4. 제목	143
5. 주인공	151
6. 글집	156
7. 습작	161
8. 상황 설정하기	166
9. 갈등의 겹침	170
10. 스토리텔링의 사례	178
11. 콘텐츠 구상	190

5부 이야기하기 보다는 스토리텔링 하기

부제 : 스토리텔링의 유형과 종류

1. 스토리텔링의 6가지 유형	199
2. 이름 스토리텔링	203
3. 자기소개 스토리텔링	207
4. 전기 스토리텔링	221
5. 역사 스토리텔링	224
6. 공공 스토리텔링	226
7. 관광 스토리텔링	228
8. 자동차 네이밍 스토리텔링	231

6부 하는 곳은 많지만 되는 곳은 따로 있다

부제 : 스토리텔링의 대표사례와 미발표 작품

1. 〈데굴데굴 물꼬마〉 하수처리장 스토리텔링 　　　235
2. 〈강동 사랑길〉 장어 스토리텔링 　　　241
3. 〈감포 깍지길〉과 〈간절곶 소망길〉 그 외 미발표 스토리텔링 　　　245
4. 꽁지 김밥, '다오세' 스토리텔링 　　　247
5. 패션, '뒤꾸리' 스토리텔링 　　　249
6. 강의실, '맥아더 데스크' 스토리텔링 　　　251
7. 거름편, '데굴데굴 물꼬마' 스토리텔링 　　　252
8. '바글바글 불꼬마(firebrat)' 스토리텔링 　　　255

7부 할 줄은 모르지만 하라는 곳은 많다

부제 : 스토리텔링의 방향성

1. 이것만은 지켜야 　　　259
2. 우후죽순으로 자라는 　　　262
3. 이야기 공학으로 　　　265
4. 이야기를 직업으로 　　　270
5. 공모전과 작가의 길 　　　274
6. 하라는 곳, 해야 할 것 　　　276
7. 첨부 　　　280

　　첨부1. 장수 힐링 하우스 스토리텔링
　　첨부2. 돗밤실 둘레길 스토리텔링
　　첨부3. 환경인형극 〈데굴데굴 물꼬마〉

에필로그　　　389

0부
스토리텔링에 관한 질문들

부제 : 스토리텔링 맛보기
*잠깐, '영부'로 읽지 말고 '공부'로 읽어주세요.

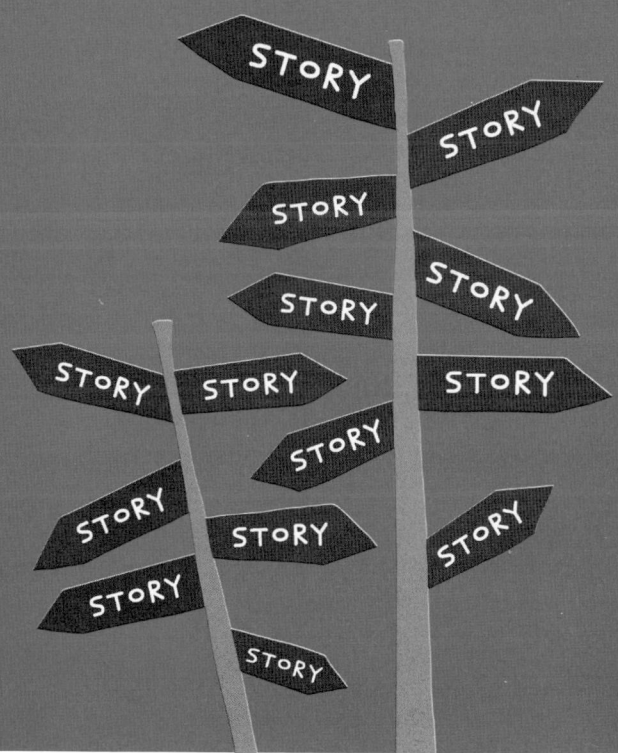

1. 스토리텔링이란 말이 뜨거운데 스토리텔링이란 뭘 말하는 건가요?

단순히 이야기를 들려주는 것을 스토리텔링이라고 말하는 사람도 있습니다. 그러나 좀 더 정확히 말하면 줄거리가 있는 이야기와 그에 맞는 콘텐츠가 사람들을 감동하게 해서 어떤 행동을 하게 만드는 것까지 포함하여 스토리텔링이라고 합니다. 예를 하나 들어보겠습니다. 그리스 로마 신화에서 바다를 항해하는 뱃사람들을 아름다운 노래로 유혹하는 사이렌 이야기를 변용하여 커피의 맛과 향으로 사람들을 유혹한다는 이야기로 재창작합니다. 그리고 이 이야기에 맞추어 사이렌 얼굴로 로고를 만들고 스타벅스 커피라는 콘텐츠를 만들었습니다. 이제 사람들은 이 이야기와 콘텐츠 즉, 커피를 삽니다. 마지막으로 커피를 마시는 사람들의 반응까지 포함하여 스토리텔링이라고 말합니다. 왜냐하면 스토리텔링은 정신적·물리적 마케팅을 위한 이야기이기 때문입니다.

2. 이야기면 다 스토리인가요?

스토리텔링에서 스토리는 줄거리가 있는 이야기를 뜻합니다. '오늘 뭐 먹었는지 이야기해 봐.' '응, 김치찌개' 이렇게 짧은 이야기부터 원인과 결과에 의해 잘 구성된 이야기까지 그 범위가 너무나 넓기 때문에 줄거리를 압축할 수 있는 이야기만 스토리로 봅니다. 이야기의 범주에 들어가는 모든 것을 스토리라고 말하지는 않습니다. 그래서 강력한 한 줄로 압축할 수 있는 이야기여야 스토리텔링으로써 힘을 가질 수 있습니다. 어느 식당 입구에서 또는 이 책의 표지에 '미리 말씀드리지만, 뼈밖에 없습니다.'라는 카피를 보았다면 어떤 이야기를 압축해 놓은 것일까요?

3. 이야기와 스토리텔링의 차이가 무엇인가요?

줄거리를 뽑아낼 수 있으면 이야기입니다. 이야기는 스토리텔링의 재료이고요. 스토리텔링은 이야기와 이야기에 맞는 콘텐츠와 콘텐츠를 구매하는 사람의 행위까지 포함하는 것을 말합니다. 예를 하나 들어보겠습니다. 제 아이들은 또래보다 키가 작았습니다. 그래서 여러 가지 음식을 골고루 먹이고 싶었지만, 아이들은 잘 먹지 않았어요. 고심 끝에 신라가 삼국을 통일하는 이야기를 들려주었지요. 이야기에 빠져든 아들딸을 앞에 앉히고 큰 양푼의 밥에다 여러 가지 재료를 넣고 막 비비면서 전쟁이 났다고 했습니다. 그다음 삼등분하여 고구려, 백제, 신라로 나누어 주면서 이야기를 이어갔더니 눈 깜짝할 사이에 비빔밥은 사라졌습니다. 신라의 삼국통일은 이야기이고, 비빔밥은 이야기의 콘텐츠이며, 아이들은 이야기의 재미에 빠져 기분 좋게 밥을 구매한 셈이지요. 혹자는 이야기 들려주는 행위만으로도 스토리텔링이라고 말하지만 저는 이야기가 활동하여 마케팅까지 이루어지는 것을 스토리텔링이라고 말합니다. 이것이 차이점입니다.

4. 이야기하기라고 하지 않고 스토리텔링이라고 하는 이유는 뭔가요?

'이야기하기'라고 말하는 사람도 있고 그렇게 말해도 됩니다. 그러나 스토리텔링이라고 말하는 것은 이야기에 의해서 발생하는 다양한 콘텐츠의 마케팅 활동을 강조하고 전달하기 위해서입니다. 또 하나 웃자고 하는 말이지만 이야기하기보다는 스토리텔링이 좀 더 멋있게 보이지 않습니까? 이런 이유로 스토리텔링이라고 말하는 사람도 분명히 있을 겁니다. 아무 의미 없이 스토리텔링이라고 붙인 곳도 많이 보이거든요. '이야기하기'에 대한 설명은 본문에 자세히 실었습니다.

5. 소설과 스토리텔링이 어떤 점이 다른가요?

소설은 순수문학으로 이야기에 해당하며 대부분 서점을 통해 소극적으로 판매되고 있습니다. 그러나 스토리텔링은 소설을 재료로 하여 다양한 콘텐츠-영화, 연극, 애니메이션, 각종 SNS, 조형물, 제품-로 개발하고 적극적 마케팅으로 이어가는 것을 말합니다. 이렇게 볼 때, 소설과 스토리텔링은 상호의존적인 성격을 띱니다. 소설 그 자체로 존재해 온 역사는 오래되었지만, 우리나라에서 소설이 마케팅과 융합하여 스토리텔링으로 활발하게 움직인 것은 그리 오래되지 않았다고 봅니다. 소설이 시대의 흐름에 발이 맞으면 소설은 물론이고 작가조차도 영화나 뮤지컬 또는 각 지역의 문화 콘텐츠로 판매되고 있으니 스토리텔링의 재료로

써 소설과 스토리텔링은 서로를 존중해 주는 것입니다.

6. 스토리텔링은 누가 하나요?

하고 싶은 사람이면 누구나 할 수 있지만 아무나 할 수 있는 것은 아닙니다. 누구나 시도할 수는 있지만 아무나 성공하지는 않는 것과 같습니다. 이야기를 좋아하고 아이디어를 잘 내는 사람이라면 콘텐츠를 잘 기획할 수 있으니 스토리텔링을 하기에 좀 더 유리하다고 할 수 있습니다. 또 현재 글쓰기를 직업으로 삼는 사람이고 마케팅에 관심이 있다면 할 수 있다고 봅니다.

7. 말 잘하고 글을 잘 쓰는 사람은 스토리텔링도 잘하나요?

꼭 그렇지는 않습니다. 연관성이 없는 것은 아니지만 스토리텔링은 오히려 마케팅을 잘하는 사람이 더 잘할 수도 있습니다. 그러나 글쓰기의 기본기는 꼭 갖추어져 있어야 합니다. 모든 이야기가 스토리가 되는 것은 아닌 것과 똑같은 이치입니다.

8. 스토리텔링은 어떻게 시작하며 플롯은 어떻게 짜나요?

스토리텔링의 시작은 이야기 만들기입니다. 이야기에는 원인과 결과가 있어야 합니다. 그것을 플롯이라고 합니다. 플롯을 가장 쉽게 습작하는 방법은 '원인과 결과'를 네 줄로 써 보는 겁니다. 발단이 뭐지? 왜 논란이 계속되는 거지? 왜 그렇게까지 난리가 나는 거지? 그렇게 해결되었고 우리의 가슴에 남는 것은 뭐지? '아오모리 합격사과'를 예로 들어보겠습니다. 태풍이 발단이고 사과가 모두 떨어져 일 년 농사가 망해버렸기 때문에 계속해서 논란이 되었지요. 그런데 태풍에도 떨어지지 않는 힘을 가진 합격사과라며 수험생에게 홍보하였더니 사과가 불티나게 팔렸고 사과가 없어서 난리가 났지요. '합격사과'라는 콘텐츠를 만들어낸 농장 주인의 재치는 우리의 가슴에 오래도록 위기를 극복하는 힘으로 남아 있습니다. 이렇게 이야기의 뼈대와 주제문을 만들어보는 것이 도움이 될 것입니다.

9. 스토리텔링의 소재는 어떻게 잡으며 어떤 눈을 가지고 어떻게 수집하여 어떻게 짓나요?

소재의 출발은 관찰입니다. 내 눈에 쉽게 보이는 것은 다른 사람의 눈에도 쉽게 보인다고 생각하면 됩니다. 다른 사람과 반대로 보는 눈을 가져야 특이한 소재를 발견할 수 있습니다. 예를 들면 저는 지도에서 많은 이야기와 캐릭터를 찾아냅니다. 또 한 가지 그곳에 머무르면서 그 사람, 그 제품, 그 장소 등과 함께 보내면서 익히는 시간을 많이 할애해야 합니다. 그래야 정확히 관찰할 수 있고, 관찰을 통해 잘 아는 것이 이야기의 첫 출발이 됩니다. 그래서 저는 관찰부터 이야기라고 말합니다.

10. 스토리텔링의 창작 범위는 어디까지인가요?

줄거리가 있는 모든 이야기는 스토리텔링으로 창작 또는 재창작 될 수 있습니다. 그러나 스토리텔링을 정확히 알고 이름을 붙여야 한다고 생각합니다.

11. 스토리텔링의 허구와 사실에 대해서 어디까지 활용해도 되나요?

모든 이야기는 허구입니다. 그렇다고 해서 이야기가 허위와 환상만을 말하는 것은 아닙니다. 이야기는 진실 또는 드러나지 않은 진실을 호감이 가도록 재구성하는 것입니다. 하늘 아래 새로운 것은 없습니다. 역사를 사실로 철저하게 믿는 사람들이 많지만, 역사 역시 쓰는 사람의 주관이 많이 들어갔다고 볼 수 있습니다. 역사는 승자의 편이니까요. 가장 사실이라고 믿는 역사도 이러한데 세상의 많은 이야기 중에 무엇이 사실이고 무엇을 허구라고 말할 수 있겠습니까? 한 가지 사례로 심청전 이야기를 철저하게 사실이라고 믿는 분이 계셨습니다. 심청이 실존 인물이기 때문에 재해석을 하면 안 된다고 했습니다. 우리 지역에서 전해 내려오는 자부심 있는 이야기들은 모두 사실일까요? 이야기는 그 자체가 허구를 포함하고 있다고 봅니다. 또 전달하는 과정에 얼마나 많은 살이 붙었는지 생각해 보면 알 수 있습니다. 사실이냐 허구이냐를 따지는 것보다 사람들에게 정서적으로든 물리적으로든 득이 되는지 해가 되는지 살펴서 창작하는 것이 더 나을 것입니다.

12. 현존하는 인물을 캐릭터로 삼는 방법도 있나요?

당연히 할 수 있습니다. 현존 인물이 사람들에게 귀감이 될수록 이야기의 캐릭터는 힘을 얻습니다. 자신의 이름을 내걸고 스토리텔링 한 곳이 그러한 곳이지요. 예를 들면 '초당순두부' 스토리텔링은 허균의 아버지 허엽의 호 '초당'으로 소탈한 삶을 두부에 형상화하였으니 인물이 더 돋보이게 된 것입니다. 최근에 작업한 영주시 장수면 〈장수 힐링 하우스〉 스토리텔링의 인물은 모두 그 지역의 진정성 있는 인물들입니다.

13. 스토리텔링의 분량은 얼마로 하나요?

천차만별입니다. 광고에서는 한 줄에서 네 줄로도 가능합니다. 그러나 '대한민국 스토리 대전'에서 요구하는 것은 A4 기준으로 작품명 1쪽, 작품의 장르, 기획 의도, 로그 라인, 스토리 키워드가 담긴 작품 개요 1쪽, 줄거리 3쪽, 등장인물 소개 2쪽, 트리트먼트 30쪽을 기본으로 제출하고 공연, 드라마, 만화, 애니, 영화, 출판의 원고는 40쪽을 제출해야 합니다. 그 외에 기업체나 지역 관광, 상품 판매 등의 간단한 스토리텔링은 줄거리 원고지 5매 정도, 문서로는 1~2장 정도가 적당합니다. 마케팅에서는 주저리주저리 긴 이야기보다 짧고 강하면서 의미 있는 이야기를 요구합니다. 정해진 분량을 요구하는 곳도 있지만 대체로 자유롭습니다. 중요한 것은 분량이 아니라 한 줄이라도 플롯이 탄탄한 스토리입니다.

14. 스토리텔링으로 상품은 어떻게 만드나요?

상품보다 앞서야 할 것은 진정성 있는 스토리입니다. 진정성 있는 이야기의 바탕에는 누구도 흉내 낼 수 없는 귀한 소재가 있고 이 소재는 바로 상품으로 연결될 수 있습니다. 영주 대장장이의 호미는 쇼핑몰 아마존에서 'Hand Plow Ho-Mi EZ Digger 27.94cm, US $12.99, 대한민국, 배송 가능'으로 잘 팔리는 물건 10위 안에 들었고, 인천에서 그림 그리는 소방관의 벽화는 그 자체가 관광 상품이 되었습니다. 이들의 삶이 진정성 있는 스토리로 작동했기 때문에 호미나 벽화는 스토리텔링의 상품으로서 가치가 있습니다.

15. 일상생활이나 사물로 어떻게 스토리텔링을 습작하며 꾸준히 해야 할 것은 무엇인가요?

첫째, 그 사물의 한 가지 장점을 찾아내고 둘째, 왜 장점을 말하고 싶은지를 생각합니다. 셋째, 그 장점과 인간의 연관성을 네 줄로 적어봅니다. 넷째, 무엇을 마케팅할지 생각합니다. 마지막으로 스스로 말해보고, 한 줄로 요약한 제목을 달고 전체를 요약한 것을 써 봅니다. 하루에 한 개씩 매일 해 보면 분명히 스토리텔링을 잘할 수 있을 것입니다.

16. 스토리텔링을 할 때 지켜야 할 의무 같은 것이 있나요?

진정성과 도덕성이라고 생각합니다. 이야기라는 자체가 인간을 말하기 때문입니다. 진정성과 도덕성은 누가 가르쳐서 이루는 것이 아니라 인간 본래의 모습이라 생각합니다. 가장 좋은 삶은 자연스러움에 따르는 것이고 가장 못난 삶은 법에 맞추어 사는 것이라 했습니다. 가장 좋은 삶의 모습을 찾아 이야기로 쓰고 콘텐츠화하여 모든 사람들에게 이익이 되도록 하는 것이 스토리텔링이라고 생각합니다. 소수의 이익을 위한 콘텐츠만으로 글을 쓰면 도덕성이 사라질 수 있고, 유행을 너무 따르면 깊이가 얕은 스토리가 될 수도 있어 진정성을 잃을 수도 있습니다.

17. 스토리텔링은 어느 분야에 써먹나요?

특별히 정해진 곳은 없지만 일차적으로는 문화 콘텐츠로써 쓰일 것이고 이차적으로는 마케팅 분야에서 많이 쓰일 것입니다. 교육, 문화, 경제, 정치, 광고, 관광, 기업, 지역의 관광, 개인의 사업 등 전반적으로 쓰일 것입니다. 요즘은 스토리텔링을 안 하는 곳이 없을 정도로 많은 곳에서 사용합니다.

18. 스토리텔링을 하기 위해 읽으면 좋은 책을 추천해 주십시오.

스토리텔링을 하기 위해서는 다양한 책을 많이 읽는 것이 좋습니다. 그래도 꼭 읽어야 할 몇 권을 말하라고 한다면 첫째, 도덕적 인성과 진정성을 위해 율곡 이이의 〈성학집요〉 둘째, 창의력과 상상력 자극을 위해 이윤기의 〈그리스로마신화〉, 셋째 인간의 갈등과 고뇌를 이해하기 위해 서양 작품 중에 호메로스의 〈오디세이〉, 동양 작품 중에 사마천의 〈사기 열전〉을 읽으면 도움이 되겠지만 쉽지 않은 책들입니다. 욕심내지 말고 하루에 한두 페이지씩 꼼꼼히 읽어나가다 보면 생각보다 아주 많은 것을 얻을 수 있을 것입니다.

1부
알고 있었지만 제대로 알고 싶다

부제 : 이야기란?

1. 표주박과 배

  하나의 이야기로 이 책의 문을 열어볼까 한다. 호기심이 많은 사람, 시간이 없는 사람, 빨리 적용하고 싶은 사람, 읽을까 말까 고민하는 사람을 위한 '스토리텔링 시식' 같은 것이다. 지금부터 전개될 21세기 이야기 마케팅의 한 수, 'storytelling'을 말하려고 동양의 장자와 혜자를 첫 장에 모셔왔다.

  장자의 교우였던 혜자가 큰 박을 들고 장자를 찾아왔다. 초나라 위왕이 표주박 씨를 줘서 심었는데 너무나 큰 열매가 열리는 바람에 아무짝에도 쓸모가 없어서 버려야겠다며 투덜거린다.

"호리병으로만 쓰지 말고 돛단배로 쓰면 어떤가?"

"엥?"

"물을 떠먹는 표주박이나 술과 약을 담는 호리병으로만 쓰려면 큰 박은 쓸모가 없지. 그렇지만 표주박을 잘라 파낸 속은 소의 여물로 주고 남은 껍데기는 배처럼 호수에 띄워 자네와 내가 타고 즐기면 어떤가? 자네 말처럼 큰 표주박이 쓸모없다면 이 세상의 큰 땅도 쓸모가 없지 않겠는가? 우리가 밟고 다니는 땅은 발자국만큼인데 그럼 나머지 땅은 다 쓸모없는 땅이 되는 셈인가?"

대답을 못 하는 혜자에게 장자는 이야기 하나를 이어서 들려주었다.

"송나라에 손이 안 트는 약을 잘 만드는 사람이 있었다네. 그 약 덕분에 그는 대대로 세탁업으로 돈을 많이 벌었지. 하루는 그에게 어떤 남자가 찾아왔어. 약의 비법을 팔라면서 백금이나 되는 돈을 내놓았다네. 빨래를 아무리 해 봐야 몇 금의 벌이에 불과했던 그는 '얼씨구나!' 하며 약의 비법을 팔았다네."

"음, 잘 팔았구먼."

혜자는 빠져나갈 구멍을 찾듯 장자의 이야기에 훈수를 두었다. 이어 장자가 말했다.

"남자는 그 약을 들고 오나라 왕을 찾아갔다네. 해전에서 대승할 수 있는 비법을 가져왔다며 약으로 왕을 설득해 수군대장 자리를 얻었다네. 전쟁이 시작되자 오나라 병사들은 모두 손에 약을 발랐지. 그러나 약을 바르지 않은 월나라 병사들은 추운 날씨에 손이 트고 갈라져 피가 나고 아파서 노를 저을 수 없었으니 크게 지고 말았지. 이후 남자는 전쟁을 승리로 이끈 공을 인정받아 봉분을 얻고 귀족이 되었다네. 똑같은 약을 가지고 한 사람은 평생 빨래를 하고 한 사람은 귀족이 되었단 말이지."

"흠……"

이 두 이야기를 읽으면서 어떤 생각이 떠오르는가? 혜자는 표주박이라는 '이름'에 갇혀 있고 장자는 표주박이라는 이름을 깨고 '배'라는 이름으로 확장했다. 남자는 '약'이라는 이름을 깨고 '병술'로 성공했다. 기존 틀을 깨고 새로운 생명력을 부여하는 행위가 바로 창의성이다. 창의성은 스토리텔링의 노른자다.

어느 날, 이야기라는 표주박 씨를 얻어 심었는데 스토리텔링이라는 거대한 표주박이 열렸다. 당신이라면 어떡하겠는가? 나는 이야기를 좋아하는 작가였고 이야기 쓰기만을 좋아하는 혜자 같은 사람이었다. 말 그대로 씨앗을 심어 표주박이 열리기를 학수고대하여 신춘문예를 통과했고 이야기 쓰기에만 올인했던 사람이었다. 그러던 어느 날, 내 이야기 씨앗에서 스토리텔링이라는 거대한 박이 열리기 시작했다.

이야기로써 표주박은 소설이나 희곡 같은 순수문학을 남기지만 스토리텔링으로써 거대한 박은 소설, 연극, 영화, 게임, 뮤지컬, 상품, 관광지, 각종 조형물 등의 마케팅 콘텐츠를 남긴다. 그렇다면 당신의 이야기를 '표주박'이라는 고정된 이름으로 남기기보다 스토리텔링이라는 '배'로 확장 시켜보는 것은 어떤가? 문학의 '약'으로만 사용하지 말고 삶의 '병술'로 사용하는 것은 어떤가?

앞으로는 인간이 가지고 있는 문화적 무기 중의 하나가 스토리텔링이라는 총이며 이야기가 총알이 될 것이다. 왜냐하면 21세기는 이야기하기 좋아하는 인간이 스토리텔링이라는 유무형의 도구를 이용해 이 세계를 이끌어가고 있기 때문이다. 유발 하라리의 〈사피엔스〉에서 현 인류가 모든 종을 제치고 지구상에 유일하게 살아남아 군림할 수 있었던 것도 '이야기' 때문이라고 했다. 이야기는 정치, 경제, 사회, 역사, 문화, 과학 등 삶의 전반에서 점점 더 세상을 리드할 것이다.

그렇다면 표주박으로 물만 떠먹기보다 배를 타야 하지 않을까?

2. 사람들은 이야기를 좋아해

도대체 사람들이 이야기를 얼마나 좋아하길래, 이야기하는 인간이 뭐길래 모든 종의 최상층에서 떵떵거리는 것일까? 지혜를 가진 인간, 호모 사피엔스가 지구상에 살아남아서 최상층을 지키고 있는 여러 가지 이야기 중에 '모사'가 꽤 설득력이 있어 보인다. '모사(謀事)는 재인(在人)이요 성사(成事)는 재천(在天)이라'는 말처럼 일의 되고 안 됨은 하늘의 뜻에 있다고 말한다. 그렇다면 일을 잘 꾸미는 호모 사피엔스 그는 누구인가?

호모 사피엔스는 언어를 사용하는 지혜로운 인간으로 추정된다. 다른 종보다 우월한 것은 이야기를 만들 줄 안다는 것이다. 즉, 이야기하는 인간 '호모 나렌스(Home narrans)'였던 것이다. 일을 꾀한다는 것은 행위를 염두하고 만들어내는 이야기이므로 그 시대의 스토리텔링으로 볼 수 있다. 언어가 단편적인 사실을 전달하는 수단이라면 이야기는 다양한 상상을 자극하는 의사소통의 기능을 한다. 호모 나렌스들의 홍수 시대라 할 정도로 지금은 수많은 이야기가 만들어지고 전해지고 소멸한다. 이런 시대에 살면서 인간은 서로를 불편해하기보다 이야기를 통해 더 잘 이해하고 세상과 소통을 더 잘하게 된다.

최근에 열린 한가람 미술관의 '베르나르 뷔페' 전시회 참석했다가 사람들이 얼마나 이야기를 좋아하는지 알게 되었다. 전시물을 설명하는 한 도슨트가 화가와 작품을 스토리텔링 한다는 소문이 SNS에 퍼지자 그 도슨트의 시간에 사람들이 폭발적으로 모여들었다. 몸을 돌리기도 어려울 만큼 전시장 안은 사람들이 빽빽하게 들어찼지만, 도슨트의 이야기가 시작되자 조용해졌다. 그는 베르나르 뷔페의 자살, 불우한 가정환경, 사랑했던 여자의 이야기를 직접 본 것처럼 실감 나도록 그림과 연관 지어 들려주었다. 그가 들려주는 이야기로 인해 화가는 더 훌륭하게 보였고 그 시대에 누구나 겪는 평범한 가난과 고통이 사건이 되는 순간이었다. 베르나르 뷔페의 그림 속 스크래치와 말라비틀어진 직선적 사물과 사람이 증인이 되었다. 뷔페의 삶은 이야기됨으로써 사건화되었고 그림은 콘텐츠로써 특별해졌으며 전시회를 통해 사람들은 그를 더 잘 이해하고 소통하게 되었다.

이처럼 세상은 사건의 연속이다. 인간들의 행동이 모이면 사건이 된다. 이런 사건들을 재구성하고 변형하면 이야기가 된다. 이야기를 통해 우리는 지식과 지혜를 얻고, 욕망을 충족하고, 부를 축적하는 방법도 알게 된다.

전래 동화를 들으며 달나라에 가보지 못한 우리가 달을 상상하고, 달 탐사 이야기로 크레이터라는 달 구덩이를 알았다. 〈타이타닉〉의 이루어질 수 없는 사랑 이야기를 들으며 대리만족을 하고, 〈노트르담 드 파리〉 이야기를 듣고 집시 처녀 에스메랄다를 사랑한 꼽추 종지기 콰지모도를 상상하며 시대의 부조리에 의한 아픔과 슬픔, 사랑의 감성을 키운다. 종잣돈 천만 원을 가지고 푸드 트럭으로 성공한 사람의 이야기를 듣고 장사를 해 보려는 마음을 먹게 된다.

호모 나렌스가 이야기를 좋아하는 근원적인 이유는 이야기를 통해 인생의 의미를 추구하고 삶에 융합하기 위해서다. 인간과 함께 발생, 변형, 유지되어 온 이야기는 이제 콘텐츠라는 광범위한 도구를 만나 스토리텔링이라는 좀 더 세련된 이름으로 정착되어가고 있다. 사건서술을 통해서 스토리를 만들고 스토리에 알맞은 콘텐츠를 도구로 삼아 창작한 스토리텔링은 이 세상을 더 잘 인식시키고 인지하게 만든다. 스토리텔링의 최종 목표는 삶에 대한 의미 추구와 인간관계 소통에 있다.

예나 지금이나 우리의 삶에 붙어 다니면서 큰 조력자 역할을 하는 이야기, 이야기를 들으며 자랐고, 이야기 하면서 살아왔고, 매일 이야기의 홍수에 빠져 있기 때문에, 삶 자체가 이야기이기 때문에 사람들은 이야기를 좋아한다는 말인가? 그렇다.

그렇다면 이야기가 무엇일까?

3. 이야기가 뭐지?

　이야기는 어디에나 있지만 스토리텔링은 있는 곳에만 있다. 모든 것을 이야기라고 말할 수는 있지만 아무 이야기나 스토리텔링이 될 수 있는 것은 아니다. 원인과 결과에 의한 설득력 있는 사건이 이야기가 된다. 브랜드보다 먼저 이야기, 디자인보다 먼저 이야기, 콘텐츠보다 먼저 이야기, 스토리텔링의 첫 번째 관문은 이야기다.

　이야기는 우리의 영원한 스승이자 친구이다. 이야기만큼 훌륭한 스승은 드물고 이야기만큼 든든한 친구도 잘 없다. 이야기는 삶의 고난과 위기를 지혜로 이끌어주었고, 외로움과 고독을 웃음과 여유로 바꾸어 성찰에 이르게 한다. 많은 이야기를 가진다는 것은 인생의 마스터키를 가진 것이고 플랫폼을 획득한 것과 같다. 마스터키는 현재 삶에 활용할 수 있고 플랫폼은 미래 삶을 가치 있게 해 줄 것이다. 그러나 아무리 많은 돈도 금고에만 갇혀 있으면 종이에 불과하듯이 아무리 좋은 이야기도 책에만 묻혀있으면 문자로 남게 된다. 책 밖으로 나올 때 이야기는 인간관계에서 소통의 도구가 된다.

  니체는 인간이 언어로 소통하는 방식을 침묵, 내지르기, 조잘거림의 세 가지로 압축해서 말했다. 먼저 일방적 순종으로 침묵의 르상티망-복수심-만 키우는 낙타 단계를 거치고, 경쟁과 투쟁에서 오는 고독과 불안의 심리를 여러 형태로 발산하고 내지르는 사자 단계를 넘어서, 무엇이든 잘 몰입하여 즐기면서 과거의 실패를 잊어버리고 조잘거리며 말하는 어린아이의 단계로 넘어간다고 했다. 낙타의 말은 입안에 머물고, 사자의 말은 산발적으로 내뱉고, 어린아이의 말은 비로소 이야기를 만들어낸다. 우리의 말은 우물거리거나 내뱉거나 만들어내는 이 세 가지 범주 안에서 크게 벗어나지 않는다.

  이렇게 놓고 보면 이야기 이전에 언어나 담화가 무엇인지 알 필요성이 있다. 언어는 음성 또는 문자, 몸짓과 행위 등을 이용하여 사상이나 감정을 표현하고 의사를 전달하는 수단 또는 체계를 말한다. 사람의 말이나 문자가 언어이듯이 뮤지컬에서는 춤이 언어이고, 영화나 뮤직비디오에서는 영상과 음악이 언어이며, 그림에서는 색깔이 언어이고, 패션쇼에서는 옷이 언어이며 수학에서는 공식이 언어이고, 과학에서는 실험이 언어가 될 수 있다. 이외에도 수많은 표정언어, 몸짓언어, 매체 언어가 있는데 인간은 이런 언어를 통해 담화를 펼친다.

담화는 묘사, 설명, 논증, 서사 네 가지로 나눌 수 있다. 묘사는 어떤 대상이나 현상 따위를 있는 그대로 언어로 서술하거나 그림으로 그려서 나타내는 것이고, 설명은 어떤 일의 내용이나 이유 따위를 상대편이 잘 알 수 있도록 밝혀 말하는 것이며, 논증은 옳고 그름에 대하여 그 이유나 근거를 들어 밝히는 것이다. 서사는 어떤 사건이나 상황을 시간의 연쇄에 따라 있는 그대로 적는 것을 말한다.

이 중에서 서사는 스토리텔링을 말하기 위해서 다시 짚어야 할 부분이다. 서사는 넓은 의미의 이야기이고 이야기는 사건이 있어야 한다. 사건의 요약은 줄거리이다. 그러므로 줄거리를 도출할 수 있어야 이야기다. 줄거리는 이야기의 핵심을 요약정리한 것이다. 다시 말하면 줄거리가 있어야 이야기이고 이야기는 사건이나 상황의 변화가 있어야 하며, 사건이나 상황을 시간의 연쇄에 따라 적는 것이 서사이다.

이야기가 뭐지?
사건이지.
줄거리가 있지.
사건이나 상황의 변화가 있지.
사건이나 상황을 시간의 흐름에 따라 적는 거지.

결국 서사는 줄거리가 있는 이야기라는 말이다. 이야기라고 말하면 대중에게 다가가기 쉽지만 서사라고 말하면 전문분야에서만 쓰는 어휘 같은 느낌이 들어서 어렵다고 생각할 수도 있다. 그래서 지금부터는 서사를 이야기라고 표현한다. 이는 앞으로 전개될 스토리텔링의 story + telling 때문이기도 하다. '서사하기'는 어색하게 들리지만 '이야기하기'는 자연스럽다.

서사 = 이야기(반드시 줄거리가 있는)

여기서 잠깐, 이야기와 줄거리는 어떻게 구분될까? 이야기는 서사를 말하지만, 줄거리는 이야기를 간추린 것을 말한다. 어떤 이야기에 대해 '그 이야기의 줄거리를 말해 봐. 스토리-story-가 어떻게 돼?'라고 말하는 것과 같은 맥락이다. 그래서 줄거리는 곧 스토리로 통한다.

줄거리 = STORY

이렇게 하나씩 따져보면 이야기와 줄거리와 스토리가 조금씩 다른 뜻을 가진 말이라는 것을 알 수 있다. 그런데 우리는 이 세 가지를 동일한 뜻으로 쓰고 있다. 통상적으로 이야기가 스토리로 이해되고 쓰이는 이유는 사전상의 story가 이야기, 소설, 설화, 실화, 동화, 줄거리, 소문, 거짓말까지도 보편적으로 포함하고 있기 때문이다. 그러나 이 책에서는 스토리텔링의 재료로써 핵심 사건에 대한 변화와 의미를 요약할 수 있는 이야기일 때만 스토리라는 말을 쓰기로 한다. 정리하자면, 사건의 줄거리가 있는 이야기를 스토리라 한다고? 그렇다.

그렇다면 이야기도 살과 뼈를 추려낼 수 있다는 말인가?

4. 이야기에도 뼈대가 있어?

다시 한 번 정리하면, 담화의 하나인 서사는 어떤 사건이나 상황을 시간의 연쇄에 따라 있는 그대로 적는 것으로 넓은 의미의 이야기다. 이야기는 사건이 있어야 하고, 줄거리로 압축될 수 있어야 한다. 즉, 줄거리가 뭐야? 스토리가 뭐야? 하는 말은 같은 의미로 쓰인다. 서사는 줄거리가 있는 이야기, 줄거리는 이야기의 간추림이고 이것은 곧 스토리텔링에서 스토리다.

담화 > 서사 > 이야기 > 줄거리 = 스토리

스토리텔링에서 telling은 '효과적인 이야기하기'이다. story 속에 이미 '말하다'가 전제되어 있는데 또 telling을 붙이면 이야기하고 또 말한다는 중복의 의미가 된다. 그래서 telling을 '~하기'로 바꾸어본다. story가 사건과 상황의 변화를 이야기하는 일차적 말하기라면 telling은 다양한 콘텐츠로 표현하는 이차적 말하기가 된다. 예를 들면 〈맘마미아〉에서 친아버지 찾기 스토리가 일차 말하기라면 뮤지컬은 이차 말하기인 셈이다. 일차 말하기의 뼈대는 플롯이고 이차 말하기의 뼈대는 콘텐츠로 볼 수 있다.

플롯은 '원인과 결과'로 만들어진 이야기의 뼈대 또는 틀이다. 스토리는 이야기요 플롯은 구성이다. 스토리는 시간적 순서에 따라 연속적으로 흐르고, 플롯은 논리적인 인과관계에 의해 유기적으로 펼쳐진다. 스토리가 시간적인 연속성이라면 플롯은 논리적인 인과성이다. 스토리는 '그래서?'라고 묻는다면 플롯은 '왜?'라고 따진다. 스토리는 단순기억으로 남고 플롯은 장기기억에 저장된다. 스토리는 전달력을 담보하고 플롯은 예술성을 담보한다. 스토리는 결과물을 말하고 플롯은 의미를 말한다. 스토리는 단순 진술이고 플롯은 의미 진술이다. 스토리와 플롯을 이렇게 나누어 보는 것은 둘의 관계를 잘 이해하기 위해서이다.

예를 들어 '그가 밥을 흘렸다. 잠시 뒤에 그녀도 밥을 흘렸다.'처럼 스토리는 시간적 순서에 따른 결과물을 보여주는 통상적인 이야기다. '그와 그녀가 밥을 흘린 사건이군.'이라는 단순 진술은 단순기억으로 남는다. 밥을 흘렸다는 정보를 전달하고 있기 때문에 듣는 사람은 '그래서? 어쩌라고?'라는 질문을 할 것이다.

그러나 '그가 밥을 흘렸다. 그를 바라보던 그녀도 슬쩍 밥을 흘렸다.'처럼 어떤 원인에 그럴 수밖에 없는 또는 그래야 하는 결과는 인과관계에 의한 의미 있는 이야기가 된다. '그와 그녀가 함께 밥을 흘리는 그렇고 그런 사이로군.'이라는 의미 진술은 장기기억으로 넘어간다. 그를 바라보는 그녀의 따뜻한 눈은 인간적이고 예술적이다. 그 때문에 듣는 사람은 '왜? 어떤 상황이 그렇게 만든 거야?'라고 캐묻고 싶어진다.

  사건을 시간적 순서대로 나열하는 스토리보다는 인과관계에 의해 논리적으로 배치하는 플롯이 더 설득력 있다. 플롯은 눈에 보이지는 않지만 스토리의 뼈대로써 단단하게 작용하기 때문에 둘은 따로 설명되는 것이 아니라 상호의존적이다. 이 때문에 이야기에도 뼈대가 있다고 말한다. 정리하자면, 플롯이 이야기의 뼈대란 말인가? 그렇다.

  그렇다면 이야기는 어떤 성질을 갖고 있을까?

5. 한 성질 해야 인정받는 이야기

사람에게도 각자의 특이한 성질이 있듯이 이야기도 그렇다. 이러한 특이성은 이야기에 반드시 존재하는 것은 아니지만 보편적으로 그러한 성질들을 뽑아서 묶어 보았다.

첫째, 시간성과 연속성이다. 이야기는 처음, 중간, 끝의 세 덩어리로 구성되는데 시간적인 흐름 속에 핵심 사건이 들어 있다. 사건의 상황이나 상태 변화는 시간을 요구하기 때문에 이야기는 시간 예술이다. 예를 들어 '음치였던 슬기가 맞은 주사는 아팠다'에서 주사를 맞았기 때문에 아프다는 상태를 말하는 것임으로 이야기가 될 수 없지만 '슬기가 음치라서 주사를 맞으러 병원으로 갔다'는 주사를 맞기 위해 병원으로 이동한 상황의 변화가 있기 때문에 이야기가 된다. '음치인데 왜 주사를 맞지?'라는 의문이 생긴다. 알고 보니 슬기는 주사를 맞을 때, '아야, 아아아' 하고 소리를 치면서 목청이 트이도록 연습하는 특이한 습관이 있었던 것이다. 사건은 장애나 결핍을 풀어나가는 '왜'라는 물음으로 연속적인 행위를 한다.

둘째, 인과성과 개연성이다. 이야기가 되려면 어떤 갈등요소가 그럴듯하게 계속 진행되면서 인과적으로 변화되어야 한다. 저스틴 리처드슨, 피터 파넬의 〈사랑해 너무나 너무나〉는 동물원 이야기다. 아기를 무척 갖고 싶어 하는 펭귄 부부가 알처럼 생긴 돌멩이를 품는다. 그 돌멩이에서 펭귄 탱고가 태어난다. 그런데 탱고 앞에 나타난 것은 아빠만 둘이다. 엄마는 없다. 탱고는 버려진 알에서 태어난 것이다. 갈등의 연속이다. 남자 펭귄 둘이서 부부로 살고 있었지만, 아기를 꼭 가지고 싶어서 길에 버려진 알을 품어 탱고를 얻을 수밖에 없었던 인과적인 결말을 끌어낸다.

셋째, 형상성과 다양성이다. 동성애자의 입양을 형상화한 탱고 이야기는 여러 가지 갈등을 순차적으로 겪어내는 과정이 연속되면서 가족 간의 사랑이 혼자서는 출 수 없는 춤에 비유되었다. 탱고 이야기에서 탱고는 한 마리지만 수많은 아빠 펭귄은 미국 센트럴파크 동물원의 안과 밖에 존재한다. 이 이야기는 탱고를 친구로 삼아 줄 어린이 관광객과 탱고의 아빠가 되어줄 어른 관광객을 해마다 엄청나게 불러들이면서 다양한 방식으로 읽힐 것이다.

탱고 가족 이야기에는 시간성과 연속성, 인과성과 개연성 그리고 형상성에 다양성까지 잘 갖추었다. 최근 동성애 가족의 입양에 대한 인간의 문제를 펭귄으로 형상화하여 생각해 볼 여지를 준 것이 작품의 완성도를 높였다. 탱고 이야기는 뮤지컬, 영화, 애니메이션 등 다양한 형식과 매체로 활용 가능한 스토리텔링의 좋은 소재이다. 정리하자면, 이 중에서 한 가지 또는 그 이상의 성질을 가져야 이야기로써 인정받는다는 말인가? 그렇다.

  그렇다면, 이야기는 어떤 세계를 가지고 있나?

6. 이야기의 두 세계

　이야기는 경험의 세계와 형상화된 세계가 있다. 경험은 보이는 모습 차원이고 형상화는 내포하는 의미 차원이다. 예를 들어 주인석의 〈고봉밥〉에서 '고봉밥'은 푸짐함을 보여주지만 의미하는 것은 '~어머니'의 후덕함이다. '고봉밥'만 말하거나 '~어머니'만 말하면 설명문이 될 수 있지만, 고봉밥으로 어머니를 빗대어 말하기 때문에 이야기가 되는 것이다. 어머니 이야기를 하고 싶어서 고봉밥을 소재로 삼았다. '고봉밥'과 '어머니'는 이야기를 이해하는 체계 속에서 필연성이 생긴다. 누구나 경험을 말하기는 쉽지만 이처럼 경험을 형상화하여 보여주기는 쉽지 않다.

　보이는 것은 고양이, 의미하는 것은 인간, 이것에 관해서 이야기하는 뮤지컬 〈캣츠〉는 T. S. 엘리엇의 시, '지혜로운 고양이가 되기 위한 지침서'로 만들어졌다. 하늘나라로 가서 새 삶을 살 기회를 얻을 수 있는 고양이는 단 한 마리, 그 티켓을 따기 위해 고양이들은 온갖 박진감 넘치는 현란한 춤으로 자신을 뽐내고 자랑을 한다. 남을 짓밟고 경쟁에서 싸워 이긴 사람을 승리자로 인정하는 모습을 그대로 고양이의 모습에 옮겨놓은 것이다. 고양이와 사람이 전혀 관계없어 보이지만 상황이 전개될수록 그것이 인간의 모습임을 눈치챌 수 있고 고양이의 행동이 무엇을 의미하는지도 알아챌 수 있다.

설총의 〈화왕계〉는 꽃을 의인화하여 보이는 것은 꽃, 의미하는 것은 충신과 간신에 대한 이야기이다. 장마도 그치고 시원한 바람이 부는 날, 진수성찬에 음악이 있음에도 신문왕은 옛날이야기나 해학이 넘치는 이야기가 더 좋다고 하면서 설총에게 울적한 마음을 풀어줄 이야기를 들려달라고 한다. 아마도 설총은 이렇게 이야기를 들려주지 않았을까.

옛날 꽃 나라에 빼어난 미모의 모란이라는 화왕이 있었지요. 뭇 꽃들은 홀로 빼어난 화왕의 자태에 앞다투어 찾아왔지요. 붉은 얼굴에 옥 같은 이를 지닌 아리따운 여인이 화왕을 유혹했지요.

"신첩은 백설의 모래사장을 밟고 맑은 바다를 거울로 대하곤 했으며 봄비로 목욕하며 때를 씻어내 상쾌하고 맑은 바람에 유유자적한 장미라 합니다. 왕의 아름다운 덕을 듣고 향기로운 휘장의 침실에 함께 하도록 천거되길 기약하오니, 왕께서 저를 받아 주시겠습니까?"

또 한 장부가 화왕에게 다가왔는데 배로 지은 옷을 입고 가죽

허리띠를 두르고 흰 머리에 지팡이를 짚고 등이 굽은 모습으로 걸어왔지요.

"아래에는 푸르고 드넓은 들판에 닿아 있고 위로는 깎아지른 산색에 의지하여 성 밖에 사는 할미꽃입니다"라며 자신을 소개한 뒤 간사한 신하와 충신에 대해서 거침없이 말했지요.

"두 사람이 왔으니, 누굴 취하고 누굴 버리시겠습니까?"라며 신하가 물었지요.

"장부의 말이 옳고 도리에 맞지만 아름다운 사람도 얻기 어려우니 어찌해야 할지 모르겠구나."라며 화왕은 고민에 빠졌지요. 할미꽃이 다시 입을 열었지요.

"예부터 왕들은 아첨하는 이는 가까이하기 쉽고 정직한 이를 멀리하는 경우가 많아서 충언하는 이의 머리는 희게 되었지요."

"내 잘못이다. 내 잘못이다." 하며 화왕은 탄식하였지요.

설총은 신문왕에게 꽃 이야기를 들려주었을 뿐인데 신문왕은 근심스러운 낯빛을 하며 글로 써서 왕자들에게 보여주고 사람을 쓰는 일에 경계하도록 하라고 하였다. 이로써 설총의 〈화왕계〉 스토리가 탄생했고 오늘날까지 고전 설화로 남게 되었다. 꽃을 경험하면서 인간의 형상을 읽는 것은 이야기의 두 세계가 긴밀하다는 증거이다. 이야기의 두 세계, 경험과 형상의 장점이라면 굳이 어떤 것을 가르치지 않아도 스스로 깨닫는다는 것이다.

이 이야기가 지금까지 구전되고 기록되어 만화, 애니메이션, 연극, 꽃축제, 신라문화제 등의 콘텐츠로 스토리텔링 되어 사람들에게 영향을 미친다. 마치 중동의 〈천일야화〉에서 복수심으로 하루 한 여자를 죽이는 사리아르 왕에게 밤마다 이야기를 들려주어 많은 사람의 생명을 구한 셰에라자드의 지혜와 겨루어도 될 성싶다. 그 비결은 빗대어 말하는 형상화에 있다. 만일 간신과 충신에 대해 직접적으로 간언했다면 어떤 상황이 되었을까? 진수성찬과 음악보다 이야기가 낫다는 신문왕의 칭찬은 헛말이 아니었음을 알 수 있다.

이렇게 인간의 경험 세계를 형상의 세계로 보여주기 위해 스토리와 서술도 긴밀하게 작동해야 한다. 스토리가 사색을 요구한다면 서술은 수련을 요구한다. 스토리는 많은 생각의 결과물로 만들어진다면 서술은 많이 써볼수록 문장이 깔끔해지고 내용은 풍부해지기 때문이다. 깊은 사색이야말로 형상화 작업의 기본이며 풍부한 서술은 형상을 돋보이게 한다. 정리하자면 우리가 경험한 현실과 그것을 형상으로 보여주는 두 세계를 잘 조합해 놓은 것이 이야기의 세계란 말인가? 그렇다.

지금까지 1부에서는 스토리텔링의 핵심요소인 이야기에 대해 알아보았다. 이야기에 대한 모든 것을 자세하게 알아야 한다는 뜻은 아니다. 알고 있으면 스토리텔링 작업에 조금이라도 더 도움이 될 것이라는 생각이다.

그렇다면 스토리텔링이 뭐지?

2부
말할 수 있지만 제대로 말하고 싶다

부제 : 스토리텔링이란

1. 그게 스토리텔링이라고?

"쉽게 말해서 스토리텔링이 뭐예요?"
"파는 이야기요"
"헐"

이론은 지겹고 실전은 재미있다는 그 심정을 왜 모르겠는가. 스토리텔링을 쉽게 가르쳐달라는 말이 그것을 의미하지 않겠는가. 여기서 '판다'는 것은 '구체적으로 보여준다.' '공유한다.' '감정을 불러일으킨다.'라는 뜻을 포함하여 이차 콘텐츠를 체험한다는 뜻이다. 단순히 소설이나 동화처럼 음성이나 문자만을 파는 것이 아니라 감정과 감성에 의해 거래되는 모든 마케팅을 말한다.

문학과 마케팅이 접속되어 적극적으로 전달하는 이야기의 행위가 스토리텔링이다. 어쨌거나 나는 가장 쉽게 '무엇 무엇으로' 파는 이야기라고 말한다. 예를 들어 '에비앙 생수'로 건강을 파는 이야기, '초코파이'로 정을 파는 이야기, '장어마을'로 관광지를 파는 이야기, '물꼬마'로 하수처리장을 파는 이야기가 스토리텔링이다.

혹자는 드라마나 영화로 만들어지도록 소설이나 시나리오의 플롯을 잘 세우는 방법을 스토리텔링이라 말하고, 인테리어나 건축 관련 디자인을 하는 곳에서는 한 줄 광고를 스토리텔링이라 하고, 교육하는 곳에서는 서술형 문제를 두고 스토리텔링이라고도 한다. 이렇게 스토리텔링이라고 이름 붙여진 곳은 우리 주변에 많다.

좀 과하게 말해서 하고 싶은 그 무엇의 앞이나 뒤에 '스토리텔링'만 붙이면 되는 줄 아는 이들도 있다. 그렇다고 그와 같은 것들을 스토리텔링이 아니라고 말할 수도 없다. 왜냐하면 스토리텔링의 범위가 너무 넓기 때문이기도 하고, 때때로 스토리의 요소를 담고 있는 것들도 있기 때문이다. 여기서 말하고 싶은 것은 스토리텔링이라는 이름을 붙이겠다고 마음먹었다면 좀 더 잘 알아보고 사용하면 좋겠다는 말이다.

스토리텔링을 하기 전에 나는 매번 두 문장을 써 놓고 쉼표를 눌러 찍어가며 고민을 한다. 무엇을 가지고, 어떻게 하면, 많은 사람과 공유하여 서로에게 득이 될 수 있을까? 이야기라는 창작의 원천을 가지고, 어떻게 가공하여, 스토리텔링이라는 공생의 도구를 만들어낼 수 있을까? 스토리텔링을 새로운 담화의 하나로 보기 때문에 이런 고민을 하지 않을 수 없다.

고민은 관심과 관찰로 이어진다. 이야기-story-가 다양한 방법으로 행동-telling-한다는 것을 발견하고, 행동하는 이야기를 스토리텔링의 기준으로 삼았다. 그렇다면 이야기는 왜 활동하는가? 오래 살아남기 위해, 살아남아서 누군가에게 득을 주기 위해, 함께 살아가기 위해…… 여러 가지 생각이 꼬리를 물고 일어났다.

로미오와 줄리엣 이야기는 영화로, 세종대왕 이야기는 광화문의 동상으로, 세탁기의 사용설명서는 만화로, 모나리자의 도난 이야기는 루브르 박물관으로, 일부러 신발을 구덩이에 묻어 썩은 구두만 파는 이야기는 실바노 라딴지로 활동한다. 이야기는 자신을 가장 잘 드러내 주는 매체-콘텐츠-를 통해 저마다 다양한 방법으로 활동하고 있다.

이렇게 스토리텔링의 범위가 넓어지다 보니 혹자는 말하는 모든 것이 스토리텔링이라며 speaking을 storytelling이라고도 말하지만 단순한 입말은 스토리텔링이라고 보기 어렵다. 그렇다고 글로 표현된 서사문학의 허구적 이야기만이 스토리텔링인 것도 아니다. 위의 사례에서 보았듯이 영화, 만화, 방송, 조형물 같은 것들 외에도 상황 사건의 변화에서 의미를 담은 스토리가 어떤 행위-하기-를 한다면 교육, 광고, 연설 같은 것도 스토리텔링으로 볼 수 있기 때문이다. storytelling은 이야기(story, 줄거리가 있는)와 행위(telling, 하기)를 포함한다. 애플 스토리텔링을 적용하여 정리해 보면,

  스토리는 내용이고, 텔링은 형식이며

스토리는 '무엇으로'에 해당하고, 텔링은 '어떻게 되었나'에 해당하며,

스토리는 사과를 먹고 자살한 것이고 텔링은 애플 컴퓨터를 만든 것이다.

어떤 이야기를 아래 문장에 적용해보면 스토리텔링을 좀 더 쉽게 이해할 수 있을 것이다.

"무슨 사건이야?"

"그런데 어떻게 된 거야?"

"세상에! 그런 것이 스토리텔링이구나!"

애플 스토리텔링

천재 수학자 앨런 튜링이 사과를 한입 먹고 자살을 했대.

그런데 그 사과가 20년 후 개인용 컴퓨터 '애플'로 탄생했대.

세상에! 이런 것이 스토리텔링이구나.

지포 라이터 스토리텔링

전쟁에 참여한 군인이 가슴에 총알을 맞았는데 라이터 덕분에 살았대.

그런데 그 라이터가 불행을 막아주는 방풍 라이터, '지포 라이터'가 되었대.

세상에! 이런 것이 스토리텔링이구나.

명품 쇼메 스토리텔링

적에게 쫓겨 작은 보석 가게로 뛰어 들어온 군인을 숨겨주었는데 알고 보니 나폴레옹이더래.

그런데 훗날 나폴레옹이 황제가 되어 그 보석 가게에서 왕관을 만들어 대관식에서 썼고 명품 브랜드 '쇼메'가 되었대.

세상에! 이런 것이 스토리텔링이구나.

테디베어 스토리텔링

사냥을 나간 대통령이 한 마리도 못 잡자 보좌관이 어린 곰을 생포해 와서 바쳤는데 대통령이 정당하지 못한 일이라며 놓아주었대.

그런데 그 일을 잡화점 주인이 듣고는 팔고 있는 곰 인형 이름을 루스벨트의 애칭 테디로 불렀는데 그게 세계적으로 알려져 '테디 베어'가 탄생 되었대.

세상에! 이런 것이 스토리텔링이구나.

합격사과 스토리텔링

태풍으로 농사를 망친 농장 주인이 남은 사과를 가지고 태풍에도 안 떨어지는 사과라고 수험생이 먹으면 시험에서 절대 안 떨어진다며 팔았대.

그런데 그게 불티나게 팔려서 '합격사과'가 되었대.

세상에! 이런 것이 스토리텔링이구나.

스토리텔링은 말하고자 하는 바를 이야기와 콘텐츠로 설득력 있게 전달하는 행위이다. 사람들이 이야기에 공감하여 구매가 이루어지면 입소문을 타게 된다. 몇 가지 사례에서도 보았듯이 유명한 제품들은 대부분 저마다의 스토리텔링이 있다. 스토리텔링은 스토리를 바탕으로 말, 글, 이미지, 소리, 음악, 행동 등 총체적인 방식을 동원하여 설득하는 행위, 반응, 구매까지 모두를 포함한다.

스토리텔링을 하기에 앞서 중요한 것은 스토리텔링을 아는 것보다 하고 싶은 마음이다. '어떤 것을 아느냐'보다 '어떤 것을 하고 싶은 마음이 있느냐'를 더 중요하게 생각하는 것은 하고 싶으면 저절로 파고들고 알아보기 때문이다. 한마디로 마음이 이론에 앞서야 제대로 된 앎이다. 아무리 좋은 지식이라도 움직여야만 진짜 지식이 되는 것이다. 일사천리로 이론을 꿰뚫고 있어도 그 다음 동작과 연결되지 않으면 제대로 된 앎이라 보기 어렵다. 무엇을 하고자 하는 몸부림이나 발버둥이 제대로 된 앎이다. 이 책에서 말하는 것이 10이라면 이 책을 읽은 사람들이 100을 만들어낼 수 있어야 이 책의 존재가치가 있는 것이다. 쪽에서 뽑아낸 푸른 물감이 쪽보다 더 푸르러야 쪽이 제 할 일을 한 것이다.

지금까지 '파는 이야기'라는 말보다는 어렵게, 그러나 '전문가만 아는 이야기'보다는 쉽게 말문을 열었다. 배우 최불암 님이 '꼭꼭 씹어 먹으면 다 맛집'이라 했듯이 '꼭꼭 씹어 읽으면 다 쉬운 스토리텔링'이 될 수 있도록 사례를 자주 보여주고 어려운 용어

들은 될 수 있으면 쓰지 않을 예정이다. 최소한 스토리텔링이 뭔지는 알아야 스토리텔링을 할 수 있기 때문에 기본 이론은 피해갈 수 없는 기단석이다. 정리하자면, 단순히 이야기만 전하는 것이 아니라, 이야기로 감정까지 사고팔게 되는 상호 적극적 이야기 마케팅, 그게 스토리텔링이라고? 그렇다.

  그렇다면, 스토리텔링이란 말은 언제 생겼나?

2. 스토리텔링의 시발은 언제지?

 사람들은 왜 스토리텔링을 알고 싶어 하고, 배우고 싶어 하고, 하고 싶어 할까? 이 말을 마이클 샌달의 〈정의란 무엇인가〉로 바꾸어 질문해 보자. 사람들은 왜 이 책을 읽는가? 결코 쉬워 보이지 않는 두꺼운 책이 세계적인 베스트셀러였고 우리나라에서도 읽어야 할 필독서가 되어 있다. '스토리텔링'이나 '정의'는 누구나 보편적으로 쓰고 있는 말이다. 굳이 읽고 배워야 할 이유가 있는가?
 스토리텔링을 공부하려는 사람들의 생각도 이와 비슷할 것이다. 스토리텔링이 무엇인지 정확히 모르기 때문에 알고 싶은 것이고, 스토리텔링이 21세기 마케팅의 새로운 힘이라는 것을 들었기 때문에 역사와 작법을 배우고 싶은 것이고, 모두에게 이익이 되기 때문에 알맞은 곳에 스토리텔링을 적용하고 싶은 것이다. 잘 모르니까 알고 싶고, 배우고 싶고, 적용해 보고 싶은 것이다.

그렇다면 스토리텔링은 언제부터 생겨난 말일까?

1995년 미국 콜로라도에서 열린 '디지털 스토리텔링 페스티벌'에서 '스토리텔링'이라는 말이 처음 생겼다. 디지털 + 스토리 + 텔링 + 페스티벌은 자료와 정보를 나타내는 유한한 숫자 + 이야기 + 말하기 + 축하 잔치가 된다. 정확하게 맞지는 않아도 뭐 대충, 숫자 이야기를 축하하는 잔치 정도로 직역하니 이 세상이 온통 숫자로 보이고 숫자로 이야기된다.

아침에 눈을 뜬 순간부터 우리는 숫자로 살고 있다. 좀 과장을 하면 언제부턴가 돈은 지폐가 아니라 숫자로 거래되고, 일은 노동이 아니라 숫자의 움직임이며, 사진은 형상의 그림판이 아니라 화소값 0과 255 사이 숫자 영상이다. 정치는 숫자로 평가되고, 경제는 거대한 숫자의 경쟁이며, 역사·문화는 숫자가 남긴 흔적의 역사이다. 결혼은 남자와 여자의 사랑이 아니라 숫자로 매겨진 스펙이고, 삶과 죽음도 의료기기의 수많은 숫자로 열고 마감되는 숫자 이야기로 풀어볼 수 있다.

디지털이라는 딱딱한 숫자가 날개를 달고 이야기라는 것을 업고 빛의 속도로 인간세계에 파고들었으니 '디지털 스토리텔링 페스티벌'이 축하를 받는 것은 당연지사다. 이미 존재하는 이야기라는 것만으로는 축하받기가 좀 쑥스러우니 디지털의 성격을 띤 숫자를 이용하여 마케팅적으로 '스토리텔링'이라고 이름을 붙인 네이밍 작업이 신의 한 수였다. 이제는 스토리가 디지털 속도의 덕을 볼 차례다. 수많은 디지털의 종류 중에서 소셜 네트워크 서비스(SNS, Social Network Service)는 이야기하는 인간, 호모 나렌스의 삶에 한 획을 그었다. SNS는 비즈니스와 각종 정보공유를 위한 생산적 이야기의 매체로써 인간의 삶을 크게 지배하고 있다.

스토리텔링이 디지털을 디딤돌로 하여 가속도를 붙이더니 이제는 정면에 나섰다. 디지털 냉장고라는 말보다 숨 쉬는 냉장고, 디지털 에어컨이라는 말보다 세상 모든 공기를 작품으로 만들어 버리는 에어컨이라는 이야기에 더 공감한다. 이제 디지털은 스토리텔링 뒤에서 이인자 역할을 하지만 큰 힘을 가지고 조종한다. 5G 휴대폰이라 하지 않고 '내 나이 스무 살, 갖고 싶은 게 너무 많은 나이'라며 감정을 드러낸다. 이제 '대박' '설득' '실적' '가치' '혁신' 이런 말들은 스토리텔링에 자리를 내어주었다. 1995년 이후 디지털과 여러 가지 목적의 상업에 쓰이던 말이 지금은 다양한 문화 콘텐츠로써 인간 삶의 전 분야에 확산하여 하나의 문화로 흐르고 있다. 그러나 아직도 출발선에서 얼마 못 갔다면 못 간 상태다. 왜냐하면 스토리텔링이 보편화 되었다고는 하나 잘 모르고 사용하거나 아예 모르는 사람도 있고 제대로 된 스토리가 없어서 스토리와 콘텐츠가 따로 놀거나 둘 사이 연관성이 없는 경우도 많기 때문이다.

스토리텔링이라는 용어는 좁은 의미로는 입에서 입으로 전하는 구술 이야기에 가깝고 광범위하게는 서사로 이용되거나 다양한 미디어 콘텐츠까지 사용되고 있다. 스토리텔링은 문학의 한 분야로써 소설, 동화, 신화, 전설, 민담의 플롯으로 이해되기도 하고 만화, 영화, 광고 그리고 정치, 경제, 사회, 역사, 문화, 예술, 교육, 관광 등의 이야기와 콘텐츠까지 아우른다.

　스토리텔링이 예전에는 소극적인 구전 형태였다면 지금은 적극적 구애 형태로 진화하고 있다. 이야기가 도보라면 스토리텔링은 날고 있는 셈이다. 고담으로 구전되면서 정체와 지체를 반복해오던 이야기가 스토리텔링이라는 이름을 달면서 디지털의 힘과 가속도에 의해 생산과 소비에 앞장을 서는 이야기로 변했다. 점점 더 다양하고도 예측할 수 없는 방향으로의 스토리텔링은 전 세계를 대상으로 모든 분야에 파고들고 있다. 정리하자면, 스토리텔링이라는 말이 보편적으로 쓰인 것은 미국의 '디지털 스토리텔링 페스티벌'에서부터 출발했다는 말인가? 그렇다.

　그렇다면 우리나라 스토리텔링의 시작은 언제부터일까?

3. 우리나라에선 언제 생겼지?

　이야기는 구전되고 기록되어 왔다. 그런데 이 시대가 유독 이야기에 집착하는 것처럼 보이는 이유는 '스토리텔링'이라는 말이 생겨났기 때문은 아닐까. 옛날로 거슬러 올라가면 전기수들이 부유한 집을 찾아가서 이야기를 읽어주거나 시장에 앉아서 사람을 모아놓고 들려주었다. 혼자서 북 치고 장구 치던 시대를 지나 한글이 민중에게 보급되면서 스스로 읽을 수 있는 사람도 많이 생겼기 때문에 마당놀이나 판소리 형태의 좀 더 큰 무대와 볼거리로 이야기가 발전되고 소비되어왔다.

　그러다가 이야기는 여러 갈래의 책으로 출판되고 강의, 강연, 동화 구연, 연극, 영화, 뮤지컬, 각종 콘텐츠의 형태로 흐르면서 사람들이 다양한 방법으로 이야기를 팔고 있다. 지금은 냉장고와 세탁기가 이야기하는 시대가 되었다. 다시 말하면 이야기를 하는 방식이 다양해졌는데 이는 이야기를 듣고 싶어 하는 구매자의 욕구에 맞춰 구매자가 즐겁게 받아들일 수 있는 방식으로 이야기를 전달하는 시대로 변모했다는 말이다. 사람의 입으로만 전하던 이야기의 방식이 점점 확장되어 디지털이 이야기를 맛깔나게 전하는 시대까지 왔다. 이야기가 사람들의 기본 감정을 건드리면 스토리텔링은 사람들의 감성을 자극하는 방식이다. 이야기의 범주는 예나 지금이나 비슷하지만, 이야기의 전달 방식은 획기적으로 발전했다는 말이다.

얼굴이 통통하고 둥글어 쌍꺼풀 없는 눈이 미의 기준이었던 적이 있다. 그런데 지금은 얼굴이 작고 V자 얼굴에 쌍꺼풀이 있어야 미인이다. 그렇다면 전자는 아름답지 않은가? 그럼 왜 후자를 미인이라고 하는가? 이것은 우리가 아름답다고 하는 기준과 방식이 바뀌었기 때문이지 전자가 아름답지 않다는 뜻은 아니다. 이와 마찬가지로 이야기보다 '스토리텔링'이라는 이야기의 방식이 다양하고 세련되어졌기 때문에 열광하는 것이다. 이야기하는 방식은 전자나 후자나 전달이 목적이지만, 사람들이 더 좋아하는 방식으로 바뀐 것이 스토리텔링이고 ~ing는 끊임없는 변화를 암시한다.

어쨌거나 스토리텔링이라는 말은 최근에 와서 쓰기 시작했지만, 이야기와 콘텐츠를 생각한다면 우리나라의 스토리텔링은 오래전부터 있었다고 볼 수 있다. 마당놀이, 엿장수, 약장수, 방물장수들이 연극, 엿, 약, 화장품 같은 물건을 두고 이야기를 들려주고 사람들의 감정에 호소하여 팔았으니 말이다. 스토리텔링이라는 말만 없었을 뿐 이야기와 행위는 있었다는 것을 알 수 있다. 우리나라의 스토리텔링이라고 볼 수 있는 몇 가지가 있다.

첫째, 전기수와 할머니의 무르팍으로부터 우리의 일상에 있었다. 그 이야기로 한 시대의 역사 문화적 가치를 지켜왔다. 가치 있는 이야기란, 권선징악을 바탕에 두고 민족 정서를 담아 그 시대를 대변한 이야기다. 그들은 간단한 제스처와 표정으로 연기를 했고 사람들은 이야기에 감정을 이입하고 함께 동요했다. 문자로 전해지기보다는 입으로 전달되는 구술적 특성이 있었다. 우리나라 심청전, 흥부전, 춘향전 등의 마당놀이나 처용의 춤, 고분벽화, 암각화 같은 것들도 스토리텔링의 한 형태로 볼 수 있다. 이는 춤이나 그림 속에 이야기가 들어있고 그 이야기를 통해 민중들의 공감을 유도하는 매개체가 오늘날 연극이나 영화에 대응되는 스토리텔링의 형태이다.

둘째, 스토리텔링이라고 이름이 붙여진 것은 어느 날 훅하고 나타난 것은 아니고 이야기의 전달 방식이 확장 진화된 것이다. 오늘날은 미디어의 발달로 SNS와 같은 폭발적 담화까지 스토리텔링이라고 하니 '스토리텔링은 이것이다'라고 딱히 정의하기가 어렵게 되어버렸다. 요즘 이야기-story-는 무작위의 감정적 충동을 불러일으켜 여러 가지 형태의 행동-telling-을 체험하게 만든다. 관광과 여행, 맛집과 음식, 패션과 유행, 제품의 판매는 물론이고 각종 모임의 형태와 촛불집회까지도 스토리텔링 된다. 이야기의 전달 방식은 점점 더 예측할 수 없는 곳까지 확장되어 스토리텔링에 포함한다.

셋째, 문학과 마케팅의 경계선에서 양가의 소재를 먹고 새롭게 태어난 간학문이다. 순수문학이었던 이효석의 〈메밀꽃 필 무렵〉이 농업 마케팅과 경계에서 만나 메밀상품과 지역관광 상품인 봉평마을 관광 스토리텔링으로 거듭났고, 김유정의 〈봄봄〉과 상업 마케팅의 경계에서 레일바이크가 만나 김유정 문학촌 관광 스토리텔링이 되었다. 스토리텔링은 이제 마케팅문학이라는 것으로 한 자리를 잡아가고 있다.

앞으로 이야기와 이야기의 전달방식은 어떻게 결합하여 어떤 방식으로 변해갈지는 예측하기 어렵다. 그렇다고 하여 '응애' 하고 아기가 우는 그 자체마저 스토리텔링이라고 말하기에는 무리가 있다. 왜냐하면 이야기의 정의에서도 말했듯이 원인과 결과로 된 사건이 있어야 이야기로 볼 수 있기 때문이다. 즉, 이야기의 본질은 변하지 않지만, 형태는 계속 변하면서 지속될 것이다. 이야기는 어떤 사건과 상황의 변화를 들려주면서 우리를 공통의 가치로 한데 묶어 문화적 원형을 공유하게 하는 강력한 도구로서 활동할 것이다.

정리하자면, 우리나라 스토리텔링의 역사는 어떤 것과도 경쟁하고 소통할 수 있는 우리네 할머니 무르팍 이야기의 역사이고, 이야기하는 인간으로 존재하는 호모 나렌스(Homo narrans)의 역사라는 말인가? 그렇다.

그렇다면 어디까지 스토리텔링을 할 수 있나?

4. 스토리텔링의 범위는?

 스토리텔링은 보편적이고 공유적인 성격이 있다. 세상 어느 문화권을 막론하고 이야기를 만드는 데 사용되는 다양한 전략과 관습 각각의 코드와 형식을 가지고 있다. 그것이 실험일지이든, 역사기록서, 신문 기사와 같은 경험이든 소설, 희곡 같은 문학적 장치의 허구이든 문화와 언어와 연령을 연결하는 보편성을 가지고 있다. 이야기가 감정적으로 공유되어 가치가 발현되면 그때부터 스토리텔링은 제 역할을 한다.
 모든 문화에는 오락, 교육, 문화 보존 또는 도덕적 가치의 주입 수단으로 공유되는 자체 이야기가 있다. 문화는 다를지라도 도덕적 가치나 감정은 거의 비슷하다. 예를 들어 우리나라 전래동화 〈방귀쟁이 며느리〉를 전 세계 어느 나라에서 들려주어도 우습다 할 것이고, 존 버닝햄의 동화 〈우리 할아버지〉를 어느 나라, 누구에게든 들려주어도 할아버지를 그리워하고 의자를 보면서 마음이 찡

해질 것이다. 방귀로도 스토리텔링이 되고, 의자로도 스토리텔링이 된다. 이야기의 심층에는 보편감정이 있고 공통구조가 있는데 그것은 세계 어느 곳에나 비슷하게 작동한다. 이렇게 본다면 스토리텔링의 범위는 오히려 정하지 않는 편이 낫겠다.

다시 말하면 인간의 이야기가 미치지 않는 곳은 없다. 이야기가 있는 한 스토리텔링은 가능하다. 양산의 적멸굴은 원효대사의 해골 이야기로 스토리텔링 된 곳이고, 봉화의 산타 마을은 깨끗한 공기와 눈으로 스토리텔링 되었다. 무주는 반딧불이 이야기, 함평은 나비 이야기, 문경은 오미자 이야기, 안동은 탈 이야기, 감포는 솟대 이야기, 강동은 미역 이야기, 울주는 간절곶 바다 이야기, 영주의 꽃농부 수일 부인 이야기, 울산은 한글 그림 화가 김반석 이야기, 경주의 달동네는 옛날 물건 이야기, 제주의 성박물관은 남녀의 성 이야기, 울산 태화강은 십리대숲 이야기가 있다. 지금, 이 순간에도 수많은 이야기가 콘텐츠와 함께 스토리텔링 되고 있다.

문학 작품 중에 소설, 시, 수필, 희곡, 시나리오, 동화 등은 콘텐츠만 연결할 수 있다면 바로 스토리텔링이 가능하다. 김학의 〈깐뒤〉로 선암사의 화장실이 알려졌고, 김인호의 〈네가 과메기로구나〉로 포항 과메기가 알려졌으며, 정성화의 〈동생을 업고〉로 박수근의 그림이 더 친근해졌으며, 주인석의 〈왈바리〉로 외고산 옹기의 왈바리가 알려지는 계기가 되었다. 윤동주의 〈서시〉는 영화 〈동주, 2016〉가 되었고, 무라카미 하루키의 소설 〈헛간을 태우다〉는 영화 〈버닝, 2018〉이 되었다.

스토리텔링의 범위는 인간과 관계되는 모든 것이 될 수 있다. 지금까지 사단칠정과 권선징악으로 갈등구조를 겪어내는 인간 또는 의인화한 동식물의 범위 안에서 이루어졌던 스토리텔링이 앞으로는 우주적으로 확장될 것 같은 느낌이다. 스토리텔링이 시간과 장소, 소재를 가리지 않는다고 할지라도 감정의 예술인만큼 인간중심에서 크게 벗어나지는 않을 것이다. 정리하자면, 스토리텔링의 범위는 해가 되지 않는다면 인간의 삶에 영향을 미치는 모든 것을 이야기로 쓸 수 있고 스토리텔링 할 수 있다는 말인가? 그렇다.

그렇다면 스토리텔링도 어떤 특이한 성질이 있는가?

5. 스토리텔링의 공감은 어디로부터?

인간의 지적 욕구와 경험 욕구를 동시에 만족하게 할 스토리텔링의 공감은 어디로부터 오는 것일까?

첫째, 스토리텔링은 무엇보다 대중으로부터 공감을 얻어야 한다. 생텍쥐페리의 〈어린 왕자〉는 프랑스의 50프랑 지폐에도, 스페인의 해변 에스깔라에도, 우리나라 부산의 감천문화마을에도, 영천의 별빛마을에도, 가평의 쁘띠 프랑스 마을에도, 문경의 어린 왕자 소공원에도, 인천의 간석오거리에도, 서울 장미축제에도, 부산 해운대 모래 축제에도 있다. 이외에도 전 세계적으로 애니메이션, 영화, 연극, 뮤지컬에 〈어린 왕자〉가 초대받는다. 이처럼 〈어린 왕자〉는 남녀노소가 모두 좋아하는 전 세계적인 이야기로 스토리텔링의 대중성을 획득했다.

둘째, 스토리텔링은 그 장소에만 있는 귀한 이야기일 때 더 공감을 얻는다. 봉화의 은어는 소백산이 발원인 내성천의 청정한 물에서만 살기 때문에 은어 축제 스토리텔링에서 성공할 수 있었다. 기장의 멸치도, 진도의 신비한 바닷길도, 그 지역에만 있다. 다른 지역에서 아무리 은어와 멸치를 가지고 스토리텔링을 해도 봉화나 기장을 넘어서기 어렵고, 바닷길이 열리는 곳은 진도에 비길 곳이 없는 이유가 바로 장소의 덕이다. 덴마크 인어공주 동상은 안데르센의 고향에 있기 때문에 빛을 발한다. 축제의 마지막 날 반드시 독특한 의상과 가면을 써야만 하는 베네치아 카니발, 얼음이 많은 하얼빈에서 얼음 조각 안에 등을 넣어 밝히는 중국의 빙등 축제, 왕실의 경마장이 있었던 곳에서 경마를 즐기며 마실 맥주를 공식 허가함으로써 뮌헨은 맥주의 명소가 되었다. 이들은 모두 그 장소성에 의해 스토리텔링이 힘을 얻었다.

셋째, 스토리텔링은 현장 체험이 가능하다면 더 공감을 얻는다. 스토리텔링에서 체험은 또 다른 형태로 이야기를 전달하는 방법이기 때문이다. 이탈리아의 '진실의 입'은 조각상 입에 손을 넣고 거짓말을 하면 강의 신이 손을 잘라버린다는 이야기가 전해왔는데 중세시대에는 몇몇 영주들이 주민을 통치하기 위해 사람들에게 손을 넣게 하고 몰래 잘라버리기도 했다는 이야기가 있다. 영화 〈로마의 휴일, 1953〉은 오드리 헵번이 '진실의 입'에 손을 넣고 체험을 하는 장면으로 인해 세계적인 관광명소가 되어 많은 사람이 직접 체험을 하러 모여든다.

백세주는 또 다른 브랜드 스토리텔링이다. 옛날 한 선비가 길을 가던 중에 어떤 젊은 청년이 노인을 때리는 것을 보았다. "젊은 사람이 어찌 노인을 때리시오?" 하고 꾸짖자 그 청년이 대답하기를 "이 아이는 내가 여든 살에 본 자식인데 그 술을 먹지 않아서 나보다 먼저 늙었소. 말을 안 들어서 때리는 것이오." 하였다. 선비가 그 청년에게 절하고 그 술이 무엇이냐고 물었더니 구기자와 여러 약초가 들어간 구기 백세주라 하였다. 백세주 이야기는 어느 술집에서든 즉각적 현장 체험이 가능하다. telling이 현재진행형인 것은 바로 현장성을 강조하기 위해서이다.

넷째, 스토리텔링은 하나의 이야기가 여러 가지 콘텐츠로 사용되는 OSMU(One-Source Multi-Use)의 다양성을 가져야 공감을 얻는다. 빅토르 위고의 〈레미제라블〉은 불쌍한 사람들을 만들어내는 주체에 대한 분노의 소설이다. 이 소설이 알려지면서 영화가 되고 뮤지컬이 되고 애니메이션이 되었다. 장 발장과 코제트가 처음 만난 곳인 '코제트의 샘'과 둘이 앉았던 뤽상부르 공원의 돌의자는 관광콘텐츠가 되었다. 심지어 빅토르 위고가 갇혔던 감옥도 관광명소가 되었다. 하나의 이야기는 다양한 콘텐츠로 개발될 수 있다.

다섯째, 스토리텔링은 정신적 물리적 이익을 가져다주는 실용성이 있을 때 더 공감을 얻는다. 조앤 K.롤링의 〈해리포터〉는 전 세계적인 스토리텔링의 황제라고 불러도 좋을 만큼 인간의 삶 속에 깊숙이 파고들어 마케팅 분야에서 맹활약하고 있다. 우리나라 '평화의 소녀상'도 전 세계를 향해 달려가는 역사 스토리텔링으로서의 역할을 하고 있다. '평화의 소녀상'은 일제강점기에 조선의 소녀들이 일본군의 성노예로 잡혀가 고초를 겪은 이야기를 바탕으로 만들어진 콘텐츠다. 단발머리는 고향과 부모로부터 단절, 맨발의 까치발은 전쟁 후에도 정착하지 못하는 피해자들의 방황을 상징한다. 앞으로 이 이야기는 전 세계로 퍼져나가 가해자를 단죄하는 실용적인 역할을 해낼 것이므로 정신적 보상을 받을 것이라 기대한다. 지금까지 많은 작가가 만들어낸 '소녀상'은 조형물의 역할을 할지는 모르지만 역사적 사실을 바탕으로 만들어진 '평화의 소녀상'을 넘어서지는 못할 것이다.

'평화의 소녀상'은 세계인이 공감하는 대중성, 대한민국이라는 장소성, 직접 만져보고 손잡아볼 수 있는 현장성, 위안부 소녀를 소재로 한 영화, 만화, 뮤지컬에 조형물 콘텐츠의 다양성까지 이 모든 것을 하나로 아울러 정신적 물리적 만족까지 이르게 해주는 실용성까지 갖추었다.

정리하자면 스토리텔링의 특별한 성질은 대중성, 장소성, 현장성, 다양성, 실용성인데 모두 갖출 수는 없지만, 골고루 갖춘다면 더 공감을 얻는다는 말인가? 그렇다.

그렇다면 다른 문화적 마케팅도 많은데 왜 스토리텔링인가?

6. 왜 스토리텔링을 할까?

　스토리텔링을 왜 하는가? 이 질문에 답을 하지 못하면 스토리텔링은 의미가 없다. 결국 거름 지고 장에 가는 것밖에 안 된다. 그러니 스토리텔링의 출발선에서 분명히 가슴에 새기고 가야 할 것은 스토리텔링을 하는 목적이다. 목적이 분명하면 과정이 힘들어도 행위가 살아난다. 교육과정에서도 자주 이용되어 사람들이 알고 있고 우리 삶에 자연스럽게 스며든 스토리텔링 하나가 있다.
　고대 그리스의 시칠리아섬에 시라쿠사라는 나라가 있었다. 그 나라 왕이 전쟁 승리를 기념하기 위해 금세공장이를 시켜 신에게 바칠 왕관을 순금으로 만들라고 지시했다. 그가 만들어 온 왕관을 신전에 바쳤다. 그런데 왕관이 순금이 아니라는 말이 돌았고 왕은 아르키메데스를 불러 밝혀달라고 요청했다. 고민에 빠진 아르키메데스는 우선 머리를 식히기 위해 평소처럼 욕조에 물을 받고 몸을 담갔다. 매일 흘러넘치는 물이 그날따라 낯설게 보였다.

'물이 왜 흘러넘치지?' 잠시 후, 아르키메데스는 '헤우레카! 헤우레카!'라고 소리치며 발가벗은 줄도 모르고 밖으로 뛰어나왔다. 알았다고 소리치는 그 순간은 '부력의 원리'라는 이론이 정립되는 순간이었다.

왕관의 무게를 잰 다음 똑같은 무게의 순금 덩어리를 준비했다. 두 개의 수조에 물을 채우고 한곳에는 왕관을 넣고 다른 곳에는 순금 덩이를 넣어 흘러넘치는 물의 부피를 쟀다. 물의 부피는 달랐고 금세공장이는 벌을 받았다. 이 일화에서 꽤 흥미로운 점을 두 가지 발견할 수 있다. 우리의 삶에서 일어나는 궁금증을 이야기로 풀어낼 수 있다는 점과 그 이야기가 궁금증 자체보다 우리의 기억 속에 더 오래 남는다는 것이다. 우리는 복잡한 '아르키메데스의 원리' 보다 '유레카'라는 이야기를 더 잘 기억한다. 어떤 설명이나 이론보다 이야기가 우리를 더 지배한다는 사실을 보여주었다. 지식의 차원이 이야기의 차원으로 넘어가면 인간의 모습을 더 잘 공감하게 된다.

아르키메데스의 '유레카' 사건은 이론을 잘 설명해냈고 인간의 삶에 적용되어 오늘날 과학 이야기의 하나로 소통되고 있다. 이 이야기는 아르키메데스의 학문적 지식이 만들어낸 부산물이다. 늘 보던 것이 다르게 보이는 그 순간, 그때 일어나는 궁금증은 넓게 해석하면 모든 창작의 출발이 된다. 우리의 삶에서 궁금증만을 해소해 주는 것이 지식이라면 이것을 우리의 삶에 적용하도록 널리 알리는 것이 스토리텔링이다.

스토리텔링을 왜 하느냐고 묻는다면 이처럼 우리의 삶에 필요한 모든 이야기는 많은 사람이 공유할 수 있도록 하기 위해서이다. 앞의 사례에서 보았듯이 스토리텔링은 많은 사람이 공유하기에 좋은 정보를 가지고 있고 적합한 특성이 있었다. 이러함에도 특권층에게서만 누렸던 시절이 있었고 이것은 정치적으로 이용되어 지배계급이 피지배계급을 다스리기 위한 무기로써 사용되어 왔다. 그 결과 우리의 인간관계는 수직적으로 발달하고 유지되어 왔다. 몇몇 사람의 주관적 이야기가 인간 전반을 휘어잡으며 흘러왔다. 황당한 이야기와 제도로 인간을 옭아매고 현혹하는 곳이 지금도 없지 않지만, 이제는 특별한 사람들만 이용하는 이야기가 아닌 모든 사람이 수평적으로 누리는 스토리텔링으로써 이야기의 입지가 바뀌어 가고 있다.

이야기는 보편적인 이론을 넘어서야 하고 스토리텔링은 인간 세계를 객관적으로 보여줄 수 있어야 한다. 스토리텔링을 하는 사람은 스토리텔링의 이론을 이해하고 전달하는 능력을 갖춘 지식인이 아니라 지식을 내면화하여 삶의 양식을 만들어내고 윤리적으로 인간의 세계를 말하는 힘을 가져야 한다. 즉, 삶의 이론이 아니라 삶의 실천이다.

정리하자면, 우리 삶에서 필요한 모든 이야기는 다수에게 공유되고 삶에서 실천할 수 있도록 하기 위해서 스토리텔링을 한다는 것인가? 그렇다.

그렇다면 스토리텔링의 영향력은 얼마나 될까?

7. 스토리텔링의 힘은 얼마나 셀까?

　스토리텔링의 매력은 보편성에 있다. 스토리와 스토리의 콘텐츠는 누구나 쉽게 듣고, 보고, 체험할 수 있다. 그래서 공감과 반응이 빠르고 파급효과도 크다. 김유정의 〈동백꽃〉이 단편소설로 전해질 때보다 '김유정문학촌'에서 이야기와 콘텐츠로 스토리텔링 된 것이 사람들에게 더 큰 영향을 미친다. 단 몇 줄로 압축된 이야기로도 사람들의 공감을 얻을 수 있는 것은 현장에서 스토리를 직간접적 체험을 할 수 있기 때문이다.

　체험은 스토리텔링의 가장 큰 매력이면서 힘이다. '가을 전어는 집 나간 며느리도 돌아오게 한다.'라는 이 한 줄의 스토리 때문에 많은 이들이 전어를 먹는다. 전어(錢魚)는 돈고기다. 그렇지만 모양도 성질도 돈과 관계가 없다. 이름도 없는 물고기에 불과했던 것이 전어라는 이름을 얻게 된 것은 표면적으로는 물고기의 고소한 맛이요, 심층적으로는 가난한 백성들의 서글픈 사연이다. 가을 전어는 깨가 서 말이라 할 정도로 고소해서 돈을 아끼지 않고 사서 먹는다고 돈고기라 불렀고, 한편으로는 너무나 가난하여 먹을 것이 없자 며느리가 집을 나가버렸는데 가장 값싼 물고기를 구해다 구워 냄새를 풍겼더니 며느리가 다시 집으로 돌아왔다는 서글픈 현실 때문에 돈고기라 불렀다.

이제는 이런 스토리를 추억으로 이야기할 수 있을 만큼 잘 사는 시대가 되었다. 전어보다 훨씬 맛이 좋은 물고기가 있어도 가을에는 전어를 생각하게 된다. 스토리는 술안주가 되고 전어는 콘텐츠가 되어 가을이면 내남없이 전어를 먹으니 이것이 스토리텔링의 힘이다.

한자로만 읽을 수 있었던 이야기들을 한글로 읽을 수 있게 되었을 때 백성들에게 미치는 이야기의 영향처럼 문학으로만 읽을 수 있었던 이야기를 스토리텔링으로 체험할 수 있을 때는 더 많은 이에게 영향을 미칠 것이다. 한자를 중시했던 사람들의 염려와는 달리 한글은 백성들에게 큰 호응을 얻었다. 문학과 마케팅의 경계에서 스토리텔링 역시 이와 같을 것이라는 생각이다. 스토리텔링은 사람과 문화와 지식과 계층의 단절을 없애고 공감대를 형성하여 소통의 도구로서 많은 곳에 활용되고 있다. 예전에는 궁궐 안에서만 하던 행사가 궐 밖으로 나왔고 특별한 사람들만 알았던 이야기를 모두가 공유한다. 한 방향으로만 흐르던 이야기를 체험을 통해 쌍방향으로 작동할 수 있도록 만들었다. 스토리텔링은 인간을 이해하고 공감하는 관계의 기술이자 삶의 나침반이다.

이야기의 진화로 만들어진 스토리텔링은 인간의 감정을 겨냥한 병기가 되었다. 이 병기는 누구나 가질 수 있고 누구나 가지고 있는 상생-相生, win-win-의 병기로써, 가지면 안 될 힘의 논리인 살생-殺生, destruction of life-의 무기에 대항할 수 있다.

일제강점기 때 무장을 하고 우리나라를 빼앗으려고 서생포 왜성에 나타난 왜장이 사명대사에게 묻는다. "조선에 귀중한 보물이 있소?" 사명대사는 점잖게 이야기한다. "조선의 보배는 조선에 없고 일본에 있다고 하오. 지금 우리나라에서는 뭐니 뭐니 해도 당신의 머리를 가장 귀한 보물로 여기고 있는 것 같소." 이 이야기에 왜장은 크게 웃으며 조선 사람들은 모두 거짓말을 하는데 사명대사만 진실을 이야기한다면서 인정해주었다. 칼 한 번 쓰지 않고 평화적으로 해결한 이야기로 간절곶 소망길의 '서생포 왜성' 스토리텔링에 나오는 이야기다. 이처럼 지금 전 세계는 전쟁보다는 이야기와 콘텐츠로 서로 맞서고 있는 곳이 더 많다.

만일 동물의 세계에도 약육강식이 스토리텔링으로 작동된다면 많은 부분이 지금과 달라질 것이다. 인간이 동물보다 우월한 것은 이야기를 진화시키고 혼란에서 빨리 빠져나오는 힘을 가졌기 때문일 것이다. 인간이 만들어낸 수많은 도구도 이야기에 의해 만들어진 콘텐츠일 것이며 이 때문에 많은 것을 누리고 살 수 있는 것이다.

누군가가 알고 있는 이야기를 자신만 모른다면 안달이 난다. 마치 모두가 가지고 있는 도구를 자신만 못 가진 것처럼 불안할 수도 있다. 이처럼 이야기는 인간의 역사에서 보이지 않는 큰 힘으로써 활동해 왔고 앞으로도 그럴 것이다. 진화된 병기로써 이야기는 잘 쓰면 슬기가 되지만 잘 못 쓰면 사기가 된다. 우리는 때때로 현실에서 해결할 수 없는 일들을 겪게 된다. 궁지에 몰린 우리를 가상현실의 세계에서 극복하도록 돕는 것도 스토리텔링이다. 그런 스토리텔링에는 어떤 것이 있을까?

아랍의 민담 〈천일야화〉

왕비에게 배신을 당한 왕의 분노 때문에 매일 한 명씩의 처녀가 희생당한다. 하룻밤 동침이 끝나면 다음 날 교수형을 당하는 처녀들, 누구도 구해줄 수 없는 현실의 문제를 셰에라자드라는 처녀가 천 일 동안 왕에게 이야기를 들려주면서 죽음이라는 현실의 문제를 극복하고 마침내 왕비가 되는 이야기다. 이야기가 수많은 생명을 살려냈다.

보카치오 〈데카메론〉

그 시대의 의술로는 극복할 수 없는 신이 내린 저주라 믿었던 현실의 문제, 흑사병 앞에서 겨우 살아남은 사람들 열 명이 열흘 동안 함께 이야기를 나누면서 두려움과 죽음을 극복한다는 이야기다. 죽어가는 사람들을 이야기가 살렸다.

감포깍지길 〈너범마을〉

호동마을에는 호랑이가 자주 내려왔는데 용두할배가 맨손으로 호랑이를 때려잡았다는 이야기를 들으면서 마을 사람들은 호랑이에 대한 두려움을 극복했다. 현재 이곳은 범을 때려잡아 쌓았다는 범무덤골도 있고 괘 밑이라는 곳은 호랑이가 누운 지형이라 재산이 들어오는 터라면서 전원주택이 많이 들어와 있다. 이야기가 사람들의 두려움을 극복하게 하였다.

세 이야기 모두 현실에서 극복하기 힘든 문제를 안고 있었지만, 이야기가 두려움과 슬픔과 갈등 상황을 해결하였다. 우리에게 이야기는 더는 이야기가 아니고 사람의 마음을 움직이는 매개체로써 큰 힘을 발휘하기 때문에 우리는 이야기의 힘을 믿고 이야기를 구매한다. 이야기는 책, 영화, 연극, 만화, 옷 등 수많은 콘텐츠에 의해 스토리텔링으로 활동하면서 힘을 키워나간다.

형태가 없었던 이야기가 콘텐츠라는 거대한 형태를 가지고 움직이기 시작한다. 이야기가 감정을 얻어 공유되는 순간, 콘텐츠의 방향성은 다양하게 열리고 그 힘도 무한해진다. 사피엔스가 이 지구상에 살아남은 힘도 바로 이야기의 능력이라고 하지 않았던가. 이야기의 속도는 SNS 콘텐츠에 의해 더 빨라진다. 스토리텔링으로 움직이는 이야기는 정치 경제, 교육과 문화, 인간 사회의 전반적인 부분에 영향을 미친다.

이야기는 아무에게도 털어놓지 못하면 고통스럽지만, 누군가에게 털어놓게 되는 순간 쾌감을 느끼며 모두에게 털어놓으면 카타르시스를 느낀다. 예를 들면 이야기를 혼자만 알고 있는 것보다 소문을 퍼뜨리는 방식의 공동 나누기 스토리텔링이 더 쾌감이 좋다. 공유된 이야기는 아무도 모르는 사이 살아서 걸어 다닌다. 아니 뛴다. 스토리텔링은 소통의 중심에서 사람을 불러 모으고 사람과 소통하고 때때로 사람을 조종하는 힘을 발휘한다.

　삼국유사의 〈여이설화〉를 보면 신라 48대 왕인 경문왕의 귀는 나귀처럼 컸는데 왕의 두건을 만드는 복두쟁이만이 이 사실을 알았다. 최고 권력을 가진 사람의 비밀을 알았다는 것은 그 사실만으로 얼마나 놀라운 일이 될 것인가. 요즘 같았으면 연일 방송에 나올 일이겠지만 그때는 왕의 비밀을 말하면 죽을 수도 있었다. 복두쟁이는 말하고 싶은 마음을 꾹꾹 눌러 담았다가 병까지 얻었다. 오죽하면 대나무밭에 가서 '임금님 귀는 당나귀 귀'라고 소리쳤겠는가. 그렇게 소리친 복두쟁이가 병을 고칠 수 있었던 것은 이야기를 들어주고 어디론가 퍼트려 줄 오늘날의 SNS와 같은 대나무라는 콘텐츠가 있었기 때문이다. 실제로 요즘 유행하는 '페이스북 대나무숲 콘텐츠'가 있다. 이곳에서는 익명으로 말하고 서로 공유한다. 이런 이야기는 연극, 영화, 만화, 조형물 등 관광콘텐츠로 확대되어 현실의 문제를 극복하는 스토리텔링으로써 많은 부분에 기여한다.

　정리하자면, 스토리텔링은 사람들에게 위안을 주고, 때때로 궁지에 몰린 사람을 살릴 수도 있고, 적과의 담판도 지을 힘을 가졌다는 말인가? 그렇다.

그렇다면 꼭 명심해야 할 것은 무엇인가?

8. 잊지 말아야 할 그것

   지금부터 들려주는 몇 가지 이야기를 통해 스토리텔링 할 때 잊지 말아야 할 한 가지를 알게 될 것이다.
   첫 번째는 경북 영천의 채약 서당 전통혼례 이야기이다. 점점 잊혀가는 것 중의 하나가 전통혼례다. 전통혼례를 올리고 싶어도 절차, 일손, 장소, 진행 등 다양한 어려움으로 기피하게 된다. 그래서 몸만 가면 되는 손쉬운 예식장을 선택하겠지만 축하하러 간 사람의 입장에서는 너무나 형식적으로 보여주는 쇼같이 느껴지기도 한다. 이 두 가지를 보완한 결혼식이 경북 영천 채약 서당에서 행해졌다.
   신랑·신부는 드레스 대신 전통혼례복을 입고 입장을 했고 장소는 야산 아래 채약 서당의 좁은 마당이다. 하객은 비탈진 언덕까지 들어찼고 함께 참여하며 사회자의 입담에 맞추어 추임새를 넣는다. 특이한 것은 주례하실 훈장님의 친필 글자-달은 천 번을 이지러져도 그대로이고 버드나무 가지는 백번을 꺾여도 새 가지가 난다–는 뜻의 글이 적힌 양가 부인들의 한복 치마였다. 빌린 치마를 더럽힌 아낙을 위해 치마에 포도 그림을 그려주어 위기를 면하게 해주었다는 신사임당의 모습이 오버랩 되었다. 혼례의 절정은 훈장님의 주례였다. 훈장님이 직접 써서 가져온 글귀는 다음과 같다. 서로 귀한 손님 같이 존중하면서 살면 친족, 외족, 처족이 화평해지니 이것이 진실로 명문가이다. 신랑·신부의 앞날을 위해 하고 싶은 많은 말을 압축하여 쓴 글을 설명해주는 것으로 주례사를 대신하였다.

두 번째 이야기는 경북 영주의 석노기 호미 이야기다. 석노기는 14살 때, 매형의 대장간에서 잠시 일을 도와준 것이 계기가 되어 평생 대장장이로 살고 있다. 지금까지 대장장이 외에는 그 어떤 일도 해 본 적이 없고, 하고 싶다는 생각이나 후회를 한 적도 없다면서 대장장이라는 직업을 천직이라고 말하는 그는 자신도 모르게 시작한 일이 어느덧 자부심 있는 직업이 되었다고 말한다.

365일 꺼지지 않은 화덕 안으로 낫은 10번, 호미는 5번 이상 들어갔다 나오는데, 이 모든 작품은 손에서 탄생한다. 작품에는 그의 혼이 배어 있고 '영주' 또는 '석'이라는 마크가 찍혀있다. 평생을 하루처럼 망치로 시작하고 망치로 마무리한다. '여러 가지 호미를 써보았지만, 석노기 호미만 한 것이 없다'는 30년 단골들의 말은 미국 최대 인터넷 쇼핑몰 아마존에서의 판매 10위 안에 듦으로 증명되었다.

세 번째 이야기는 그림 그리는 이병화 소방관 이야기다. 그의 그림에는 화재 현장이 현실처럼 들어있다. 화가가 꿈이었지만 아버지의 영향을 받아 남을 돕는 삶을 선택했다. 그림은 취미로 돌리고 소방관으로 꿈을 옮겼다. 소방학교에서 훈련 중 벽화를 그리게 되었고 그것이 계기가 되어 화재 진압대원으로 일하면서 그림을 계속 그리게 되었다. 많은 소방관이 최선을 다해 일하는 모습을 알리고 싶어서 직원들을 모델로 삼아 그림을 그리게 되었다. 그는 그림으로 유명해졌지만 '나는 소방관이다.'라는 말을 한다. 그의 그림은 열심히 일하는 소방관의 노고를 백 마디의 말로 알리는 것보다 나은 콘텐츠가 되었다.

네 번째 이야기는 요리하는 망치 아줌마 이야기이다. 유튜브의 '망치 요리'는 영상을 통해 요리도 배우고 영어도 배울 수 있다. 외국에 살면서 자녀들에게 한국의 요리를 잊어버리지 않도록 가르쳐 주기 위해 시작한 것이 전 세계 사람들의 공감을 얻었다. 영어는 너무나 서툴지만, 요리마다 만드는 방법, 얽힌 이야기를 영어로 전달하며 마지막엔 요리를 선보인다. 서툰 영어는 아무런 문제가 되지 않고 대충하는 것 같은 요리도 문제 삼지 않는다.

마지막으로 윤오영 님의 '방망이 깎는 노인' 이야기이다. 그는 동대문 근처 길가에서 방망이 깎는 노인에게 방망이 하나를 주문한다. 그런데 노인은 일부러 그러는지 깎는 시간도 엄청나게 오래 걸리고 금액도 비싸게 부른다. 그는 속으로 화가 났으나 물리지도 못한 채 꾹 참고 기다렸다가 받아들고는 투덜대며 집으로 간다. 그런데 방망이를 본 그의 아내는 반색하며 방망이의 배가 너무 부르면 옷감을 다칠 수도 있고, 같은 무게라도 힘이 들며, 배가 너무 안 부르면 주름살이 펴지지 않는다며 요렇게 꼭 알맞은 것은 좀처럼 만나기 어렵다는 것이다. 그는 비로소 마음이 풀리고 노인에게 화를 낼 뻔했던 것을 뉘우쳤다고 한다. 그 노인의 방망이가 알려지는 데는 시간이 오래 걸렸겠지만, 방망이와 노인의 이야기는 오래도록 계속될 것이다.

전통혼례를 주선하는 채약 훈장님, 평생 쇠를 두드리는 석노기 님, 그림 그리는 소방관, 요리하는 망치 아줌마, 방망이 깎는 노인에게서 드러나는 공통점은 무엇인가? 바로 진정성이다. 진정성은 그들의 이야기를 좋은 스토리텔링으로 이끌었다. 그들의 삶 자체가 스토리이며 상표이고 콘텐츠가 되었다.

정리하자면, 스토리텔링을 창작할 때 꼭 잊지 말아야 할 한 가지는 진정성이란 말인가? 그렇다.

그렇다면 스토리텔링의 공식 같은 것도 있는가?

9. 주인석의 스토리텔링 공식

   스토리텔링의 보여주는 방식, 들려주는 방식들을 모아 보았다. 하나의 이야기에 콘텐츠는 여러 가지가 될 수 있다. 콘텐츠는 이야기를 대중들에게 전달하기 위한 수단으로 영화, 뮤지컬, 애니메이션, 연극, 조형물, 벽화, 음식, 등 각종 유무형의 작품들이 있다. 우리는 하나 또는 그 이상의 이야기를 수많은 형태의 콘텐츠로 표현-One Source Multi Use-할 수 있다. 콘텐츠는 이야기를 더 잘 소통하는 도구로써 큰 의미를 지닌다.

   정리하자면, 음성언어와 문자언어의 형태로만 존재하던 줄거리가 있는 이야기들이 그 형태를 뛰어넘어 새로운 콘텐츠로 변신해 사람들과 소통할 때, 스토리텔링이 된다. 예를 들어, '신데렐라' 이야기가 동화책, 연극, 신데렐라 마을 같은 콘텐츠로 활용되는 것이다.

이야기 × x = 스토리텔링(x값은 콘텐츠)

x값 콘텐츠는 소극적으로는 '구연'이고, 적극적으로는 판매 가능한 모든 콘텐츠가 된다. x값이 적극적이고 많을수록 스토리텔링은 힘을 얻는다. 초기에 나의 이야기는 하나를 책으로만 발간되는 소극적인 스토리텔링이었다. 그러다가 길에 관련된 이야기를 만들고 이를 책으로 출판하고 관광지에서 직접 체험할 수 있게 만들었을 때, '1 × 2 = 2', 즉, 이야기 하나에 콘텐츠 두 개가 움직이는 두 개의 스토리텔링으로 발전되었다. 그러나 지금은 나에게 200개가 넘는 이야기가 있으며 이 이야기들이 만들어낸 콘텐츠와 현재 관광지에서 사용되고 있는 콘텐츠는 무수히 많아졌다. 〈데굴데굴 물꼬마〉, 〈강동 사랑길〉, 〈감포 깍지길〉, 〈간절곶 소망길〉은 책, 연극, 체험 놀이기구, 학습 도구, 벽화, 포토존, 음식점, 홍보 책자, 관광까지 하나의 이야기로 여러 가지 콘텐츠에 활용되고 있다.

200 × x = 스토리텔링
이야기 × 콘텐츠 = 스토리텔링
이야기 × 동력 = 스토리텔링
이야기 × 적극적 판매 = 스토리텔링
이야기 × 작가 = 스토리텔링
이야기 × 매체 = 스토리텔링

이야기 × 행복 = 스토리텔링

이야기 × 지혜 = 스토리텔링

이야기 × 춤·노래 = 스토리텔링

이야기 × 교육 = 스토리텔링

이야기 × 영어 = 스토리텔링

이야기 × 수학 = 스토리텔링

이야기 × 심리 = 스토리텔링

이야기 × 명상 = 스토리텔링

이야기 × 관광 = 스토리텔링

.

.

보고 싶고 듣고 싶은 세상 이야기를 다양한 방식의 콘텐츠로 보게 해 주는 것이 스토리텔링이다. 즉, 스토리텔링은 콘텐츠라는 동력을 가진 이야기다. 콘텐츠를 만들어내는 아이디어가 특별하다 하더라도 주춧돌과 같은 이야기-잘 짜인 플롯에 줄거리가 있는-가 제대로 창작되어 있지 않다면 스토리텔링이 불가능할 수도 있다. 정리하자면, 이야기와 콘텐츠의 긴밀한 관계에서 탄생한 이야기 방식이 스토리텔링이라는 말인가? 그렇다.

스토리텔링에 대해서 조금이라도 알고 난 후에 보이는 것은 이전과 다를 것이다. 스토리텔링이라는 이름이 붙은 곳은 많지만 스토리텔링이라고 불러줄 수 있는 곳은 그에 못 미칠 수도 있다. 스토리텔링을 말할 수는 있겠지만 제대로 말하고 싶은 이들을 위해서 정리하는 차원으로 살펴본 2부였다.

그렇다면 스토리텔링은 무엇을 가지고 어떻게 하는 것일까?

3부
하기 어렵다지만 하면 할 수 있다

부제 : 스토리텔링을 하기 위한 자세

1. 아무와 누구에게 던지는 질문

　누구는 어쩐지 정해진 사람 같은 느낌이고, 아무는 덮어놓고 막연한 사람 같은 느낌이다. 스토리텔링 공부를 시작한 사람, 이야기를 쓰고 있는 사람, 이야기에 좀 더 가까운 사람, 세상을 좀 더 긍정적으로 대하는 사람, 대상을 역발상으로 이해하는 사람, 삶의 가치를 찾으려는 사람들이 있다.
　직장에서 인정받은 아이디어로, 또는 그런 업무로, 남과 다른 자영업을 하고 싶다는 소망으로, 인생의 고비에서 겪은 일로, 작은 손재주나 재능으로 만든 상품으로, 자신만의 자녀교육법으로, 기업, 학교, 공공기관, 낙후한 지역, 옛날 흔적이 많은 곳, 소소한 물건이나 생산품이 있는 곳, 그 외의 이유로 스토리텔링을 하고 싶은 사람들이 있다. 이런 사람들은 누구일까, 아무일까?
　좀 더 구체적으로 질문해 보면 무엇을 쓰고 싶은가? 누구를 위한 스토리인가? 어떤 메시지를 담아 말하고 싶은가? 무엇을 어떻게 체험시키고 싶은가? 어떤 감정을 공유하여 카타르시스를 느끼게 하고 싶은가? 이런 물음에 답을 할 수 있는 사람은 누구일까? 아무일까?

스토리텔링을 하기 위해서는 무엇보다 자기 생각이 분명해야 한다. 먼저 '무엇을 체험시킬까'를 생각해야 한다. 몇 가지 예를 들어보면, 자신의 건강을 위하여 말차와 우유를 섞어 마시다가 황금비율의 '말차샷라떼'를 만들게 되었고 이 음료를 다른 사람들에게 체험시키겠다는 경우, 조미료가 든 음식을 먹으면 이삼일 동안 소화가 되지 않아 고생하는 동생을 위해 농산물과 해산물을 찌고 말려서 우려낸 국물로 요리를 하다가 '현영의 영양국'을 만들게 되었고, 이 국을 다른 사람들에게 체험시키겠다는 경우, 야외에서 그림을 그리다가 유화물감을 흙에 떨어뜨렸고 흙 묻는 물감을 그대로 사용하여 그렸더니 더 자연스럽다는 것을 발견하고 'sp. 흙 그림'을 그리게 되었고 이 그림을 다른 사람들에게 체험시키겠다는 경우, 매일 한 단어로 한 줄 시 쓰기를 하다가 '줄 시 창작법'을 개발하였고 이 창작법을 다른 사람들에게 체험시키겠다는 경우처럼 체험시키겠다는 무엇이 뚜렷해야 한다.

뚜렷한 무엇을 가지고 있는 사람과 막연한 무엇으로 하겠다는 사람의 차이가 누구와 아무의 차이 같은 것이다. 당신에게는 '~싶도록' 자극하는 이야기와 그것을 증명하는 그 무엇이 있는가? 아무나 특별하게 만들어줄 누구나가 되기 위해서는 '무엇을 체험시킬까'라는 고민을 하는 자세가 스토리텔링의 시작이다. 우리와 우리 주변을 충분히 고민을 한 다음, 다음 장으로 천천히 넘어갈수록 스토리텔링의 기초는 단단해질 것이다.

정리하자면, 아무와 누구에게 던지는 질문은 막연한 생각으로 스토리텔링을 하겠다는 사람과 체험시킬 수 있는 무엇을 가지고 스토리텔링을 하겠다는 사람에게 던지는 질문이라는 말인가? 그렇다.

그렇다면 누가 스토리텔링을 잘할 수 있을까?

2. 누가 하면 잘할까?

이야기를 좋아하고, 이야기를 털어놓고 듣기 좋아하며 틈만 나면 이야기의 소재를 찾아 이야기를 만들어보는 사람이 스토리텔링을 잘할 확률이 높다. 오늘은 무슨 이야기를 만들어볼까 하는 생각을 가지고 세상을 관찰하는 사람이 잘할 수 있다.

내가 아는 사람 중에 퇴직하면 스토리텔링 작가가 되겠다는 사람이 있는데 그는 순간마다 스토리텔링을 한다고 해도 과언이 아니다. 절집 앞을 지나갈 때, 하나의 바위를 가리키며 이야기가 시작되었다. 절에 갈 때는 모든 것을 비우고 내려놓고 가야 한다면서 심지어 방귀도 가져가면 안 되기 때문에 '방귀 바위'가 생겼다는 것이다. 즉석에서 만들어낸 그의 스토리텔링으로 모두 웃을 수 있었다. 또 부석사 근처에서는 '파전'을 팔 것이 아니라 '무량수전'을 팔아야 한다는 우스개 스토리텔링도 한다. 그는 눈에 들어오는 모든 것을 이야기로 만들어내는 재주가 있다.

이야기가 어설프더라도 스토리텔링의 첫걸음은 이야기를 만들어보는 것이다. 남과 다른 이야기, 아직 못 들어 봄 직한 참신한 이야기를 삶의 주변에서 찾거나 관찰하여 상상해 보고 그 이야기가 서로 소통할 수 있도록 재미를 더해 창작하려고 노력하는 사람이 스토리텔링에 재주가 있는 사람이다.

이야기를 잘 만들어낼 수 없다면 이미 구전되고 있는 이야기를 가져다 쓰는 것도 스토리텔링의 한 방법이다. 예를 들면 '한복 체험' '경복궁 야간 체험'은 우리 조상들의 옷인 한복 이야기, 조선왕조의 이야기가 바탕에 깔려있기 때문에 '체험콘텐츠'만 개발하여도 많은 외국인에게 호응을 얻을 수 있었고 스토리텔링이 되었다.

또 다른 예로 경북 봉화의 '산타 마을' 스토리텔링이다. 산타 이야기를 따로 창작하지 않고 '봉화'라는 지역적 콘텐츠만으로도 스토리텔링이 된 곳이다. 산타는 네덜란드에서 출발해 미국에서 정착하고 전 세계로 퍼져나간 이야기이다. 소설가 워싱턴 어빙의 소설《뉴욕의 역사》에서 네덜란드의 수도사 성 니콜라스를 수호성인으로 만든 것이 계기가 되었다. 성 니콜라스가 산타클로스가 된 것은 하나의 기념일에서 출발한다. 성 니콜라스는 상속받은 재산을 가난한 사람을 돕는 일에 모두 쓰며 일생을 보냈는데 지금까지도 그의 기일에는 '세인트 닉(Saint Nick)'으로부터 쿠키나 사탕 같은 것을 받기 위해 신발을 내놓는다.

이 기념일 사연은 네덜란드에서 미국으로 건너간 사람이 소설가에게 들려주었고 '세인트 닉'의 네덜란드식 애칭 '신터 클라스 (Sinter Klaas)'가 소설에 의해 'Santa Claus'가 되어 전 세계의 산타가 되었다. 이 이야기가 봉화의 '산타 마을'에 가능했던 것은 산타가 살았음 직한 경치와 배경을 잘 포착하여 스토리텔링으로 삼았다는 것이다. 콘텐츠 아이디어에서는 좋은 점수를 얻을 수 있으나 스토리의 본질에서는 좀 미흡하지만, 콘텐츠 아이디어에서는 좋은 호응을 얻어 지역 스토리텔링으로 성공한 셈이다. 만일 봉화에 '세인트 닉' 같은 분이 계신다면 봉화의 산타 마을은 더 큰 공감을 얻었으리라 생각된다.

정리하자면, 이야기를 좋아해서 평소에 창작해보고 이야기를 활용할 줄 아는 사람이 스토리텔링을 잘할 수 있다는 말인가? 그렇다.

그렇다면 스토리텔링을 잘하기 위해서 어떻게 해야 할까?

3. 스토리텔링을 잘하는 방법이 있을까?

　스토리텔링을 잘하는 비법이 있느냐고 묻는다면 없다. 그러나 스토리텔링을 공부하고 싶어서 미리 알고 시작하면 좋을 몇 가지가 있느냐고 묻는다면 다음과 같다.
　첫째, 질보다 양이다. 어떤 분야의 최고가 되는 비법에 대해 많은 책은 경쟁하듯이 말하지만, 나는 어떤 분야든 양이 질을 끌어낸다는 말을 하고 싶다. 양이 많아지면 저절로 문리가 트인다. 스토리텔링을 잘하는 비법도 마찬가지다. 시간만 나면 이 세상의 모든 사물을 인간과 연결 지어서 이야기를 만들어 기록해 보는 방법이다. 이야기의 양으로 시작해서 양이 진정성을 띠고 지속성을 가지면 질 좋은 스토리텔링은 줄기에 매달린 고구마처럼 저절로 줄줄이 쑥쑥 뽑혀 나오는 시점에 도달하게 된다.
　일전에 나는 모 업체 직원과 스토리텔링 회의를 하기 위해 카페에서 만난 적이 있다. 사람을 처음 만나 음료를 주문할 때, 상대가 무엇을 마실 것인지 묻고 특별한 경우가 아니면 동일한 것을 주문한다. 주문하는 음료에 따라 그 사람의 성격을 약간은 파악할 수 있다. 그는 나에게 무얼 드시겠냐고 물었고 나는 그가 마시는 것을 같이 마시겠다고 말했다.

그는 하트가 얹힌 라떼 두 잔을 가져왔다. 다정다감한 성격일 가능성이 크다. 라떼를 마시려는 그에게 "잠깐만요, 혹시 라떼 스토리텔링을 아세요?"라고 물었더니 모른다며 호기심 가득한 눈으로 물었다. "꼬리부터 마시면 무엇무엇-사랑, 행복, 부자-이 이루어진대요." 하트 모양의 꼬리부터 마시면 잔의 밑바닥에 하트가 그대로 남는 것을 기억해냈고 나는 일을 성사시키기 위해 즉석에서 '라떼 스토리텔링'을 했다. 그는 라떼 위에 얹힌 하트모양의 꼬리부터 마셨고 마지막엔 탄복하며 여자 친구에게 사랑을 고백할 때 꼭 써먹어야겠다고 했다.

이 이야기를 들은 어느 카페 주인이 가져다 쓰겠다며 라떼 이름을 지어달라고 했고 '사랑 꼬리 라떼'라고 지어줬더니 좋아했다. 좋은 소재는 우리를 기다려주지 않고 '자신을 스토리텔링 해 주시오'라며 다가오지 않기 때문에 보이는 모든 것에 이야기를 만들어보고 기록으로 남기는 것이다. 소위 '이야기첩'이라는 애첩을 끼고 다니면서 가는 곳마다 이야기 바람을 일으켜야 한다는 말이다. 질보다 양이다. 나에게는 이런 이야기첩이 스무 권 가까이 있다.

둘째, 모방이다. 기존 작가들의 좋은 작품을 읽고, 듣고, 현장에서 본 다음, 분석하고 따라 해 보는 것이다. 분석표를 만들어보는 것도 하나의 방법이다. 소재, 주제, 형상화, 카피, 스토리, 콘텐츠까지 칸을 메워가며 정리를 하다 보면 자신의 아이디어가 떠오를 것이다. 분석이 끝나면 자신이 발견 또는 발명해 놓은 소재로 모방을 해 보는 것이다.

소재는 이야기의 재료이고, 주제는 이야기를 통해 꼭 하고 싶은 말이다. 형상화는 직접적으로 말하지 않고 에둘러 말해줄 어떤 것이며, 카피는 이야기를 한 줄로 광고할 수 있는 명언 같은 것이다. 스토리는 이야기의 줄거리이고 콘텐츠는 직접적으로 이야기를 보여줄 수 있는 것들을 말한다. 이솝 우화에서 짐을 지고 가는 '당나귀'는 소재이고, '제 꾀에 넘어가지 말라'는 주제이다. 소금을 지고 물에 빠져 가벼운 것을 알아채고는 솜을 진 줄도 모른 채 물에 빠졌다가 낭패를 본 당나귀처럼 잔꾀를 부리는 어리석은 사람을 당나귀로 형상화하였다. '꾀에 쓰러지다.'는 카피이며 이 이야기로 만들 수 있는 콘텐츠는 애니메이션, 연극과 당나귀 인형, 불에 구운 소금이나, 물에도 젖지 않는 이불솜 같은 것으로 교육, 문화, 정치 스토리텔링을 할 수 있을 것이다. 이렇게 분석을 했다면 그다음은 자신의 소재로 모방해 보는 것이다.

십여 년 전 나는 아침 칼럼을 읽다가 특이한 기사를 발견하고는 바로 현장으로 갔다. 울산에서 강원도 양양까지 왕복 10시간을 투자했지만 지금도 아깝지 않은 일이라 생각한다. 양양 비행장이 생기면서 일어난 일인데 어느 절의 마당에 일 년에 한 번씩 40일간 마른하늘에 비가 내린다는 이야기다. 과학적으로도 설명할 수 없는 현장을 직접 보고 돌아오면서 머릿속에는 수많은 이야기가 생겼다. 이 일을 계기로 우리나라 '전설, 설화, 민담'을 읽으며 분석해 나가다가 '그리스 로마 신화'를 다시 읽게 되었고 신과 인간의 존재에 대해 철학적으로 생각해 보는 계기가 되었다. 이후 읽게 된 중국의 '산해경'은 내 상상을 자극하는 끝판왕이었다. 이런 이야기를 읽어나가다 보면 이야기끼리 융합되는 지점이 느껴지는데 그때가 바로 모방의 시냅스가 활발하게 연결되고 있다는 증거이다.

셋째, 긍정적 이야기다. 스토리텔링은 역사적 사료부터 개인의 경험담이나 체험담까지 생생하게 쓰되 긍정적인 인간성을 담은 교훈적인 이야기로 구매까지 끌어내야 한다. 기존의 틀에 묶여 있는 이야기를 식상하다 생각할지 모르지만, 사람들은 그런 이야기의 패턴을 더 선호한다. 신데렐라의 상승 모티브, 영웅의 모험 모티브, 남녀의 삼각관계 모티브 같은 이야기는 뻔하다고 생각하면서도 마지막에 얻게 될 보편적인 교훈을 위해서 과정의 구접스러운 재탕을 봐주는 것이다. 차이를 원하지만, 긍정적이길 바라는 것이 보편적 인간의 심리다.

관광 스토리텔링을 하기 위해 회의나 주민설명회를 가면 때때로 무서운 이야기가 쏟아질 때가 있다. 말 그대로 '전설의 고향'을 동시다발적으로 관람하는 기분이 들 때가 있다. 사람이 빠져 죽은 우물, 목매달아 죽은 나무, 밤마다 귀신이 나타나는 당수 나무

등등 가짓수도 많고 얽힌 이야기도 모두 부정적이고 무섭다. 사람들은 뭔가 색다른 이야기를 요구하지만 이런 이야기를 뜻하는 것은 아니다. 과정이 힘들어도 결과는 행복하기를 바라는 심리가 있다. 지역 주민들이 고집을 부려서 무섭거나 혐오스러운 이야기로 스토리텔링 된 곳도 있지만 아무도 찾아오지 않아 오히려 지역적 혐오를 조장하는 스토리텔링이 될 수도 있다.

넷째, 욕망이다. 스토리텔링의 가장 기본 구조는 욕망 실현을 위해 주체, 대상, 중개자가 움직이는 것이다. 사람들은 욕망의 대상을 향해 바로 나가는 것이 아니라 중개자를 거쳐서 간다. 어떤 욕망, 즉 인간이 보편적으로 원하는 욕망이 무엇인지 시대의 흐름을 잘 읽어내는 것이 중요하다. 예를 들어 배우 이영애처럼 맑은 피부를 가지고 싶은 것이 주체의 욕망이다. 이영애가 마시는 물은 물이 아니라 이영애의 피부로 대변되는 중개자다. '산소 같은 여자 이영애'라는 카피는 물을 통해 인간의 욕망을 부추긴다. 이것이 기본 틀이다. 여기에 어떤 것을 대입해 보면 좀 더 쉽게 스토리텔링에 접근할 수 있다.

드라마 '밥 잘 사주는 예쁜 누나'에서 주체의 욕망은 다정다감한 연하남을 만나는 것 또는 예쁜 누나를 만나는 것이다. 중개자는 드라마이며 대상은 배우-연하남 정해인 또는 연상녀 손예진-이다. '우리 이제 남녀 사이 된 거야?'라는 카피는 연상연하 커플이 되고 싶은 욕망을 부추긴다. 욕망에 도달하기까지 시청자를 암에 걸리게 할 정도로 아프게 했던 드라마였다. 인간의 욕망만 잘 관찰하여도 스토리텔링의 몸통은 잡은 셈이다.

다섯째, 여러 개보다 하나다. 하나의 이야기에 하나의 소재를 쓰는 것이 낫다. 필요 없는 것을 왕창 주기보다 필요한 한 개를 주는 것이 가장 스토리텔링을 잘하는 방법이다. 예를 들면, "여름이 끝나가는 지금, 남들이 다 두 개 줄 때, 저는 하나를 드리고도 욕 안 먹을 자신 있습니다."라는 스토리텔링으로 손바닥 선풍기 두 개를 5천 원에 파는 것보다 선풍기를 겨우내 보관할 수 있도록 책상 위에 엎드려 잠든 인형 모양의 커버를 하나에 만원으로 파는 것이 더 나을지도 모른다. 여러 개의 싸구려 이야기를 조합하여 주제가 여러 갈래로 찢어져 무슨 이야기를 하려는지 모르는 것보다 제대로 된 하나의 이야기에 알맞은 콘텐츠를 기획하는 스토리텔링이 지역을 더 발전시키고 개인의 사업을 성공시키며 사람들에게 더 가치가 있을 것이라는 말이다.

정리하자면, 인간의 욕망이 무엇인지 관찰하여 긍정적인 이야기를 될 수 있으면 많이 습작해 보고, 많이 모방해 보되 하나의 소재에 하나의 말만 하는 것이 스토리텔링을 잘하는 방법이라는 말인가? 그렇다.

그렇다면 어떤 가치 때문에 스토리텔링을 하는가?

4. 스토리텔링의 가치는 뭘까?

　사람들은 어떤 스토리텔링을 경험한 후에 '공감한다, 다시 체험해 보고 싶다, 대리만족했다, 진실하다'라는 말로 가치를 말한다. 삶이란, 지난한 여정을 겪어가면서도 가치 있는 길을 찾아 나서는 것이다. 우리 앞에 어떤 일이 어떤 방식으로 일어날지 예상할 수 없는 삶에서 이야기는 등불과 같은 역할을 해 준다. 우리는 누군가가 겪은 일들을 보고 해결해나가는 방법을 익히고 어떤 선택이 가치 있는지 깨우치게 된다. 그래서 이야기를 창작할 때는 재미와 실용의 가치를 생각하면서 창작해야 한다. 다시 말하면 스토리텔링 창작을 하기 위해서는 사람들이 스스로 의미 창출을 할 수 있는 인식적 가치, 사람들에게 재미와 위안을 줄 수 있는 정서적 가치, 이야기의 교훈을 실제 삶에 적용할 수 있는 효용적 가치를 생각해야 한다.

　아이들에게 '욕심부리지 말고 형과 사이좋게 지내라'라고 하면 잔소리가 되지만 일차적으로 〈흥부와 놀부〉 이야기를 들려주고 이차적으로 서울 어린이 대공원에 가서 흥부와 놀부 조형물과 연극 콘텐츠를 체험시키면 교육 스토리텔링이 된다. 아이들은 〈흥부 놀부〉 스토리텔링을 통해 '형제간에 사이좋게 지내야 한다.'는 의미를 인식할 것이고, 박에서 보물이 쏟아지는 장면을 보고 더 많은 상상을 하며 재미를 느낄 것이고, 형과 동생의 행동에서 권선징악을 깨우치며 정서적 위안으로 안정이 될 것이고, 집으로 돌아와서는 형제가 싸우지 않고 삶에 적용하리라고 기대한다. 〈흥부와 놀부〉 스토리텔링 하나로 인식, 정서, 효용의 세 가지 가치를 모두 만족시킬 수 있는 것이다.

또 다른 예시는 공부하는 아이들에게 '열심히 노력해야만 좋은 점수를 받을 수 있다'고 말하는 것보다 〈김연아처럼〉이라는 책을 선물하고 이야기를 나누면서 공연을 보여주는 것이 더 의미 있고 위안이 될 것이다. 이야기를 통해 아이들은 열심히 노력하는 삶의 중요성을 스스로 깨닫게 되고 김연아의 삶에서 만들어진 피겨스케이팅은 지속적인 콘텐츠가 되어 아이들은 자신의 삶에 적용할 것이다.

관념이나 논증이나 설명으로는 사람을 변화시키기 어렵지만 스토리텔링은 삶에 바로 적용될 수 있기 때문에 변화의 폭이 크고 즉각적이며 다양한 양상을 띤다. 스토리텔링의 가치는 인간의 이성을 기반으로 설득하기보다는 인간의 감정을 변화시켜 의미 있는 삶으로 유도하는 것이다. 정리하자면, 스토리텔링은 우리 삶에 의미를 알게 해 주고, 위안이 되어주며, 적용 가능한 것이다. 좋은 스토리텔링 안에는 자연스럽게 이 세 가지의 가치가 담겨있다는 말인가? 그렇다.

    그렇다면 좀 더 구체적으로 알아야 할 것은 무엇인가?

5. 하나를 분석하면 열을 배운다고?

　스토리텔링을 잘하기 위해 이야기와 콘텐츠 구상을 할 때 익히면 좋을 몇 가지가 있다. 이야기는 쉽고 짧고 편안하여 전달력이 좋으면서도 고급스러운 언어를 써야 하고, 거지, 부자, 신데렐라, 도깨비, 이카로스, 오디세우스 같은 상승, 추락, 모험의 이야기 유형이 보편적이다. 연속적으로 이어지는 이야기는 인과관계를 생각하며 형상으로 보여주어야지 설명하지 말아야 한다. 소재를 바라보는 눈을 다르게 가지고 관찰을 하며 주제를 명확히 해야 이야기가 흔들리지 않는다. 평소에 상상력을 길러 극과 극의 상황을 연결하고 융합하는 연습을 하여야 한다. 이야기에 어울리고 실용적 가치를 생각한 콘텐츠를 기획하고 제작한다. 이상 열 가지를 미리 알고 스토리텔링을 창작하면 도움이 될 것이다.
　스토리텔링을 창작하기 전에 잘된 것을 하나 골라서 읽고, 체험해 보고, 분석해 보는 것은 공부에 많은 도움이 된다. 한 권을 백

권처럼 읽는 방식으로 자신만의 스토리텔링 틀을 만들어놓는 것도 좋은 방법이라 생각한다. 많은 스토리텔링 중에 내가 〈해리포터〉로 공부하게 된 배경은 조앤 K. 롤링의 언어적 매력 때문이었다. 고3이 된 딸의 방을 대청소하다가 베개 밑에 수북이 숨겨 놓은 너덜너덜한 〈해리포터〉를 발견했다. 한창 공부를 해야 할 시기에 초등학생 때 이미 다 읽은 책을 몰래 반복적으로 읽는다는 것이 도무지 이해가 가지 않아 야단을 쳤다가 오히려 배우는 계기가 되었다.

"엄마, 가장 어두울 때에도 행복은 존재해."

도대체 〈해리포터〉의 무엇이 그토록 행복하게 만드는지, 고3이라는 것을 잊게 할 만큼 이야기에 빠져들게 하는지 분석해 보고 싶었다. 마법의 세계를 현실처럼 드나들도록 융합하는 기발한 상상력, 연속적인 이야기의 흐름에도 정확한 인과관계, 누군가의 영혼을 형상화한 사슴, 책을 읽고 난 다음에도 온종일 상상의 세계에서 함께 춤추고 소리를 듣고 움직이게 하는 것은 설명이 아니라 상상을 그리도록 만드는 형상의 세계에서 일어난 감정이다. 이 모든 것을 아우르며 가능하도록 만든 것은 바로 언어였다.

'가장 어두울 때에도 행복은 존재해, 단지 누군가가 불 켜는 방법을 잊지 않는다면 말이야.'

'꿈에 사로잡혀 살다가 진짜 삶을 놓쳐서는 안 돼.'

'우리를 사랑하는 사람들은 절대 우리를 떠나지 않아.'

'열심히 사는 것은 중요해, 그러나 더 중요한 것은 너 자신을 믿

는 거야.'

빛이 나는 언어 구사와 이야기에 매료되어 해리포터의 흔적이 있는 영국으로 가보지 않을 수 없게 되었다. 이야기로서 존재하던 〈해리포터〉보다 스토리텔링으로서 움직이는 〈해리포터〉는 훨씬 더 매력 있었다. 9와 4분의 3 정거장으로 불리는 킹스크로스역에 도착해서 본 것은 마법의 지팡이 체험을 하기 위한 끝없는 줄이었다. 영화와 놀이기구는 물론이고 옷, 신발, 지팡이, 컵, 목도리, 안경, 책 등, 이야기에 등장하는 것은 모두 콘텐츠가 되어 살아 움직였다.

〈해리포터〉는 공부하기에 좋은 책이다. 익혀야 할 열 가지 정도를 정리하면서 가장 의미 있게 생각하는 것은 '갈아엎기'였다. 이야기가 스토리텔링이 되기까지 작가는 이야기를 수도 없이 갈아엎었다고 한다. 조앤 K. 롤링은 작가가 되기 이전부터 이야기를 쓸 때마다 엄마와 동생에게 들려주고 의견을 듣고 스스로 분석하였다고 한다. 창작에서 가장 중요한 하나는 갈아엎을 수 있는 태도라는 것을 조앤 K. 롤링에게서 배웠다.

정리하자면, 하나의 잘된 스토리텔링을 선택하여 언어, 스토리 유형, 인과관계, 형상, 관찰, 소재, 주제, 카피, 융합, 연결콘텐츠와 같은 여러 항목을 만들어 분석해 보는 것이 스토리텔링의 공부 차원에서는 좋다는 말인가? 그렇다.

그렇다면 하나를 잘 분석하라면서 하나에 매달리지 말라는 말은 또 무엇인가?

6. 하나에 매달리면 재미없다

작품 토론을 하다 보면 여러 유형의 사람들을 만나게 된다. 최초의 스토리에 매달려 꿈쩍도 안 하는 사람이 있는 반면 최초의 스토리에서 서술을 별로 아까워하지 않고, 인물과 가장 큰 특징만 잡아내고 버리는 사람도 있다. 후자는 이야기를 굴려서 사람들에게 들려준 다음, 자주 조언을 듣고 자주 갈아엎는 사람이다. 다음 두 스토리는 처음 스토리와 여러 번 갈아엎은 스토리이다.

스토리1.
심심하면 직장을 바꾸는 딸을 못마땅해하는 아빠와 엄마 이야기다. 외박이 잦은 딸이 어느 날부터 집에 들어오지 않자 아빠는 엄마가 날라리라서 딸까지 유전되었다고 싸잡아 말을 하지만 엄마의 노력으로 가정은 화목하게 변해간다. 엄마가 어떤 노력을 해야 할까?

스토리2.

여러 종류의 직업을 거쳐 간 딸을 못마땅해하는 아빠와 엄마 이야기다. 20번째 직업인 TATTOO GIL을 하다 사라진 딸을 찾아 엄마와 아빠는 19번째 직장부터 거꾸로 수색하며 딸의 행방을 알아내고 화목한 가정이 된다. 엄마가 어떤 노력을 해야 할까?

두 이야기 모두 '타투 스토리텔링'이다. 그림을 좋아하던 아이가 부모의 반대로 미대를 포기하고 의대를 졸업했으나 결국 타투를 직업으로 삼은 실화다. 이것을 모티브로 스토리 창작을 하여 타투샵으로 뜻을 이룬 사람이 고등학생 진로 설명회에서 강연 스토리텔링을 한다면 두 이야기 중에 어느 이야기가 더 많은 공감을 얻고 구매 욕구-꿈-와 매출-진로 선택-로 이어질까? 첫 번째 스토리로 끝까지 밀고 나가는 것이 좋을까? 아니면 여러 번 갈아엎은 두 번째 스토리가 더 나을까?

보여주고 싶은 것만 쓰는 것이 이야기가 아니다. 갈아엎기를 반복하면서 처음 스토리와 완전히 다른 스토리가 나올 수도 있다. 처음 스토리 하나에 매달리지 말고 아까워 말아야 한다. 자신과 다른 의견에 대해 귀에 거슬려 하지 않아야 하고, 마음에 날을 세우지 말아야 한다. 때때로 컴퓨터가 포맷되어 버렸다는 각오로 다시 써보기도 해야 한다. 그래야만 좋은 콘텐츠로 연결이 될 수 있다. 스토리텔링의 재료는 이야기이기 때문에 이야기가 잘 창작되어야만 다양한 콘텐츠가 개발된다. 스토리텔링의 창작자는 자

신이지만 평가는 다수의 체험자이기 때문에 타인의 조언을 가벼이 여기면 안 된다

대중예술은 '재미'로 평가한다. 재미는 웃음만을 의미하지 않는다. 아기자기하게 즐거운 맛이나 기분, 성과나 보람, 생활의 형편, 어떤 결과물까지도 재미에 포함한다. 이런 재미들을 생각하면서 최초 스토리를 살펴보면 가장 재미없는 것이 그것이라는 것을 알게 될 것이고 몇 번이고 갈아엎는 일을 당연시하게 될 것이다. 그래서 명작은 연필이 아니라 지우개에서 나온다는 사실을 기억하여야 한다. 그러나 기본 모티브는 이야기의 핵이 되므로 그것에서 창작이 되어야 한다는 것 또한 명심해야 한다.

위의 이야기에서 기본 모티브는 미대를 포기하고 의대를 졸업했으나 타투라는 직업을 가진 딸이라는 것이다. '다비드상은 대리석 안에 이미 들어있었고 나는 그것을 끄집어냈을 뿐이다'라고 말한 미켈란젤로처럼 이야기는 억지로 만들어내는 것이 아니라 우리 삶 속에 이미 들어 있는 것을 끄집어내는 작업이다. 다만 그것을 위해 지우개나 망치를 몇 번 사용할지는 작가의 태도에 있다는 뜻이다.

최초의 스토리 하나에 매달리지 않으면서 스토리의 다비드상을 끄집어내기 위해 미켈란젤로처럼 전체적인 형상을 읽을 수 있는 눈을 길러야 한다. 이제 우리는 이야기를 어떻게 갈아엎어야 할지, 어디에서 끄집어내야 할지를 고민하지 않을 수 없다. 정리하자면, 하나의 좋은 스토리텔링을 위해서는 최초의 창작 하나에

만 매달리지 말고 뼈대만 남겨둔 채로 여러 번 수정해야 한다는 말인가? 그렇다.

그렇다면 최초의 창작 하나에만 매달리지 않기 위해 좀 더 살펴보아야 할 것들이 있는가?

7. 제대로 짚어보아야 할 것들

 스토리 창작을 하기 위해 펜을 들고 앉을 때마다 다시 되새기게 되는 몇 가지가 있다.
 첫째, 하고 싶은 말을 듣고 싶은 스토리로 바꾼다. '이 사탕은 무설탕이에요.'라는 말을 하고 싶어서 츕파츕스는 '소풍 가는 개미'로 스토리텔링을 했다. 두 줄로 질서정연하게 소풍 가는 개미들 앞에 츕파츕스 막대사탕이 떨어진다. 거대한 사탕을 거들떠보지도 않는 개미들, 오히려 사탕을 피해 대열을 다시 맞추고는 넘실거리는 풀밭으로 유유히 기어간다. 이 이야기에서 표면은 무설탕 사탕이지만 내면은 진실이 외면당하는 모든 것을 말한다. 진심으로 건강을 생각하는 사탕, 무설탕 츕파츕스의 진정성이 외면당하지 않기를 스토리텔링으로 들려주고 호소하는 것이다.
 둘째, 똑같은 이야기를 다르게 표현한다. '나는 장님이에요' 보다 '아름다운 날이지만 나는 볼 수가 없어요.'가 낫고 '식칼이 너무 잘 들어요.' 보다 식칼이 '피자판을 잘라 버렸어요.'가 낫다. '버거킹이 맥도날드보다 맛있어요.'라고 하는 것보다 '이웃집 맥도날드 아저씨도 찾는 버거킹.'이 낫다. '향기로운 섬유유연제에요.'라고 하는 것보다 '씨름선수 둘이서 부둥켜안고 씨름은 하지 않고 코만 벌름거려요.'가 낫다. 사실을 쓰기는 쉽지만, 사실을 보여주듯이 이미지로 표현하는 것은 쉬운 일이 아니다.

셋째, 기대와 장애로 주인공을 괴롭힌다. 롯데리아 '크랩버거' 이야기는 엄청난 패러디를 남긴 스토리텔링이다. 신화에 나오는 마녀 사이렌은 아름다운 노래로 사람들을 유혹하여 바다에 빠져 죽게 만든다. 마녀의 노래를 너무나 듣고 싶은 남자가 자신의 몸을 돛대에 묶고 노래를 듣는 이야기를 모방하여 커다란 게-요즘은 대형 오징어-의 등에 방송인 신구 님을 묶어 배에 태운 다음 망망대해에 표류시킨다. 노래가 얼마나 아름다우면 목숨을 담보로 몸을 묶어가면서까지 들으려고 했을까? 이와 마찬가지로 게가 얼마나 맛있으면 몸을 묶어놓고 못 먹도록 주인공을 괴롭게 만들었을까? 거의 실신 상태에 구조선을 만나 반가워해야 하겠지만 신구 님은 '니들이 게 맛을 알아'라고 한 방 날린다. 이 게로 만든 '크랩버거'가 얼마나 맛이 좋은지를 말하기 위해 '구해 주세요'가 아니라 '니들이 게 맛을 알아'라는 한 줄의 카피로 사람들을 사로잡는다. 게를 먹을 수 없는 상황으로 주인공을 괴롭힘으로써 사람들이 '크랩버거'를 더 먹고 싶게끔 자극한다. 자극은 구매로 이어지고 이야기는 널리 퍼져 유행어까지 남겼다.

넷째, 원하는 것을 준다. '아무리 예뻐도 똑같은 건 싫다'는 두산아파트, '집이 남편을 바꾼다'는 현진 에버빌, '낙천대가 들어서면 아파트도 별장이 된다.'는 롯데아파트, '분당에서 우리 가족의 웃음소리가 가장 컸으면 좋겠다.'는 성우종합건설, '두 살 어린 그 남자가 데이트 신청을 했다.'는 CJ몰, '무엇을 상상하든 그 이상을 보게 될 것이다.'는 매트릭스 2, '지식까지 잡아주는 검색'의 네이버, '이루어질 거에요.'라는 BC카드, '세일은 경제다.'는 신세계의 이야기는 사람들에게 지식을 주기보다 원하는 것을 주겠다는 말로 감정을 만족시키고 있다. 우리가 원하는 것은 지식이 아니라 감정이다. 사람들은 뭘 원하는가? 스토리텔링에서는 지식을 설명하지 않고 감정으로 보여주고 표현할 수 있어야 한다.

다섯째, 이득이 되도록 한다. '이것이 당신 삶에 커다란 영향을 미칠 것이다'라는 메시지를 보았다면 그냥 지나칠 수 없을 것이다. 그러기 위해서는 옷을 팔지 말고 스타일을 팔고, 보험을 팔지 말고 미래를 팔고, 장난감을 팔지 말고 즐거움을 팔며, 여행을 팔지 말고 추억을 팔고, 이야기를 팔지 말고 감정을 팔아서 정서적 공감의 이익을 주는 것이 낫다. 사람들은 이득이 안 되면 손해를 봤다는 감정을 가진다.

예를 들어 서울의 종로구 익선동에 있는 '갤럭시 스튜디오'와 가로수길에 '애플스토어'는 모든 기기를 마음대로 만져볼 수 있고, 사용해 볼 수 있다. '이것이 당신 삶에 커다란 영향을 미칠 것이다'라는 잠정적인 메시지를 주는 그곳에서 많은 시간을 보내며 직원으로부터 제품 이야기를 듣고 체험을 한다. 사람들은 이것을 이익이 되었다고 생각한다. 직접 소유하지 않더라도 체험을 통한 정신적 만족을 하면 이득이 되었다고 느낀다. 스토리텔링이 기대하는 것이 이런 것이고 언젠가는 구매에 이르게 된다. 영화나 연극, 뮤지컬을 보고 감동하는 것, 어떤 체험 콘텐츠에 참여하는 것으로 감정이 일어나면 득을 보았다고 생각하는 이유가 여기에 있다.

그 외 쉽게, 단순하게, 짧게, 그러나 진정성으로 끌리는 스토리텔링이 되도록 이야기와 콘텐츠가 어우러져야 한다. 스토리텔링에서 이야기가 너무 자세하거나 길거나 어려우면 긴장감이 떨어져서 집중에 방해가 될 수도 있고 너무 뻔한 콘텐츠 체험은 흥미가 떨어질 수도 있다. 비슷한 스토리텔링이 남발하는 경우도 이와 같다. 어느 한 곳에서 잘되고 있는 스토리텔링은 그곳의 장소성과 고유성을 지켜줄 필요성이 있다고 생각한다. 지역마다 무분별하게 차용할 일은 아닌 것 같고 그 지역에만 있는 특별한 것을 스토리텔링 하는 편이 더 낫지 않을까 하는 생각이다.

정리하자면, 설명하고 있는 스토리텔링은 아닌지, 뻔한 체험의 스토리텔링은 아닌지, 지역마다 또는 이미 다른 곳에서 사용되고 있는 스토리텔링은 아닌지, 콘텐츠를 통해 다르게 보여주고자 노력하고 있는지 살펴보는 것이 스토리텔링에서 제대로 짚어보아야 할 것이라는 말인가? 그렇다.

많은 이들이 스토리텔링을 한다는 요즘, 스토리텔링을 하기 위한 준비 자세를 살펴보았다. 3부에서 살펴본 것을 참고로 하여 시작한다면 스토리텔링이 어렵다고는 하나 할 수 있을 것이다. 그렇다면 스토리텔링은 무엇을 가지고 어떻게 하는 것일까?

4부
할 수 있다지만 제대로 하고 싶다

부제 : 스토리텔링 창작과정

1. 현장 답사

   스토리텔링 창작을 위해서는 몇 가지 과정을 거쳐야 한다. 관광 스토리텔링을 할 경우에는 각 기관으로부터 요청을 받아 계약이 완료되면 현장 답사를 하고, 질문지를 만들어 면담하고, 주민설명회를 거쳐, 소재와 주제를 도출한다. 브레인스토밍을 통해 대강의 이야기가 만들어지면 제목과 주인공을 설정한 뒤에 플롯을 세우고 스토리 작업에 들어간다. 이야기가 창작되면 이야기에 맞는 콘텐츠를 구상하고 기획하여 스토리텔링을 완성한다. 개인의 사업장이나 제품, 브랜드 스토리텔링 같은 경우는 여러 과정을 간단히 하여 실제적인 작업에 들어가기도 한다.
   형식이 중요하지 않은 것은 아니지만 실제 사용될 이야기와 연결 콘텐츠가 중요하므로 문서보다는 스토리와 콘텐츠에 집중하여 작업할 수 있는 여건을 만들어주는 것도 참 중요하다고 생각한다. 각자의 전문성과 그에 맞는 일을 하는 차원으로 전문가를 이해하듯이 작가를 이해한다면 작가는 오직 글을 쓰는 사람이다. 이것만 이해한다면 요청하는 쪽에서도 첩첩산중의 서류를 요구하지는 않을 것으로 생각한다. 스토리보다 훨씬 많아야 하는, 참으로 이해할 수 없는 서류 때문에 몇 번의 스토리텔링은 중도하차하기도 했다. 지금도 변함없는 생각은 서류뭉치보다는 스토리텔링의 뭉치가 더 많아야 한다는 쪽이다. 그것은 작가를 위해서가 아니라 대중을 위해서 그러하다.

지금부터 하나씩 사례를 들어가며 창작 방법을 소개할 때, 나의 작품을 참고로 인용할 것이다. 길 스토리텔링 〈강동 사랑길〉, 〈감포 깍지길〉, 〈간절곶 소망길〉, 〈돗밤실 둘레길〉의 200여 개의 스토리 중에서 예로 들 것이고 하수처리장 스토리텔링 〈데굴데굴 물꼬마〉와 약초 마을 스토리텔링 〈장수 힐링 하우스〉를 예로 들 것이다. 이들은 모두 현장 답사를 거쳐 순서대로 창작된 스토리텔링들이고 현재 지역 스토리텔링으로 주목받는 곳이다.

주목받는 스토리텔링이 되기 위해서는 현장 답사에서 척추를 세울 수 있어야 한다. 지역 관광 스토리텔링을 하기 위해서 그 지역의 역사, 지리, 민속, 문화, 특산품, 인물 등을 현장에서 직접 살펴보아야 한다. 답사 전에 미리 정해진 지역을 조사하고 메모하여 답사보고서를 만들어 간다. 날짜, 장소, 목적, 자료수집 내용, 사진, 관광자원이 될 만한 유무형의 자원과 얽힌 이야기, 더 알아보아야 할 점 등을 보고서에 넣어야 한다. 보고서를 미리 만들어 가는 이유는 스토리텔링을 창작할 때 참고하기 위해서이고 스토리텔링을 요청한 곳에 제출하기 위해서이다.

현장 답사에서 꼭 살펴야 할 것은 그곳에 도움이 되는 자원인지 아닌지에 대한 것이다. 될 수 있으면 공동자원이 될 수 있는 소재를 찾는다. 지역민을 위한 관광 스토리텔링임에도 때때로 개인의 욕심이 발동해서 불필요한 부분의 스토리텔링을 요구하는 곳도 있기 때문이다. 전지적 시점으로 바라보면서 그곳의 모든 자료를 담아오되 잘 간추리면 전체적인 뼈대를 잡을 수 있다. 몇 가지 예를 들어 보면 다음과 같다.

영주시 장수면에 현장 답사를 하러 갔을 때, 우물, 베어링공장, 약초밭, 무덤, 고인돌, 추어탕, 벼농사 등 소재는 다양했으나 여느 지역에 비추어 보아 크게 특징적인 것은 없었다. 현장 답사에서 특별한 자원이 없는 경우는 주민설명회와 주민들의 개별 면담을 통해 자원을 찾아내야 한다. 여기에서도 별 소득이 없다면 고민을 좀 해야 한다. 며칠 고민 끝에 장수면의 지도에서 핵심 포인트가 될 만한 소재를 찾아낼 수 있었다. 팔을 들고 춤을 추는 노인의 형상이 지도에 있었기 때문이다. 이 형상을 모티브로 하여 '장수 할배'라는 캐릭터를 먼저 만들어놓고, 그다음 '약초'라는 공통된 자원을 이용하여 이야기의 척추를 세우고 관광 콘텐츠를 기획하여 〈장수 힐링 하우스〉의 체험공간을 확보한 뒤에 스토리텔링을 하였다.

또 다른 곳은 울산 북구 강동동 현장 답사로 박제상, 석보, 항구, 소나무, 바닷길, 해녀의 집, 느티나무, 용바위, 학교, 몽돌밭 등 스토리의 자원이 풍부했다. 그러나 하나의 척추를 세우기 위해서는 제각각인 소재를 정리할 필요가 있었다. 이곳은 코스마다 바다, 들, 산을 돌아서 2시간 안에 제자리로 돌아오게 되어있었는데 이것이 가장 큰 매력이고 그 코스의 모양이 사랑을 의미하는 하트를 닮아있다는 것이 그다음 매력이었다. 일곱 개의 길은 '사랑'이라는 공통된 소재로 이야기의 척추를 세울 수 있었고 〈강동 사랑길〉 스토리텔링이 탄생했다.

개인적으로 사용할 스토리텔링의 경우도 마찬가지다. 화초를 가족처럼 보살피며 말을 걸어주고 키우는 사람이 있었는데 그에게는 다육식물이 90%고 관상용 화초가 그 나머지였다. 이를 가지고 스토리텔링을 할 경우 아깝지만, 관상용 화초 이야기는 안 하는 것이 좋다. 대신 다육식물 이야기에 집중한다. 보육원에 들어온 아이들의 사연처럼 다육식물마다 키우게 된 각각의 사연으로 이야기의 척추를 세웠고 〈다육원〉 스토리텔링을 하여 사람들에게 큰 호응을 얻게 되었다.

또 다른 다육식물 스토리텔링의 척추는 이름에서 아이디어를 얻을 수 있었다. 대체로 서양 이름을 가진 다육을 관찰하여 그 특징을 찾아 순우리말 이름으로 모두 바꾸어준 사람이 있었는데 그가 날마다 이름을 불러주는 다육식물은 번식도 잘하며 한국적인 다육식물이 되어간다는 것이다. 다육식물마다 이름과 사연이 이야기의 척추가 되고 예쁜 이름 다육식물 샵이라는 뜻을 담아 〈예쁜N 다육S〉라는 스토리텔링을 하고 '예쁜앤 다육씨'라고 부른다.

이처럼 스토리텔링의 척추를 세우기 위해서는 현장 답사를 하면서 공통된 특징을 찾아내야 한다. 현장 답사에서 명심해야 할 것은 소재가 여러 가지든 한가지든 그 지역과 그 장소와 그 제품에 알맞은 큰 뼈대를 찾는 일이다. 중심을 잡아주는 뼈대 없이 시작된 사업은 중구난방으로 콘텐츠만 남발할 수도 있고, 의미 없이 외관만 화려한 거대한 건물이 들어설 수도 있다. 최근 어느 광역시에서는 예술성을 강조하며 주민의 의견은 무시된 콘텐츠가 들어섰고 결국 혐오스럽다는 이유로 주민들이 철거를 요청하는 경우도 보았다. 이렇게 되면 스토리텔링의 긍정적 효과는 사라지고 곧바로 예산의 낭비로 이어지고 지역과 지역주민들만 손해를 보게 된다.

정리하자면, 스토리텔링에서 현장 답사는 필요한 소재를 찾는 첫 작업으로 소재들의 공통성을 찾아 '척추'를 세우는 작업이기 때문에 중요하다는 말인가? 그렇다. 그렇다면 척추란 무엇인가? 스토리텔링의 주제라고 보면 된다. 현장 답사에서 발견된 많은 소재를 주제에 맞게 간추려 척추를 세우는 작업, 그것이 주제 선정하기이다.

그렇다면 현장 답사 이후에 할 일은 무엇인가?

2. 주민설명회와 면담

　주민설명회는 현장 답사 다음에 이루어지는 간접적 답사다. 현장 답사에서 충분한 자료를 얻지 못했을 때나, 자료가 미흡할 때, 주민설명회를 열어 부족한 정보를 얻어야 한다. 또, 스토리텔링 작업 중간에 주민설명회를 여는 경우는 주민의 의견을 보충하여 듣거나 진행된 작업을 보여주며 신뢰를 쌓는 방법이기도 하다.
　주민설명회를 작가가 직접 진행하는 경우도 있지만, 퍼실리테이터가 와서 하는 경우도 있다.
　퍼실리테이터는 공동체의 사람들이 낸 의견들을 경청하며 사람들이 서로 협력하여 의견을 내도록 격려하고 최고의 해결책을 찾을 수 있도록 돕는 전문가로 한국 퍼실리테이터 협회에서 자격을 인정받은 사람들이다. 지역에 관한 질문을 하고 의견을 들으며 반대 의견도 내고 또 격려하기도 하면서 많은 의견이 나오도록 리드한다. 생생한 자료 수집을 위해서는 주민설명회에 직접 참여하는 것이 좋다.

주민설명회에서 얻은 자료는 좀 더 구체적이고 다양하다. 심지어 시집올 때 가져온 '비녀'도 이야기가 되고 연인과 함께 마시다 흘린 '커피'도 이야기가 되며 기왓장에 심은 '다육식물'도 이야기가 된다. 아이가 빠져 죽은 '우물', 동네에서 내쫓은 '거지', 20년간 이 마을에 온 '버스 기사', 집 앞에 심어 둔 '할미꽃', 서울로 공부하러 간 아들을 위해 만든 '찐빵', 할머니가 준 '곶감', 50이 되도록 장가 못 간 '총각', 덤불 속에 갇힌 '돌부처의 꿈'에 대한 이야기도 나온다. 수많은 이야기 중에 현장 답사에서 세운 '척추'에 붙일 갈비뼈가 되는 이야기만 수용한다. 개인의 스토리텔링과 관공서나 기업의 스토리텔링은 창작 과정에서 약간 차이가 있긴 해도 척추를 세우기 위해 소재에 대한 충분한 자료를 조사하는 것은 동일한 방법을 쓴다.

주민설명회에서 드러난 유무형의 자료 중에서 '인물'이 자원이 되는 경우는 면담이 필요하다. 그 지역의 또는 그곳-기업, 음식점 등-의 장인이나 유명인은 본인의 허락을 얻어야 인물 스토리텔링을 할 수 있다. 〈장수 힐링 하우스〉 스토리텔링에서는 벼농사의 장인 이시욱 님을 직접 면담하여 '우렁부부' 스토리텔링을 하였고, 〈강동 사랑길〉 스토리텔링에서는 자연 염색 공예 작가 김길옥 님을 면담하여 옛사람이 있는 집 '수로낭'을 스토리텔링을 하였으며, 〈감포 깍지길〉 스토리텔링에서는 와인 전문가 김영도 님을 면담하여 '해그라 빠 와인'을 스토리텔링 하였다. 이들은 모두 자기

일에 자부심을 품고 묵묵히 걸어오는 과정에서 만들어진 제품-벼, 염색 옷, 와인-이야기가 있었기 때문에 진정성 있는 콘텐츠로써 상품이 되어 스토리텔링으로 재탄생 되었다.

　여기서 잠깐, 제품과 상품에 대해 잠시 짚어보면 둘 다 만들어진 물품이라는 것은 맞지만 상품은 좀 더 높은 품위를 포함하고 경쟁에서 이길 수 있음을 말한다. 예를 들어 내가 만든 토마토 주스를 카페에서 그냥 팔면 제품으로서 5천 원이지만 'JUJUTO'라는 네이밍을 하고 유기농 토마토 농사를 짓게 된 이야기를 스토리텔링하여 팔면 상품으로서 2만 원을 받을 수 있다. 식당에서 주인이 비빔밥을 그냥 팔면 만 원이지만 비빔밥의 사연을 들은 김태희가 먹고 극찬한 비빔밥이라면 이만 원에도 잘 팔릴 것이다. 제품이 스토리텔링 되면 상품으로서 가치가 좋아진다.

　지역 또는 개인의 재능을 스토리텔링 하기 위해서 정보를 얻는 방법 중에 제일 정확한 것이 면담이다. 면담에는 직접 찾아가는 방법이 있고 전화를 통한 간접 면담도 있다. 면담을 위해서는 질문지를 먼저 준비해야 한다. 그리고 면담자에게 예의를 갖추어 면담의 목적을 알리고 질문은 짧게 한다. 이때 동의를 구하고 이야기를 녹음하거나 사진을 촬영해 두면 정확한 정보로 스토리텔링을 할 수 있다. 특히 지역자원에 대해 면담을 할 때는 그 지역의 무형 자원으로 알려진 인물이거나 지역주민이 추천하는 인물이면 많은 자료를 빠르게 얻을 수 있다.

　〈돗밤실 둘레길〉 스토리텔링의 면담자였던 팔순의 권 노인은 일곱 살 적부터 이 마을에 사신 분으로 현장을 직접 안내하였고 많은 이야기를 안내하면서 각각의 이야기를 들려주셨다.

면담을 통해 얻은 자료는 원형 스토리로서 작동할 수 있다. 원형 스토리는 거의 창작되어야 할 때가 많다. 너무 전설적이거나 시대에 뒤떨어질 경우에는 개작하여 사람들이 공감할 수 있도록 해야 한다. 면담 중에 듣게 되는 많은 지역의 이야기는 어디서 들음 직한 이야기가 많다. 지역마다 있는 선녀봉, 칼바위, 두꺼비 바위, 사랑이 이루어지는 무엇, 아기를 낳도록 하는 무엇, 등등은 괜찮은 원형 스토리로써 모방은 가능하지만, 반드시 그 지역에 맞는 새로운 창작요소가 들어가야 개연성이 있다. 모방으로 더 높은 수준의 창작을 끌어내야 좋은 스토리텔링으로 인정을 받는다.

면담은 그 자체로 인격이고 소중한 자원이다. 그래서 면담을 통한 스토리텔링 작업은 인격을 배우는 일이고 인간을 이해하는 과정이다. 이 과정을 통해 우리는 가장 소중한 이야기 재료인 소재를 충분히 얻어야 한다. 정리하자면, 주민설명회와 면담은 직접적인 인물을 통해 신뢰성 있는 자료를 얻을 좋은 기회라는 말인가? 그렇다.

그렇다면 현장 답사, 설명회, 면담을 통해 얻은 자료로 가장 먼저 해야 할 것은 무엇인가?

3. 소재와 주제

현장에서 찾은 소재

스토리텔링의 소재를 찾을 때는 많은 시간을 투자한다. 특별한 문화재나 구전되는 이야기가 없는 곳에서는 참신한 소재를 찾아내야 하므로 더 많은 시간과 공을 들여야 한다. 이럴 때는 그 지역에다 발품을 수도 없이 파는 것이 답이다. 계속 현장을 걷다 보면 무언가 잡히는 것이 있고 면담을 하다 보면 거리가 잡힐 수도 있기 때문이다. 말을 걸어오는 소재에 즉각적 응답을 하면 현장에서 소재를 찾을 수 있다. 소재가 있는 곳에 마음이 가고 마음이 가는 곳에 스토리텔링의 길이 열린다.

〈감포 깍지길〉의 연대산 '삼각지 돌탑' 이야기는 산꼭대기까지 땀을 흘리며 발품을 팔았던 결과로 얻은 스토리텔링이다. 산꼭대기에 앉아서 '어떤 소재로 이 산의 이야기를 쏠까'라는 고민에 빠져 있었는데 지나가던 등산객 한 사람이 작은 돌무더기에 돌을 던지며 '제기랄, 여기다 던지고 가자.'하고는 쾌활하게 웃으며 나를 보는 것이었다. 나는 얼른 그 사람에게 다가가 '시원하시겠습니다. 저도 한번 해 볼게요.'하고 그와 똑같이 흉내를 내며 호응을 해 주었다.

그 욕 한마디가 일면식도 없는 사람과 대화를 나눌 수 있는 매체가 되었고 그의 입을 열게 하였다. 그 사람은 '눈치 보지 않고 내뱉어 버리는 욕 한마디가 인생의 많은 문제를 해결해 줄 때도 있더라'며 이야기보따리를 풀어놓았지만, 그가 진심으로 말하고 싶었던 한마디는 '내려놓기'였다. 미움도 원망도 내려놓고 나면 아무것도 아닌데 내려놓는 것이 얼마나 어려웠던지 평생을 짊어지고 다니느라 허리가 다 굽었다는 그의 사연으로 만들어진 것이 연대산 삼각지의 '욕탑'이다.

처음에는 무릎 높이도 안 되는 작은 돌무더기가 '욕 하나에 돌 하나'라는 이야기로 스토리텔링 된 후에는 키가 큰 돌탑이 되어 '욕탑 돌기' 행사까지 하게 된 웃지 않을 수 없는 콘텐츠로 기억한다. 욕으로 만들어진 돌무더기가 소재이고 내려놓으면 편하다는 것이 주제다. 이처럼 말을 걸어주는 소재가 있는가 하면 입을 꼭 다물고 있는 소재도 많다.

설화에서 찾은 소재

지역 관광 스토리텔링의 경우 이야기의 모태는 기원을 알 수 없는 옛날 옛적으로 시작하는 설화와 특정 시대 사실에 가깝게 구전되는 지역의 역사를 소재로 하는 경우가 많다. 이런 소재로 스토리텔링을 할 때, 이야기가 어떤 특성을 보여야 하는지? 무엇이 목적인지? 두 가지를 살펴야 한다. 〈간절곶 소망길〉의 '붕자골'은 장어가 많이 잡히는 바다를 접한 산이라는 장소의 특성을 보였고 간절곶이라는 관광지의 음식 콘텐츠로 장어를 소개하고 판매하는 것이 목적이다. 이 스토리텔링은 지역민들에게 구전되어오는 붕자골이라는 산의 골짜기 이름과 그 지역의 특산물이 장어라는 소재를 이용하여 창작되었다. 붕자골은 대송마을에 있는 붕자산과 송정마을의 야시산 사이에 있는 골짜기이다. 붕자골 이야기는 해대려를 물고 간 참새 이야기이다.

옛날에 송정, 대송, 평동 마을을 둘러싼 커다란 산이 있었다. 이 산을 지키는 산신령은 자부심이 대단했고 산짐승들의 충성심도 극에 달했다. 많은 짐승은 앞다투어 산신령에게 좋은 선물을 했다. 그런데 한 번도 선물하지 못한 짐승은 참새뿐이었다.
 참새는 다리도 짧고 입도 작아 스스로 먹고살기에도 힘이 들고 바빴다. 기가 죽은 참새는 우울한 마음을 달래려고 간절곶 바닷가로 날아갔다.
 "저게 뭐지?"
 참새는 해변에서 꿈틀거리는 것들을 발견했다. 놀랍기도 하고 신기하기도 해서 가까이 가서 살펴보았다. 길쭉한 것들이 무리지어 모래를 뚫고 들어갔다 나왔다 하더니 마침내 길게 드러눕는 것이다. 번들거리는 검은 눈, 배에 길게 나 있는 옆줄, 미끌미끌해 보이는 요상한 것이었다. 뱀은 아니나 뱀 같은 것들이 해변에 줄줄이 누워 볕을 즐기고 있었다. 어디선가 많이 들어본 짐승이다 싶은 순간, 아! 탄성이 나왔다.

"내가 요즘 밤소경 병이 들어 앞이 잘 보이지 않는구나. 누가 약을 좀 구해다오. 다산이라는 학자가 '해대려(海大鱺)'라는 것을 달여서 먹으면 좋다고 하는구나. 그 모양새가 낮에는 모래에 몸통을 반쯤 숨긴 채 머리를 쳐들어 눈을 번들거리며 사방을 살피는 섬뜩한 모습이고 밤에는 다른 물고기들이 잠잘 때 습격해 잡아먹는 괴물이라 하는구나."

산신령의 말에 동물들은 아무도 나서지 않았다. 그런데 지금 참새의 눈앞에 그놈이 누워있다. '이놈이 해대려구나.' 참새는 해대려를 신령님께 갖다 바치고 칭찬을 듣고 싶었다. 단숨에 해대려를 물어다 신령님께 바치고 싶었지만 너무나 무섭고 떨렸다.

참새는 온종일 해대려를 지켜보았다. 저녁노을이 짙어지자 해대려는 잠시 눈을 감았다. 이때다! 참새는 해대려들의 눈을 향해 직진으로 날아갔다. 사정없이 눈을 쪼아대던 참새는 다시 하늘로 날아올랐다. 통증으로 온몸을 꿈틀거리던 해대려가 실신했는지 죽었는지 조용해졌다.

참새는 소리를 죽이고 날아가서 꿈쩍도 안 하는 해대려 한 마리를 쪼아보았다. 움직임이 없자 참새는 죽을힘을 다해 땀을 뻘뻘 흘리며 해대려를 물고 신령님께로 날아갔다. 산꼭대기에 거의 다

왔을 즈음, 갑자기 해대려가 꿈틀거리며 깨어났다. 깜짝 놀란 참새는 물고 있던 해대려를 그만 떨어뜨리고 말았다. 산에 떨어진 해대려가 얼마나 발버둥을 쳤는지 산이 움푹 파여 두 개로 나누어지면서 골짜기가 생겨났다. 해대려는 붕장어로도 불리기 때문에 붕장어가 떨어진 골짜기라는 의미로 이 골짜기가 바로 '붕자골'로 불리게 되었다.

눈앞에서 해대려를 놓쳐버린 참새는 억울하고 분했으며 산신령께는 면목이 없었다. 그래서 스스로 산에서 내려와 사람들이 사는 들판으로 갔다. 참새가 들판에서 곡식을 주워 먹으며 지금까지 잘살고 있는 이유이다. 때때로 덜 익은 곡식을 먹다가 허수아비에게 혼이 나기도 하지만 참새는 사람과 가장 가까운 새 중의 하나가 되었고 해대려는 산을 두 쪽으로 갈라놓을 만큼 힘이 센 물고기로 전해온다. 소재는 장어이며 주제는 '장어는 자양강장에 좋다'는 것이다.

원형 스토리에서 찾은 소재

이번에는 원형 스토리를 모방하여 창작된 스토리텔링이다. 원형 스토리를 가지고 창작하는 방법은 서술에 변화를 주고 주제를 바꾼 재창작이 있고, 주제를 유지하면서 부분적으로 수정하는 리메이크가 있다. 존 셰스카의 〈늑대가 들려주는 아기 돼지 삼 형제〉는 감기에 걸린 착한 늑대가 할머니의 생일 케이크를 만들기 위해 설탕을 얻으러 아기 돼지 삼 형제의 집에 갔다가 우연히 일어난 일로 버릇없고 베풀 줄 모르는 욕심쟁이 아기 돼지 삼 형제로 인해 누명 쓴 늑대로 리메이크된 이야기다. 이 이야기의 소재는 '아기 돼지 삼 형제'이고 주제는 상대방의 입장을 이해하자는 것이다.

문화원형이란, 어떤 문화권에서 오래 반복되면서 그 특성을 대표하게 된 인물, 스토리, 이미지, 모티브 같은 것이다. 늑대나 여우는 항상 나쁜 인물의 문화원형으로 대표되어 왔는데 이 이야기를 통해 그들의 입장도 이해할 수 있도록 역지사지의 입장에서 문화원형을 바꾸어 개작해 본 이야기의 예가 되겠다. 좋은 소재를 발굴하는 능력은 많이 보고, 듣고, 느끼고, 읽는 것이다. 그리고 좋은 주제를 도출하기 위해서도 좋은 소재를 찾아야 한다.

일차 스토리에서 찾은 이차 소재

이야기를 창조하고 소비하는 콘텐츠로써 스토리텔링은 한 번의 창조가 여러 가지 소비를 불러일으키기도 하고 지속적인 소비를 약속하기도 한다. 예를 들면 〈로미오와 줄리엣〉은 한 번의 창작으로 소설, 영화, 연극, 뮤지컬, 이탈리아의 도시 베로나, 줄리엣의 집과 동상, 발코니 등의 수많은 콘텐츠를 만들어냈다. 줄리엣 동상의 오른쪽 가슴을 만지면 행운이 온다는 이차 스토리텔링으로 인해 앞으로도 수많은 관광객이 지속해서 베로나로 모여들어 스토리텔링을 소비할 것이다.

전쟁터에서 돌아온 병사들에게 물을 준 처녀 이야기가 있는 이탈리아 '처녀의 샘'은 트레비분수라는 콘텐츠로 재탄생 된 스토리텔링이다. 이곳에서 물을 마시고 사진을 찍기 위해 수많은 여행객이 찾아온다. 그러자 더 많은 관광객을 모셔올 생각으로 이차 스토리텔링을 했다.

트레비분수에 동전을 한 번 던지면 다시 로마에 오게 되고, 두 번 던지면 사랑하는 사람을 만나게 되고, 세 번 던지면 그 사람과 결혼하게 된다는 너무나 짧고 개연성도 없는 이차 스토리 같아 보이지만 '처녀와 병사'라는 기본 스토리가 바탕에 깔려 작동하기 때문에 그 스토리를 들은 사람들은 트레비 분수에 동전을 던지기 위해 해마다 찾아온다.

지금은 일차적 '처녀의 샘' 스토리보다 이차적 '동전' 스토리가 더 힘을 얻고 있으며 분수 콘텐츠보다 동전 콘텐츠 체험을 하기 위해 관광객은 모여들고 있다. 몇 개의 동전을 던졌든 간에 이루어지면 트레비 분수의 스토리텔링 덕이고 이루어지지 않아도 멋진 체험을 했다는 마음에 즐겁다. 샘, 동전, 분수 이런 소재는 별 것 아닌 것 같지만 어떤 프로그램 또는 어떤 일차적 스토리를 가진 소재이냐에 따라 다양한 콘텐츠로 살아 움직이는 좋은 스토리텔링이 된다.

주제를 받쳐주는 소재

소재에 대하여 또 하나 생각해 볼 것은 콘텐츠다. 문화재와 역사적 흔적이 있거나 어떤 특산품이나 상품에 얽힌 사연이 있는 소재라면 콘텐츠로 연결하기가 쉽다. 엄밀히 말하면 이야기의 소재와 콘텐츠는 주제를 말하는 수단이다. 결국 하고 싶은 말-주제-을 하기 위해 소재를 찾아 콘텐츠를 개발하고 스토리텔링 하는 것이다. 소재와 주제도 뗄 수 없는 관계로 서로 의존한다는 것을 알 수 있다. 좋은 소재는 가치 있는 주제를 도출해 내고 좋은 주제는 소재의 몸값을 올려주고 콘텐츠를 구매하도록 돕는다.

에이스 침대라는 소재는 '좋은 잠이 쌓인다. 좋은 나를 만든다.'는 말로 좋은 침대라는 것을 알린다. 맥심커피와 봄이라는 소재는 설탕 대신 '커피에 봄을 탄다.'로 세상 어디에도 없는 맛으로 사랑하고 싶다는 말을 전한다. 주제가 소재를 치켜세워주고, 소재는 주제가 하고 싶은 말을 하도록 적극적으로 돕는다. 이로써 침대와 커피는 상품 콘텐츠로써 스토리텔링이 된다.

소재의 다양성과 확대

좋은 스토리로 드라마나 영화를 팔고, 전설과 설화로 나무나 바위, 물과 불을 팔고 산과 길을 팔고 해를 팔았지만, 똥물-하수처리장 스토리텔링 〈데굴데굴 물꼬마〉-을 놀이기구에 실어 팔 것이라는 생각은 못 했다. 거대한 다리 공사를 하면서 바위-소망길의 의논암-를 치우지 못해 비켜서 공사를 하고, 어부들이 오줌을 눈 바위-소망길의 통시돌-가 관광자원이 될 줄 누가 알았겠는가. 소리-깍지길 댕바우-가 팔리고 달빛-깍지길의 월하녀를 사랑한 소반다-을 구매하는 세상이 되었다.

곳곳에서 스토리텔링을 하고 소재는 더 빠르게 진화한다. 드라마 〈시크릿 가든〉은 비가 오면 남자와 여자의 몸이 바뀌는 소재이고, 〈인셉션, 2010〉은 꿈속에 들어가서 타인의 생각을 지배한다는 소재이고, 〈원피스, 2014〉는 다양한 능력을 갖출 수 있는 악마의 열매를 먹는 해적들이 소재이다. 박막례 할머니는 여행이 소재이고 보람이는 장난감 갖고 노는 것이 소재이며 각자의 취미를 유튜브 콘텐츠로 만들어 스토리텔링 한다.

하루가 다르게 확대되는 스토리텔링의 소재는 다양성을 넘어 산만한 지경에 이르렀다. 그렇지만 이제는 밥 한 그릇을 먹어도, 차 한 잔을 마셔도, 작은 도시에 여행을 가도, 옷 하나를 사도, 기념품 하나를 사도, 이야기가 있으면 다시 보게 되고 기분이 좋아지고 더 의미 있게 다가가고, 더 맛있게 느껴지는 세상이 되었다. 그래서 스토리텔링의 소재는 점점 더 확대되고 예측불가능해질 것이라는 예상을 하는 것이다.

동식물이나 사람, 물상이었던 것이 우주인이나 빛, 정신세계까지 다루고 있고, 선과 악의 입장을 고루 대변하기도 한다. 예를 들어 의로운 일을 하는 사람을 우리는 알아볼 수 없지만, 프로그램이 주입된 'hide 렌즈'를 끼면 그가 한 모든 선한 일이 눈에 보이게 되는 소재라든가, 벌이 점점 떠나버려서 꽃의 수정이 어려워 열매를 못 맺는 과수원과 꿀을 얻지 못하는 양봉 농가의 고민을 해결 할 수 있도록 '蟲드론'이 곤충의 역할을 하게 되는 소재라든가, 연애를 잘 못 하는 남녀의 고민을 해결해 주는 '중매 단추'가 만남, 식사, 데이트 장소, 이별까지 대신 가르쳐주는 소재라든가 사람들이 소통할 수 있는 스토리텔링의 소재는 상상할 수 없는 곳까지 이를 것으로 보인다. 렌즈, 드론, 단추 같은 소재는 인공지능 프로그램과 접목되어 이야기를 끌어내고 상품 콘텐츠로써 스토리텔링에 크게 기여할 것으로 보인다.

그러므로 스토리텔링을 하기 위해서는 먼저 소재와 사건 상황을 대하는 태도가 이전과 달라져야 한다. 세상을 바라보는 눈과 생각을 넓고 깊게 숙성시키는 과정에서 새로운 아이디어가 생성되고 문제 해결력이 생긴다. 이 작업은 지나간 삶을 검토하고 다가올 삶을 예측하며 현재 삶이 잠들지 않도록 하는 힘이 있다. 스토리텔링은 깨어있는 사람들의 전유물이 되어가고 있다.

소재를 찾을 때

첫째, 자신이 좋아하는 것과 세상의 흐름 둘 다 만족시킬 수 있는 소재를 찾아야 한다. 자신만 생각하면 호응하는 사람이 적을 것이고 세상의 유행만 따르면 반짝하다 사라질 수도 있다.

둘째, 스토리텔링을 하겠다고 생각하는 그때부터 소재를 찾으면 늦다. 일상에서 소재를 찾아 짧은 이야기를 메모하는 습관을 들여야 한다. 찾아둔 소재는 언제 어느 곳에서 초대받을지 아무도 예상할 수 없다. 준비된 소재는 반드시 기회가 온다.

셋째, 다른 사람의 작품을 많이 읽고, 보고, 듣고, 모방 작품을 써보고 아이디어를 기록해 둬야 한다. 스토리텔링이 있는 곳엔 매주 찾아가서 콘텐츠를 체험해 보고 이야기를 기록하며 관련 책도 읽어서 기본기를 쌓아두어야 한다.

넷째, 다양한 층의 사람들과 교류하고 세상의 흐름을 읽어야 한다. 그래야만 미래를 내다보는 눈도 밝아지고 소재를 잡는 힘이 생긴다.

다섯째, 소재는 될 수 있지만, 연관성은 없는 두 가지 낱말을 적어놓고 이야기를 만들어본다. 이렇게 습작을 쌓아가다 보면 엉뚱한 곳에서 좋은 소재를 발견할 때가 있다.

여섯째, 주제는 작가가 소재를 통해 꼭 하고 싶은 말이다. 테마라고도 하며 작가의 사상이나 관념을 말한다. 주제를 척추로 삼아 소재를 정리하고 통일하여 스토리텔링을 완성한다. 아무리 웃기고 눈물이 나는 스토리일지라도 무엇을 말하려고 하는지 모르겠다면 감동이 적다. 이는 주제가 명확하지 않기 때문이다.

정리하자면, 스토리텔링을 다양한 방식으로 많이 습작할수록 소재와 주제를 찾아내는 힘이 좋아진다는 말인가? 그렇다.

그렇다면 제목은 어떻게 정하는가?

4. 제목

사람에게 붙여주는 제목

제목은 첫인상이다. 그러므로 좋은 제목을 위해 고심한다. 책, 그림, 음악, 노래, 춤, 영화, 연극, 신문 기사, 음식, 기업 등등 사회 전반에 제목으로 고심하지 않는 곳은 거의 없다. 어쩌면 많은 분야가 속살을 보이기 전까지는 제목 겨루기일지 모른다. 내 인생에서 제목으로 가장 고심하였을 때는 딸을 낳았을 때다. 어떤 제목을 붙여주어야 이 세상에서 내용이 좋은 사람으로 살아갈 수 있을지를 고민했다. 제목이 어떤 작품의 전체를 아우르는 대표성을 가졌듯이 사람의 이름도 그 사람의 인생 전반을 아우르는 힘을 내포한다.

딸의 모습을 찬찬히 살피면서 어떻게 자랐으면 좋을지, 미래에는 어떤 사람이 되었으면 좋을지, 어떡하면 부르기 좋고 기억하기 좋고 사랑스러울지를 생각했다. 이름을 수십 개 지어놓고 직접 불러보고 가족들의 의견을 들어보고 간추려 나갔다. 얼마나 고심을 했던지 꿈에 '한빛'이라는 이름을 계시받기도 했다. 크고 하나 된 우리나라의 밝은 빛, 영원한 빛이라는 뜻의 '한빛'과 예쁘고 슬기로워지라는 뜻의 '예슬'을 두고 고민하다가 결국 '예슬'로 결정했다.

아무리 생각해도 한빛은 발음이 어렵고 뜻이 너무 커서 남성적인 느낌이 들었다. 그러나 예슬은 부르기 좋고 여성스러우며 궁금증도 생기는 이름이었다. 한글 문장을 만들어 놓고 줄여서 이름을 짓는 것이 유행하던 시절이기도 했다. 교회에 열심인 친구의 아들딸은 하나님 은혜를 줄여 '하은'과 예수님 은혜를 줄여 '예은'이라 짓기도 했다.

딸의 이름에 대해 좀 더 의미부여를 하고 싶어서 생각을 정리해 보았다. 여자의 매력은 예쁨과 슬기로움이다. 외면은 예뻐야 하고 내면은 슬기로워야 한다. 예뻐지기 위해선 부지런해야 하고 슬기로워지기 위해선 사리를 밝혀 일을 잘 처리하는 지혜를 익혀야 한다. 이 두 가지를 갖춘 사람으로 자라길 바라는 마음에 최종 결정을 하게 되었다.

딸의 이름에 대한 일화를 길게 들려준 이유는 세상의 모든 제목 붙이기도 이와 비슷하다는 것을 말하고 싶었기 때문이다. 거창한 제목, 멋스러워 보이는 제목, 이해하기 힘든 제목, 너무 쉬워 단번에 다 드러나는 제목, 너무 긴 제목은 피하는 것이 좋겠지만, 요즘 여러 곳-책, 영화, 각종 간판, 예술문화 등-의 제목들을 보면 꼭 그렇지도 않다. 노골적으로 드러난 제목이 많고 긴 문장형도 많으니 말이다. 잠시 유행하고 말 제목일 것이라는 생각이 들지만, 시선을 끄는 것은 분명하다.

사물에 붙여주는 제목

어쨌거나 제목도 기본에 충실하여 보편적으로 알아야 할 것이 있다. 제목은 주제나 소재를 끌어안을 것, 궁금증을 유발할 것, 기억하기 좋을 것, 30자 이내로 지을 것 등이다. 소재를 제목으로 쓰는 경우도 있고 주제를 써 놓고 크게 거슬리지 않으면 제목으로 쓰기도 한다. 스토리텔링에서 제목은 너무 낭만적이고 애매하여 사색적인 것보다는 소재나 주제가 조금 드러나는 제목이 더 전달력이 좋다.

〈감포 깍지길〉 스토리텔링은 주제를 제목으로 삼은 곳이다. 경주라는 지역이 육지와 바다를 끼고 있고, 지역민과 관광객이 공존하는 곳이고, 지역민은 어민이면서 농부인 곳이다. 마치 깍지를 낀 손 같은 지역의 특징을 살리면서 그곳 사람들의 염원을 담아 〈감포 깍지길〉이라는 이름을 짓게 되었다. 〈감포 깍지길〉 걷기 대회 행사에서는 사람들이 깍짓손을 하고 걸어서 정다운 화제가 되기도 했다. 우리나라의 길에는 나름의 뜻을 가진 좋은 이름이 많다. 길 뿐만 아니라 가까운 곳의 카페나 책 제목도 눈길을 끄는 곳이 많다.

안녕 카페, 예쁜 카페, 스치듯 카페, 스물일곱 카페, 각설탕 카페, 식물원 카페, '모든 순간이 너였다', '나, 있는 그대로 참 좋다',

'단 하루도 너를 사랑하지 않은 날이 없다', '참 소중한 너라서', '당신의 마음을 안아 줄게요', '이미 애쓰고 있는데 힘내라니요.', '철학은 어떻게 삶의 무기가 되는가', '꽃을 보듯 너를 본다', '아주 작은 습관의 힘', '하마터면 열심히 살 뻔했다', '곰돌이 푸, 행복한 일은 매일 있어', '죽음 1.2' '90년생이 온다', '돈의 역사' 등은 카페와 책의 제목들이고, '너 심쿵해, 콜라', '얼려 먹고 거꾸로 먹는 야쿠르트', '하루 야채', '초록 매실'은 음료수 제목으로 소재를 그대로 쓰거나 일상에서 쓰는 말을 그대로 제목으로 쓴 사례다. 가장 단순한 것이 가장 좋은 제목일 수 있는 것은 단순할수록 기억에 오래 남고 주제를 명확히 전할 수 있기 때문이다.

제목은 시대 상황에 따라 변하기 때문에 주변에 보이는 제목을 매일 기록하고 일주일에 한 번 정도는 전체적인 흐름을 분석하여 기록해 두면 제목을 지을 때 도움이 된다. 글을 쓰는 사람이라면 책과 글들의 제목을 살펴보는 것이 일상이어야 한다. 관심과 애정은 제목을 잘 짓는 최고의 비법이다.

제목이 될 수 있는 카피

이야기를 쓰기 전에 먼저 주제를 정하고 '가제목'을 붙인다. 왜냐하면 전체적으로 글이 횡설수설하지 않도록 하기 위해서인데 주제를 끌어안은 제목은 글의 중심을 잡고 나가는 배의 돛과 같은 역할을 하기 때문이다. 글이 완성되면 제목을 다시 수정하거나 그대로 쓸 수 있으며 해야 할 일이 또 하나 있다. 전체를 아우르는 여러 개의 문장을 써서 그중에 가장 좋은 문장 하나를 고르는 일이다. 이 문장은 주제를 가장 잘 드러내는 말로 그것-사물과 사람, 장소와 기능 등등-을 각인시키는 광고문장-카피-이다. 주제는 제자리를 지키고 있어야 하지만 카피는 멀리 날아가고 퍼질수록 좋다. 이렇게 만들어진 카피는 책 표지나 콘텐츠의 광고로 사용하기도 하며 때때로 좋은 제목으로 사용할 수도 있다.

내가 만든 스토리텔링 카피 중에 몇 개를 소개하면 〈간절곶 소망길〉은 '길을 걸으면 만난다. 간절히 원하면 이루어진다.'이고 〈감포 깍지길〉은 '길은 걷는 사람의 것이고 인연은 만드는 사람의 것이다.'며 〈강동 사랑길〉은 '평범한 길에서 특별한 사랑이 기다리고 있어요.'이며, 〈데굴데굴 물꼬마〉는 '여기를 빠져나가자. 얍!'이다. 사람들은 이 카피를 패러디하여 회의 때 이용하기도 하고 건배사로 쓰기도 한다. 카피는 단 한 문장이지만 큰 힘을 가지고 여러 곳에서 움직인다. 한때 '니들이 게 맛을 알아'라는 카피가 '니들이 ~알아'로 곳곳에 패러디되었던 적이 있다.

니들이 경제를 알아? 니들이 결혼을 알아? 니들이 봄을 알아? 니들이 중년을 알아? 니들이 북한을 알아? 니들이 청춘을 알아? 니들이 돈맛을 알아? 니들이 개 마음을 알아? 니들이 사랑을 알아? 니들이 이별을 알아? 니들이 서울을 알아? '니들이 ~알아?'라는 카피는 사회 현상을 반영하는 말로 오랫동안 유행되면서 게맛살을 알렸다. 이에 비해 요즘 유행어는 한두 달 안에 생기고 사라지기를 반복한다. 그만큼 변화가 빠르다는 뜻도 되겠지만 낱말들의 조합일 뿐 크게 생각할 여지가 없다는 말이기도 하다.

좋은 카피를 필사하고 습작해 보는 것은 제목 짓기에 도움이 될 뿐만 아니라 글의 중심문장도 잘 쓰게 되고 스피치나 건배사도 잘할 수 있게 된다. 카피를 쉽게 볼 수 있는 곳은 영화관의 포스터이다. 그동안 본 영화와 책 중에서 최근의 카피 중심으로 뽑아 보았다.

영화 제목과 카피

〈히든 피겨스, 2017〉 천재성에는 인종이 없고, 강인함에는 남녀가 없고, 용기에는 한계가 없다. 〈악마를 보았다. 2010〉 복수의 두 얼굴, 광기의 대결이 시작된다. 〈매트릭스 2, 2003〉 무엇을 상상하든 그 이상을 보게 될 것이다. 〈극한 직업, 2019〉 닭을 잡을 것인가, 범인을 잡을 것인가. 〈맘마미아 2, 2018〉 최고의 뮤지컬 영화가 돌아온다. 〈피아니스트, 2016〉 사랑한다면 내가 시키는 대로 해. 〈살인의 추억, 2003〉 당신은 지금 어디에 있는가. 〈건축학 개론, 2012〉 우리는 모두 누군가의 첫사랑이었다. 〈결혼 이야기, 1992〉 잘까, 말까, 끝까, 할까. 〈HER, 2019〉 서툰 당신을 안아줄 이름, 그녀. 〈기생충, 2019〉 행복은 나눌수록 커지잖아요. 〈돈, 2019〉 평범하게 벌어서 부자 되겠어? 〈엑시트, 2019〉 진짜 재난이 찾아왔다. 〈플로리다 프로젝트, 2018〉 이런 게 인생이지. 〈거인, 2014〉 사는 게 숨이 차요. 〈캐롤, 2016〉 인생에 단 한 번, 오직 그 사람만 보이는 순간이 있다. 〈인터스텔라, 2016〉 우린 답을 찾을 것이다 늘 그랬듯이. 〈가버나움, 2019〉 나를 세상에 태어나게 한 부모님을 고소하고 싶어. 〈컨저링, 2018〉 사라진 가족, 저주받은 인형. 〈킬 유어 달링, 2014〉 날 위해 아름다운 글을 써줘. 〈봉오동 전투, 2019〉 모두의 싸움, 모두의 승리. 〈누구나 아는 비밀, 2019〉 모두가 침묵할 때, 비밀은 또 다른 비밀을 낳는다. 〈굿바이 썸머, 2019〉 우리의 다음 계절이 또 올까요? 〈폴라로이드, 2019〉 카메라 주인만이 죽는 순서를 정한다. 〈오소마츠 6쌍둥이, 2019〉 돌아보면 어떤 추억도 보물. 〈세상을 바꾼 변호인, 2019〉 빌어먹을 차별을 무너뜨린 결정적 한 방. 〈북클럽, 2019〉 사랑도 연애도 세상은 여전히 호기심으로 가득하다. 〈스토롱거, 2017〉 운명이 바뀐 그 날, 그의 삶을 바꾼 기적 같은 사람. 〈기방 도령, 2019〉 그저 즐기시지요. 〈커런트 워, 2019〉 천재는 1% 영감, 99% 쇼맨십으로 만들어진다. 〈벤 이즈 백, 2019〉 난 널 포기하지 않아. 〈에이프릴의 딸, 2019〉 엄마가 내 모든 것을 빼앗아 갈 거야. 〈타짜 3, 2019〉 베팅할 땐 인생을 걸어라.

이보다 훨씬 좋은 카피들도 많이 있다. 그런 카피들을 모아놓고 모방하여 바꾸어 쓰기부터 연습한다면 제목과 주제, 중심문장, 나아가서는 글쓰기 전체에 도움이 될 것이다. 모방은 천재들이 밟고 가는 첫 번째 계단이다.

살펴보았듯이 카피가 제목을 빛나게 해 준다. '그들의 법 없는 검거 작전이 시작된다'는 카피가 있다면 당신은 어떤 제목을 붙일까? 이런 방식으로 제목 붙이기 습작을 하면 실력은 금방 늘 것이다. 얼마 전 박스오피스 1위를 차지했던 영화의 카피다. 이 표를 참고하여 빈칸을 채워보고 여러 차례 습작한다면 카피 쓰기에 도움이 될 것이다.

〈습작표〉

카피	습작한 제목	실제 제목
먹어봐야 맛을 알지		연애의 맛
SNS를 통해 사람들이 사라진다		함정
내가 누구인지 알아야 한다		내가 잠들기 전에
핸드폰을 공개하면 모두의 비밀이 드러난다		완벽한 타인

정리하자면, 부르기 쉽고, 기억하기 좋고, 뜻이 아름다운 제목이 기본이지만 시대의 흐름에 맞게 붙여주어야 할 제목도 있다는 말인가? 그렇다.

그렇다면 주제, 소재, 제목을 끌어안고 뛰어줄 인물은 누구인가?

5. 주인공

이야기의 인물 구조는 선인, 악인, 조력자의 세 사람이 기본이다. 이들이 갈등과 극복의 큰 구도를 그린다. 악인의 역할은 무조건 나쁜 짓을 하고 욕먹는 평면적인 악인이 있고, 나름대로 이유 있는 정의와 의견을 가지고 있어서 선인이라 착각할 정도의 악인이 있고, 돈키호테같이 웃기면서 좀 모자라 보이지만 인간의 욕망을 달성하는 입체적인 악역도 있다.

이야기 = 인물(선, 악, 조력자)+갈등 상황+극복의 도구(의지, 물건, 신성)

덧붙여 주인공의 역할은 영웅인지, 성장인지, 모험인지, 신데렐라의 신분 상승인지 구분하고 로맨스인지, 스릴러인지, 개그인지, 액션인지 장르를 선택하는 것도 중요하다. 이런 인물을 설정할 때 '왜 이 이야기를 하고 싶은가?'에 관해 묻고 답해 보아야 한다. 이 말은 '무엇을 욕망하는가'와 같은 질문이다.

사람들이 좋아하는 주인공이나 기대하는 주인공은 순수하고 도덕적이길 바란다. 권력의 희생양으로 극단적인 상황에 놓여있지만 어떻게 하든 헤쳐나가는 의인이길 소망한다. 사람들은 이런 주인공들을 좋아하고 기대하지만, 삶에서 되고 싶은 주인공은 아니라는 특이한 점을 발견할 수 있다. 결론적으로 도달할 수 없는 현실의 욕망을 가상세계에서라도 실현하고자 하는 인간의 바람이 주인공을 더 위대하게 존재하도록 한다.

영화 〈허스토리, 2018〉의 주인공 문정숙은 잘 먹고 잘살며 잘 나가는 여행사 사장이다. 그런 그녀가 위안부 할머니들을 대변하기 위해 법정에 서고 사업이 망할 위기에 처하면서도 의로운 일에 앞장선다. 이런 일에 직접 나서줄 사람이 현실에 몇이나 있을까? 〈명당, 2018〉의 주인공 박재상은 장래가 촉망되는 천재 지관이다. 왕의 묏자리를 보고 원로대신들이 모두 명당이라고 지명한 곳을 아니라고 바른 소리 하다가 가족이 모두 죽임을 당하고 집안이 몰락하게 된다. 남들이 권력에 아부하며 맞다 할 때 아니라고 말할 수 있는 사람이 과연 몇 사람이나 될까? 〈살인소설, 2018〉의 순태처럼 불의를 끝까지 물고 늘어질 사람, 〈성난 황소, 2018〉의 강동철처럼 불의를 못 참고 직접 찾아 나서 처리할 사람, 〈암수살인, 2018〉의 김 형사처럼 직장에서 쫓겨날 각오로 법을 어기면서까지 범인을 잡을 사람, 〈엑시트, 2019〉의 용남처럼 재난에서 다른 사람을 적극적으로 구하고 자신은 계속 궁지에 몰리는 사람은 현실에서 되고 싶은 사람은 아니지만, 가상에서만이라도 되어 보고 싶은 인물들이다.

그런 이유로 우리는 쉽게 될 수 없는 이런 인물들을 좋아한다. 누구나 될 수 있는 인물이라면 이야기의 주인공으로서는 매력이 떨어질지 모른다. 평범한 사람, 오히려 조금 모자라 보이는 사람이 보여주는 한수에 우리는 열광한다. 특히 스토리텔링에서는 신에 가까울 정도로 참아내고 어떤 하나의 일을 이루어 낸 인물을 더 좋아한다. 그런 인물들이 만들어낸 콘텐츠는 스토리텔링에 의해 공유하고 저마다 욕구를 충족한다.

주인공을 특별하게 만드는 방법은 화려하게 꾸미거나 미사여구로 소개하는 것이 아니라 가상세계에서 실감 나게 뛸 수 있도록 역할을 주는 것이다. 행동에는 세 가지 유형이 있는데 이야기에 맞게 몸으로 뛸 주인공인지, 마음으로 뛸 주인공인지, 머리로 뛸 주인공인지도 생각해야 한다. 인간의 욕망은 수단과 방법을 가리지 않고 목표를 향해 뛰어주기를 바라기 때문에 주인공이 뛸 수밖에 없는 이유를 만들어야 한다. 목표 달성을 위한 과정이 선하고 정의로운 가치관을 향해 있어서 올바른 선택을 한다면 주인공은 인간이 가진 능력의 한계를 넘어 신적 초능력으로 뛰어도 우리는 순순히 공감한다.

〈신과 함께, 2018〉는 주인공이 이승과 저승, 현실과 과거를 오락가락하며 말도 안 되는 이야기를 해도 좋은 일을 하기 바라는 마음 때문에 우리는 감동하는 것이다. 〈봉오동, 2019〉에서도 주인공은 쏟아지는 총알에 끄떡없이 살아남고 칼 하나로도 수많은 사람을 죽이는 터무니없는 신적 인물이라도 수긍해 준다. 이것은 이야기에서만 주인공에게 허용되는 여백이고 틈이며 매력이다. 인간의 욕망을 향해 행동해주는 주인공이라면 기꺼이 환영한다.

환호하는 주인공을 만들어내기 위해서는 먼저, 인간의 행동을 관찰해야 한다. 저 사람은 왜 저렇게 '돈돈돈' 할까? 저 사람은 왜 저렇게 미친 듯이 공부만 할까? 저 사람은 왜 저토록 권력을 탐할까? 저 사람은 왜 저렇게 북극곰에게 관심이 많을까? 저 사람은 왜 저렇게 서울로 가려고 할까?

그다음은 성격을 살펴야 한다. 독불장군 주인공을 만들었다면 그런 사람의 성격을 관찰해야 한다. 대체로 독불장군은 남에게 간섭받는 걸 싫어하면서 남을 보호해 주는 것을 좋아한다. 친절하기보다는 불친절한 권위주의자이지만 일의 추진력이 좋다. 선과 악의 동시성을 보이되 일관성이 있는 주인공이어야 한다.

마지막으로 인물의 전형적인 유형과 개성적인 특질을 함께 살펴야 한다. 평범한 회사원이면서 매달 차를 바꾼다든가, 둘이 사귀면서 각각 애인이 있다든가, 예쁜 공주이면서 남자를 싫어한다든가, 사장 고명딸이면서 입양아라든가, 형이 셋이나 있는 임금이라든가. 천민이면서 과학자라든가, 후궁 출신의 임금이라든가, 기생이면서 양반 딸이라든가, 아들의 엄마이면서 며느리의 엄마라든가, 눈이 없으면서 헤엄을 잘 친다든가, 멍청하면서도 한 번씩 지혜롭다든가, 노래를 못하는데 노래 왕국의 왕이라든가… 이런 특질을 가진 인물이나 경계에 놓인 인물에 대해 사람들은 호감을 느낀다. 왜냐하면 현실에서 해볼 수 없는 일들을 주인공을 통해 대리만족하기 때문이다.

이처럼 매력 있는 인물을 만들기 위해서는 이야기를 쓰기 전에 주인공에게 끊임없이 질문해야 한다. '너 누구니? 너 뭐 하는 사람이니? 너 어디서 왔니? 너는 뭐가 필요하니? 너는 왜 그랬니?' 등등의 질문을 많이 할수록 그 이야기에 가장 적합한 인물을 뽑아낼 수 있다. 그리고 주인공에게 과장하여 행동하도록 요구해야 입체적으로 된다. 예를 들면 결혼과 재혼을 열 번 했다거나, 사람을 백 명 죽였다거나, 애인이 백 명이라거나, 재산이 천억이거나, 그렇지만 반드시 하나의 약점이 있어야 한다. 노래로 왕을 뽑는 나라에 음치라든가, 장자 상속 나라에 막내 왕자라든가, 신랑 없는 결혼식이라든가, 커피를 못 먹는 바리스타라든가, 인물이 어떤 존재이며 무엇을 추구하는지에 따라 행동, 성격, 개성을 달리한다.

정리하자면, 작가가 할 일은 관찰이고 주인공이 할 일은 행동이라는 말인가? 그렇다.

그렇다면 이야기를 어떻게 만드는가?

6. 글집

　스토리텔링을 하기 위한 수단은 이야기이고, 목적은 콘텐츠 마케팅이다. 이야기에서 가장 중요한 것은 인물과 인물이 거처할 집, 플롯이다. 플롯이란, 인물의 결핍과 욕망을 인과구조에 맞추어 잘 짜는 이야기 설계도이다.

　이야기를 쓰면서 사람들이 333을 좋아한다는 사실을 알았다. 삼각 구도, 세 번의 사건, 세 번의 시도로 질서와 통일감이 좋은 일관성 있는 이야기를 좋아한다. 흑백 이야기보다는 회색 이야기를 좋아하고, 답을 내려주기보다 끌면서 알려줄 듯 말 듯 하는 것을 좋아하고, 선악의 대립은 분명히 있어야 하지만 답은 어느 쪽이든 될 수 있는 대립을 좋아한다. 세상 어느 곳에서든 안티족은 존재하고 그들의 의견도 들어볼 필요성은 있다. 다만 작품의 결미에는 사회적 영향을 고려한 도덕성이 있어야 한다.

　특히 관광 스토리텔링에서는 더 많은 도덕성이 요구된다. 사람들은 특이하면서 긍정적이고, 돋보이면서 보편적이고, 도덕적이면서 선한 스토리텔링을 찾아 움직인다. 이야기는 사람들의 거듭되는 의문과 지속적인 기대에 부응할 수 있도록 원인과 결과로 설계되어야 한다. 인물이 목표를 달성하기 전에 반드시 갈등과 실패를 겪어야만 의미가 있다고 생각한다.

스토리텔링을 하기 위해 생각해야 할 것은 권선징악, 욕망의 성취, 자아 성찰이다. 이것은 예나 지금이나 굳어진 인식이고 표현의 틀이다. 식상하게 느껴질지라도 이로 인해 의사소통도 원활해진다. 변화된 것이 있다면 예전에는 초월적인 존재를 등장 시켜 욕망에 도달했고 지금은 평범한 인간에 의해 보편적으로 실현하게 하는 플롯이 많다는 것이다.

신은 출현시키지 않았으나 초월자를 등장시킨 〈양들의 침묵, 1991〉은 선량한 사람의 악한 결과에 관한 플롯도 있다. 선한 주인공 스탈링은 FBI 훈련생이다. 초월자적인 악인 렉터박사는 법의학 전문의이면서 범죄심리 학자이면서 살인마라는 다중적 인물이고, 스크린 뒤의 악인은 덩치 큰 여성만 죽여 가죽을 수집하는 연쇄 살인마 버팔로 빌이다. 조력자는 상관 크로포드 외 친구들이다. 캐서린을 살해하려는 버팔로 빌을 추적하는 스탈링에게 렉터박사는 실마리를 하나씩 주면서 밀당을 하는 것이 중심사건이다. 스탈링의 목표는 버팔로 빌을 잡아서 승진하는 것이다. 이야기를 간단히 정리하면,

발단 : FBI 훈련생인 주인공이 임무를 받는다.

전개 : 렉터를 만나 갈등한다.

절정 : 어떤 거래도 하면 안 되는 규칙을 어기고 렉터와 거래한다.

결말 : 살인마를 찾아 죽이고 FBI 요원이 된다.

이야기하는 방식은 끊임없이 바뀌고 창작의 방법도 다양하게 변화하지만 분명한 것은 플롯이 탄탄한 이야기가 스토리텔링의 주춧돌로 작용해야 한다. 사람들을 끝까지 끌고 가는 힘은 '기승전결'의 기본 플롯에 있음으로 네 줄로 짜는 플롯을 충분히 연습해 보아야 한다.

기 : 선한 현실

승 : 악의 득세

전 : 악의 상승과 몰락

결 : 선한 현실 회복

작가는 실제 사건을 쓰는 사람이 아니므로 일어날 가능성이 있는 이야기를 그럴듯하게 만들어내는 개연성이나 필연성의 법칙을 잘 이용한 플롯을 짜야 한다. 사건의 논리적인 패턴과 배치, 인과 관계에 의한 사건 배열, 이야기의 얼개, 이런 말들은 잘 알지만 잘 안다고 잘할 수 있는 것은 아니다.

플롯이라는 말은 아리스토텔레스 〈시학〉의 미토스(mythos)를 번역한 말에서 출발해 지금까지 사용되고 있다. 플롯은 발단, 전개, 절정, 결말로 사건이 구성된다. 발단은 인물과 배경이 드러나야 하고, 전개에서는 인물 사이에 갈등이 발생하고 증폭되어야 하며, 절정에서는 갈등이 극에 도달하고 갈등을 해결하는 전환점이 되어야 하고, 결말은 갈등이 해결되어 행불행의 마무리를 지어야 한다. 스토리텔링에서 플롯은 4단계를 지키되 여러 가지 사건이 얽힌 복합구성보다 하나의 사건으로 해결되는 단순구성이 좋다.

플롯에서 다시 한 번 챙길 것은 주인공의 욕망이다. 욕망이 증폭될수록 긴장감과 재미가 있으며 결론은 희망과 꿈으로 이어져야 한다. 우연성은 반드시 개연성이 있어야 하고 결국엔 필연성으로 연결되어야 한다. 인과관계가 전혀 없는 것처럼 시작해서 확실하지는 않지만, 왠지 그럴 것 같은 느낌이 들었다가 그렇게 될 수밖에 다른 도리가 없는 플롯이면 좋다.

단순명쾌하게 짜라
퍼즐 맞추기를 하듯 짜라
정서적 역동성을 구축하라

플롯에서 중심사건은 끝까지 잊어버리면 안 되는 목표를 의식하고 앞으로 나아가야 한다. 인물이나 사건에 관계된 정보는 단번에 드러나게 쓰면 안 되고 조금씩 정보를 흘리듯이 조절해야 한다. 중요한 행동이나 패턴은 반복하여 배치하면서 비교 대조하듯이 보여준다. 사건의 절정에서는 역전이나 놀람의 아이러니가 있어야 하고 맨 처음 또는 열 컷 안에 기본상황을 암시하는 무엇이 마지막에 오버랩 되면 좋다.

데릭 시엔프랜스 감독의 〈파도가 지나간 자리, 2018〉는 죽은 아빠와 함께 떠내려온 아기를 신고하지 않고 몰래 키우던 불임 부부가 결국 아기를 친모에게 되돌려 주게 되는 이야기이다. 파도 소리만 들리는 검은 화면에서 붉은 태양이 잔잔한 바다 위로 서서히 올라오는 첫 장면으로 영화는 시작된다. 어디로 날아갈지 모르는 갈매기에게 먹이를 주고 있는 여자를 유심히 보면서 걷는 남자의 모습이 그다음 장면이다. 파도처럼 험한 인생의 고비, 다시 떠오르는 태양과 잔잔한 바다, 먹이를 먹고 사라지는 갈매기, 그 상황을 지켜보는 남자의 모습은 영화에서 말하고자 하는 어떤 것을 암시하는 장면들로 마지막 장면과 오버랩 된다.

정리하자면, 주인공의 목표를 향해 기승전결의 원인과 결과로 전개되는 이야기 설계도가 플롯이란 말인가? 그렇다.

그렇다면 간단하게 습작해 볼 수 있는 방법은 없는가?

7. 습작

PCCE(place, clue, crisis, ending)는 자기에게 맞는 속도로 샘플 스토리를 만들어보는 방법이다. 무작위로 번호를 뽑아 이야기를 만들다 보면 뜬금없고 이상한 이야기가 될 수도 있지만 여러 번 습작하다 보면 스토리텔링 작업에 도움이 될 것이다.

장소 place	1. 벌이 많은 산속	5.
	2. 용이 살았다는 바다의 용굴	6.
	3. 포도밭 속에 와인 공장	7.
	4. 2천 세대가 사는 오피스텔	8.
단서 clue	1. 계속 따라온다	5.
	2. 고백한다	6.
	3. 협박한다	7.
	4. 비밀을 털어놓는다	8.
위기 crisis	1. 납치 또는 감금	5.
	2. 도망 또는 살인	6.
	3. 삼각관계	7.
	4. 혈연관계	8.
결말 ending	1. 부자 또는 가난	5.
	2. 탈출 또는 정착	6.
	3. 복수 또는 용서	7.
	4. 죽음 또는 이별	8.

위의 PCCE 표에 의해 이야기를 만드는 방법은 다음과 같다.

1단계 : 단계마다 하나씩 뽑는다.
2단계 : 주인공, 방해자, 조력자 세 명의 인물을 세운다.
3단계 : 네 줄 플롯을 세운다.
4단계 : 스토리를 만든다.
5단계 : 콘텐츠와 연결한다.

1단계는 이야기를 쓰기 위한 장소, 단서, 위기, 결말의 기본 예시를 하나씩 뽑는 것이다. 표 PCCE는 자신이 자유롭게 채워 넣으면 된다.

2단계는 가장 짧게 주인공을 소개하는 방법이다. 도입 부분에 성격, 경제력, 가족, 신분, 능력, 건강 등등을 드러낸 주인공의 결함을 보여주면서 ~잡혀가거나, ~괴물이 나타나거나, ~적군이 몰려오거나, ~배가 침몰하거나, ~죽거나, ~도둑맞는 장면을 보여줄 인물들을 만든다. 주인공은 비범한 인물이지만 자신의 능력을 모르는 얼뜨기이거나 재능을 사용할 줄 모르거나 비밀이나 트라우마가 있어야 한다. 주인공의 주변에는 불편한 사람이 있어서 주인공이 딜레마에 빠질 수 있도록 만든다.

3단계는 네 줄 글쓰기이다. 기승전결을 한 줄씩 압축하여 써보는 것인데 스토리의 첫인상을 만드는 작업이다. 네 줄 안에 꼭 써야 할 것은 주인공의 욕망-목표-과 그럴 수밖에 없는 이유-결핍-를 밝혀야 한다.

4단계는 짧은 스토리 창작이다.

5단계는 이야기를 바탕으로 콘텐츠를 기획하여 연결한다.

습작 예시 1321

1단계 : 1. 벌이 많은 산속 3. 협박한다 2. 도망 또는 살인 1. 부자 또는 가난

2단계 : 여왕벌이 된 아내는 깐깐한 선인, 난봉꾼 옥보는 어리바리한 악인, 노옹은 조력자

3단계

기. 게으른 옥보가 잠이 든다.

승. 노인에게 소원 항아리 세 개를 받는다.

전. 노인이 준 항아리의 꿀을 먹은 아내의 소원이 이루어진다.

결. 옥보의 천년꿀은 천년만년 건강을 지켜주는 꿀이다.

4단계 : 벌과 혼인한 총각 스토리

귀농한 옥보는 아버지로부터 양봉을 물려받았다. 옥보는 일이 하기 싫어서 날마다 빈둥거리며 놀았다. 더위를 피하느라 옥보는 나무 그늘에서 깜빡 잠이 들었다. 한 노옹이 나타나 항아리 세 개를 옥보에게 주고는 "이것을 먹으면 소원대로 될 거야." 하고는 떠나버렸다.

옥보는 조심스레 항아리를 들고 와서 꿀단지가 진열된 곳에 나

란히 놓고는 빨간 딱지를 붙였다. 며칠 뒤 옥보의 아내가 창고의 꿀단지들을 깨끗이 닦아 청소했다.

옥보는 마음 씀씀이가 좋아 사람들이 많이 따랐다. 마음에 드는 여자들을 만나면 꿀단지 하나씩을 줬으니 밖에만 나가면 여자들이 줄줄이 따랐고 옥보의 아내는 화가 나서 견딜 수가 없었다. 술에 취해 돌아온 옥보 앞에서 아내는 창고의 꿀을 다 먹어버리겠다며 항아리 들고나와 꿀을 푹푹 떠서 먹으며 악담을 했다.

"여자들이 모두 앵앵거리는 벌이 되어버렸으면 좋겠어."

"그럼 당신은 여왕벌?"

"그래, 나는 여왕벌이다."

갑자기 어디서 날아왔는지 벌들이 앵앵거리며 일시에 옥보에게 달려들었다. 놀란 옥보는 벌을 피해 도망가다가 여왕벌에게 쏘였다. 깜짝 놀라 눈을 뜨니 꿈이었다. 옥보는 꿈속에서 노옹이 주고 간 항아리가 무엇일까 생각하며 창고를 둘러보았는데 마침 항아리 세 개가 눈에 들어왔다.

어느 날, 옥보의 꿀벌집에 말벌들이 침범하여 꿀벌들을 사정없이 물어 죽이고 꿀을 뺏어가는 사태가 벌어졌다. 옥보는 말벌의 뒤를 따라가서 집을 찾아냈다. 그리고 말벌집을 가져와 세 개의 항아리에 넣고 꿀을 부어 주며 말벌들에게 실컷 먹으라고 하였는데 이것은 시간이 지나면 노봉방주라는 약술이 된다. 옥보는 아내가 몸이 아프거나 피곤할 때마다 한 잔씩 올리며 건강을 기원했다고 하니 세 개의 항아리는 소원을 이루어주는 항아리가 된 셈이다.

5단계 : 옥보가 양봉으로 얻은 꿀은 '박씨골 천년꿀'이라는 이름으로 팔리고 있다. 이야기 속 주인공은 현재 경주시 감포에 사는 성실한 양봉업자로 '박씨골 천년꿀'과 '박씨골 말벌주'를 판매하고 있으며 수확한 천년꿀은 100% 판매된다.

실전 습작

1단계 : 4. 2천 세대가 사는 오피스텔 4. 비밀을 털어놓는다 4. 혈연관계 2. 탈출 또는 정착

2단계 :

3단계 :

4단계 :

5단계 :

정리하자면 PCCE 표를 참고하여 다양한 습작을 해 보라는 말인가? 그렇다.

그렇다면 습작을 할 때 상황설정은 어떻게 하는 것이 좋은가?

8. 상황 설정하기

 상황의 변화에서 사건이 생긴다. 그러므로 사건은 발견이라기보다 발명이다. 재현이 아니라 창조. 사건을 발명하고 창조하기 위해 계속된 상황의 변화를 시도해야 한다. 모순과 대립의 상황이 생길 때까지 시도해 보는 것이다. 이런 상황이 생겨야만 이야기가 위기 속에서 긴장감 있게 전개된다. 영화 〈8월의 크리스마스, 2013〉는 발랄한 처녀가 불치병에 걸려 죽어가는 남자를 사랑하게 되는 모순대립상황이다. 춘향전에서는 기생의 딸이 양반의 아들을 사랑하고, 홍길동전에서는 서자 출신 천재가 입신양명을 꿈꾸고, 심청전에서는 가난한 심 봉사가 공양미 삼백 석을 시주하겠다는 모순대립상황을 설정한다.
 사건이 되는 이야기에는 대체로 모순대립의 상황이 들어있다. 내가 어렸을 적에 살았던 시골 동네에서 있었던 일이다. 건너편 산 아래 집이 하나 있었는데 그 집에는 뱀이 하도 많아서 집이 안

팔린다는 소문이 있었다.

  그러던 어느 날, 도시에 사는 모녀가 그 집으로 이사를 왔다. 어떤 사람들인지 궁금해진 엄마는 그 집으로 갔다가 기겁을 하며 되돌아왔다. 주인 여자가 바가지에 물을 떠서 들고는 '어서 가거라. 여기는 너희들이 살 곳이 아니다. 어서 가거라.' 하며 마당 여기저기로 물을 뿌리고 있었는데 마당에는 똬리를 튼 뱀들이 진을 치고 있더라는 것이다. 혹시 뱀에게 해를 입지나 않았나 싶어서 며칠 뒤, 또다시 가보았는데 이번에는 뱀이 한 마리도 없더라는 것이다.

  이 이야기로 상황설정을 해 보면, 처음 상황은 뱀이 많은 집인지 모르고 이사를 왔다는 것이고 모순대립상황은 여자가 물로 뱀을 내쫓기 위해 뱀과 대립한다는 상황이다. 끝 상황은 여자가 뱀을 해결했지만, 우리의 마음속에는 사람들을 괴롭히는 모든 존재-뱀-에 대해 형상 차원으로 남는다. 처음 상황에서 어떤 일이 시작되고 그 일은 일반적이지 않아서 어떤 모순상황으로 누구와 대립하게 된다. 이런 상황을 설정하기 위해서는 어떻게 해서 그렇게 변했는지 난제 질문을 해 보아야 한다.

주인석의 환경 스토리텔링 〈데굴데굴 물꼬마〉

상황 : 오염된 물꼬마가 하수처리장에 끌려 들어와 거대한 기계와 맞서서 수수께끼를 푼다.

난제 : 물꼬마는 어려운 수수께끼를 어떻게 풀고 각 단계를 빠져나갈 수 있을까?

사이먼 커티스의 영화 〈Woman in Gold〉

상황 : 유대인이 나치에게 빼앗긴 클림트의 그림을 되찾기 위해 국가와 싸운다.

난제 : 정부와의 싸움에서 개인은 어떻게 이길 수 있을까?

김유정의 단편소설 〈봄봄〉

상황 : 약속을 잘못하는 바람에 장인에게 속아 일만 하고 장가는 못가고 있는 총각이다.

난제 : 꾀 많은 장인에게 어떻게 하면 약속을 지키게 할 수 있을까?

푸치니의 오페라 〈투란도트〉

상황 : 냉혈 공주 투란도트는 청혼하는 사람에게 세 가지 수수께끼를 내고 맞히면 결혼해 주겠지만 못 맞히면 죽인다고 한다.

난제 : 일방적인 공주의 질문을 어떻게 역질문으로 이길 수 있을까?

이야기의 상황을 변화시키고 발전시키는 방법은 주인공에게 구체적 질문을 많이 하는 것이다. 이는 주인공의 성격과 행동을 알아내는 좋은 방법이지만 조심해야 할 것은 거리 유지다. 작가는 주인공이 아니다. 주인공과 멀어져서 객관적으로 대답할 수 있어야 상황을 잘 설정할 수 있다. 스스로 1인 2역을 하기 어렵다면 다른 사람에게 인터뷰처럼 부탁할 수도 있고 작업자끼리 토론을 할 수도 있다. 여러 가지 변화된 상황 속에 주인공을 밀어 넣어 보아야 만 주인공의 성격을 잘 파악할 수 있고 갈등의 원인도 잘 만들어 낼 수 있다.

정리하자면, 주인공이 모순과 대립 상황에 놓이도록 하기 위해 계속해서 상황을 변화시켜 본 다음 상황설정을 하라는 말인가? 그렇다.

그렇다면 주인공이 어떤 갈등을 겪어야 하는가?

9. 갈등의 겹침

   갈등에 갈등을 더하는 것은 이야기의 긴장감을 고조시키고 가독성을 좋게 할 뿐만 아니라 마지막에는 독자의 욕망에 이바지한다. 원인을 복합적으로 만들어야만 갈등이 심해지고 인과관계가 있는 행동마다 의미가 도출된다. 모험에서 영웅은 걸림돌이 되는 적이 많을수록 영웅답다. 호메로스의 〈오디세이아〉는 '오디세우스의 노래'라는 뜻을 가진 모험 이야기로 연속적인 갈등과 선택, 궁지와 극복이 반복되기 때문에 재미와 긴장 속에서 자연스러운 교훈까지 얻을 수 있다.

   주인공 오디세우스가 수많은 갈등에 놓이도록 하기 위해 호메로스는 밤낮으로 고민을 했을 것이다. 주인공 이름을 '증오받은 자'라는 뜻의 '오디세우스'로 짓는 것만 보아도 주인공에게 얼마나 고통을 줄 것인지 예상이 된다. 오디세우스는 호메로스의 고민에 충성스럽게 보답하는 훌륭한 주인공이다. 그의 12가지 모험은 스토리 창작에서 원형 스토리로 활용되는 경우가 많다.

오디세우스가 전쟁을 마치고 고향으로 돌아가는 길에서 겪게 되는 위기 속에는 우정과 사랑, 믿음과 배신, 소망과 좌절, 정착과 방황, 실패와 성공 등 인간의 감정이 종합적으로 들어 있다. 트로이에서 그리스 이타케까지 가까운 바닷길을 두고 지금의 이탈리아를 지나 프랑스 남쪽 포르투갈-칼립소-까지 가게 하는 것은 험난한 여정의 상황을 설정하기 위한 것이다. 그의 여정[1]에서 만난 장애물은 가히 상상력의 보고이다. 10여 년의 여정 중에서 8년은 여자들과 즐기듯 산다. 그러면서도 고향을 그리워하는 이중적 심리가 들어있다. 상상은 또 다른 스토리의 재료로 가지를 뻗지만 잠시 접어두고 지금은 충성스러운 주인공에게서 '갈등'을 배워야 한다.

첫 번째는 케르소네소스라는 곳이다. 트로이전쟁에서 승리하고 헤카베라는 트로이 여자를 전리품으로 태워 가는 중에 발생한 사건이다. 그녀는 트로이 왕족에게 전 재산과 아들을 맡기며 지켜달라고 했지만, 왕은 그녀의 아들을 죽이고 재산을 가로채며 약속을 어긴다. 이 사실을 알게 된 여자는 왕을 찾아가 눈을 파내는 잔인한 복수를 한다. 이 일로 헤카베를 돌로 쳐 죽이자는 부하들의 의견에 맞서 그녀를 살릴 것인가? 죽일 것인가? 오디세우스는 갈등 끝에 죽이는 쪽을 선택한다. 그런데 그녀를 묻었던 곳에서

---

[1] 트로이-케르소네소스-키코네스족-로토파고이-키클로페스-아이올로스의 섬-라이스트리고네스-키르케-세이레네스-스킬라와 카립디스-헬리오스의 섬-칼립소-파이아케스-이타케

시체는 사라지고 번뜩거리는 눈을 가진 개가 나온다. 오디세우스는 왜 그녀를 죽이는 쪽을 선택했을까?

두 번째는 이스마로스라는 곳이다. 이곳에서 만난 키코네스족은 피로에 지친 일행에게 친절하게도 포도주를 준다. 먹고 마시며 즐기다 갈 것인가? 바로 항해할 것인가? 오디세우스는 갈등에 빠지지만, 결국 마시는 쪽을 선택한다. 그 바람에 부하 6명을 잃고 궁지에 몰린다. 오디세우스는 왜 마시는 쪽을 선택했을까?

세 번째는 로토파고이라는 곳이다. 이곳에서는 고향 이타케를 눈앞에 두고 큰 폭풍에 휩말려 9일간 바다를 떠돈다. 어렵게 도착한 곳에서 친절한 주민들을 만나게 되고 음식까지 대접받는다. 음식을 먹을 것인가? 먹지 않을 것인가? 오디세우스는 갈등에 빠지지만, 결국 먹는 쪽을 선택한다. 음식을 먹은 부하들은 고향으로 가지 않겠다며 떼를 쓰는데 알고 보니 이 음식은 '고향을 잊어버리게 하는 음식'이었다. 오디세우스는 왜 먹는 쪽을 선택했을까?

네 번째는 키클로페스라는 곳이다. 이곳에 사는 외눈박이 키클롭스는 양과 염소를 키운다. 주인은 없고 배는 고픈 상황이다. 오디세우스의 명령을 어기고 가축을 훔친 부하들은 키클롭스에게 붙잡혀서 모두 처참하게 죽임을 당하고 오디세우스는 그 광경을 보게 된다. 목숨을 걸고 부하를 구할 것인가? 모른 채하고 떠날 것인가? 오디세우스는 갈등에 빠지지만 목숨을 거는 쪽을 선택한다. 키클롭스에게 '아무것도 아닌 자, 우티스'라고 자신을 소개하며 포도주를 먹여 정신을 잃게 하고 눈을 찔러 앞을 못 보게 만든 다음 양을 이용해 빠져나온다. 오디세우스는 왜 명령을 어긴 부하를 구하는 쪽을 선택했을까?

다섯 번째는 아이올로스 섬이다. 날마다 잔치를 벌이는 왕의 비위를 잘 맞춰 준 오디세우스는 신임을 얻어 바다의 풍랑을 모두 쓸어 담은 자루 하나를 선물로 받고 부하들과 출항을 한다. 부하들에게 자루 속에 든 것이 무엇인지 알려 줄 것인가? 알려 주지 않을 것인가? 오디세우스는 고민하지만 알려주지 않은 채 자루를 풀면 안 된다는 금기만 말하고 잠이 든다. 궁금증에 빠진 부하들은 자루를 풀어버렸고 걷잡을 수 없는 풍랑에 휘말린다. 오디세우스는 왜 부하들에게 알려주지 않는 쪽을 선택했을까?

여섯 번째는 라이스트리고네스라는 곳이다. 6일 동안 풍랑에 휘말리다가 노를 저어 도착한 곳, 어쩐지 느낌이 이상하다. 배에서 내릴 것인가? 내리지 않을 것인가? 오디세우스는 갈등을 하다가 결국 두 사람만 내리는 쪽을 선택한다. 두 사람은 염탐을 나갔다가 물 긷는 한 처녀를 만나서 따라갔다. 두 사람은 식인종인 처녀의 아버지에게 잡아먹히고 배는 기습을 당한다. 부하들이 죽임을 당해 생선처럼 작살에 끼이는 잔인한 살육의 현장에서 겨우 빠져나온다. 오디세우스는 왜 두 사람만 배에서 내리는 쪽을 선택했을까?

일곱 번째는 아이아이에 섬이다. 구사일생으로 살아남은 오디세우스는 약물과 주문을 사용하여 인간을 늑대·사자·멧돼지로 바꾸어버린다는 키르케를 만난다. 그녀가 준 음료를 먹고 돼지가 되어버린 부하들을 보았기 때문에 음료수를 마실 것인가? 마시지 않을 것인가? 오디세우스는 갈등에 빠지지만 결국 마시는 쪽을 선택한다. '몰리'라는 해독 약초를 가지고 있었기 때문이다. 돼지로 변신하지 않은 오디세우스를 오히려 두려워하며 매력을 느낀 키르케는 그를 유혹한다. 받아줄 것인가? 거절할 것인가? 오디세우스는 또 갈등에 또 빠지지만 받아주는 쪽을 선택한다. 키르케와 1년 동안 즐거운 동거를 하면서 고향으로 돌아갈 것인가? 가지 않을 것인가? 또다시 갈등하다가 돌아가는 쪽을 선택한다. 키르케는 고향으로 돌아가고 싶으면 지하세계를 먼저 다녀오라고 한다. 그곳에서 예언자 테이레시아스를 만나고 여러 명의 영웅과 어머니까지 만나면서 오디세우스는 앞으로 어떻게 살아야 할지 갈등과 고민의 절정에 도달한다. 오디세우스는 뻔히 당할 줄 알면서 왜 칼립소를 선택했을까?

여덟 번째는 세이레네스의 섬이다. 몸통은 새이고 얼굴은 사람인 노래 잘하는 마녀이며 그녀의 유혹에 넘어가면 바다에 빠져 죽는다는 정보를 이미 키르케에게서 들었다. 너무나 아름다운 노래를 들을 것인가? 듣지 않을 것인가? 오디세우스는 갈등에 빠지지만 듣는 쪽을 선택한다. 자신의 몸을 돛대에 묶고 부하들의 귀는 밀랍으로 막아 노를 젓게 하고 자신은 아름다운 노래를 들으며 황홀경에 빠진 채로 사이레네스의 섬을 빠져나온다. 오디세우스는 왜 자신만 노래를 듣는 쪽을 선택했을까?

아홉 번째는 스킬라와 카립디스가 있는 곳이다. 사면초가에 놓인 오디세우스의 갈등을 '스킬라와 카립디스 사이에 있다'는 말로 표현하기도 한다. 4m나 되는 키에 6개의 뱀 머리에 상어 이빨과 사납게 짖어대는 개로 허리를 장식한 소용돌이 괴물 스킬라는 동굴로 들어오는 것은 하나도 남김없이 먹어 치운다. 이에 질세라 맞은편 무화과나무 밑에 몸을 숨기고 하루에 세 번씩 물을 삼켰다 뱉어내면서 배를 침몰 시켜 사람을 죽이는 암초 괴물 카립디스에 맞서 모두의 희생이 될지도 모르지만, 그것을 감수하고라도 동굴을 빠져나갈 것인가? 그만둘 것인가? 오디세우스의 갈등은 극에 달했지만 빠져나가는 쪽을 선택한다. 부하를 다 잃거나 자신도 죽을지 모르는 위험한 상황을 알고도 오디세우스는 왜 동굴을 빠져나가는 쪽을 선택했을까?

열 번째는 헬리오스 섬이다. 이곳에는 신에게 바칠 헬리오스의 소가 있는데 잡아먹게 되면 엄청난 재앙이 온다는 사실을 키르케에게서 미리 들었기 때문에 이 섬을 그냥 지나가자고 한다. 하지만 부하들은 소를 잡아먹지 않겠다고 맹세를 한다. 그냥 지나갈 것인가? 내릴 것인가? 오디세우스는 갈등을 겪지만 결국 부하들의 선택을 따른다. 점점 배가 고파지자 규율을 어긴 부하들이 소를 잡아먹었고 이 일로 모두 바다에 빠져 죽는 위기를 겪게 된다. 오디세우스는 불행을 예감하면서도 헬리오스 섬에 왜 내렸을까?

열한 번째는 오기기에 섬이다. 여기서 만난 칼립소는 영생불사의 몸을 주겠다며 오디세우스를 유혹한다. 섬에서 아름다운 칼립소와 함께 살 것인가? 떠날 것인가? 오디세우스는 갈등에 빠지지만 칼립소와 사는 쪽을 선택한다. 7년이란 세월을 칼립소와 살면서 쌍둥이 자식까지 낳는다. 그렇지만 때때로 고향과 아내와 아들이 그리워진다. 고향으로 떠날 것인가? 그대로 주저앉아 살 것인가? 다시 갈등에 빠진 오디세우스는 떠나는 쪽을 선택한다. 영웅은 결코 한곳에 머무를 수 없는 존재임을 확인시키듯 배를 탄다. 오디세우스는 고향을 그리워하면서도 왜 칼립소의 유혹에 넘어갔을까?

열두 번째는 파이아케스인들을 만나 통곡한다. 귀향의 도움을 받기 위해 그동안 자신의 업적과 치부를 모두 드러낼 것인가? 감출 것인가? 오디세우스는 갈등에 빠지는데 모두 털어놓는 쪽을 선택한다. 하나도 남김없이 지난 여정을 모두 고백하고 귀향한다. 오디세우스는 왜 모든 것을 털어놓았을까?

지금까지 오디세우스에 대한 '왜'라는 질문은 '귀향'이라는 한 낱말로 귀결된다. 아무리 많은 갈등을 겪더라도 아무리 힘든 고난을 만나더라도 주인공은 하나의 목표를 향해 걸음을 멈추면 안 된다. 지금까지 살펴보았듯이 〈오디세이아〉는 이야기들의 집합소이며 이 속에는 갈등뿐만 아니라 글쓰기의 많은 작법이 들어있다.

호메로스는 당시 상황에 대하여 문제의식을 느끼고 도덕과 윤리적 비판의식으로 이야기를 했을 것이다. 〈오디세이아〉의 많은 부분이 신화적인 요소를 담고 있지만, 신화 또한 인간의 모습을 그대로 반영하고 있기 때문에 결국은 인간의 모습을 말한 것이다. 인간들의 모습에서 갈등을 발견하고 갈등의 원인을 파악하여 그것을 어떻게 극복하고 해결하는지 관찰한 다음, 이야기를 통해 진실로 나아가도록 하는 것이 최종 목표였다.

〈오디세이아〉는 그리스와 트로이의 전쟁을 '트로이 목마'라는 하나의 콘텐츠만으로도 전 세계적으로 우수한 스토리텔링으로 인정을 받는다. 게다가 영화, 연극, 각종 조형물과 관광자원의 이차 콘텐츠까지 널리 퍼져있다. 호메로스가 한 명의 영웅을 살리기 위해 나머지 영웅은 입을 다물게 했지만, 후세 사람들이 아킬레우스도 살리고 아가멤논도 살려주었다. 모두 살리면 〈그리스 신화〉가 되지만 하나를 살리면 〈오디세이아〉가 된다.

정리하자면, 〈오디세이아〉는 모험 하나하나에 갈등이 들어있고 전체적으로도 하나의 큰 갈등이 작동하는 이야기라는 말인가? 그렇다.

그렇다면 스토리텔링의 사례를 보여줄 수 있는가?

10. 스토리텔링의 사례

〈강동 사랑길〉 스토리텔링은 낙후한 어촌마을을 관광지로 만들어보자는 한 공무원의 제안에서 시작되었다. 스토리텔링 작업을 위해 울산시 북구 강동동에 처음 갔을 때의 모습은 사람 구경하기 힘들었고 폐가도 많았다. 가끔 보이는 노인들이 전부였고 방치된 동사무소가 있었다.

〈강동 사랑길〉로 스토리텔링 된 이후에 '장어 마을'로 바뀌었고 일곱 개의 구간은 트래킹 코스와 이야기 구간, 체험구간으로 재탄생 되었다. 허물어졌던 집은 상가로 바뀌었고 외지로 나갔던 자식들이 되돌아왔다. 예전 강동의 모습은 내 컴퓨터에 저장된 사진으로만 존재할 뿐 너무나 달라진 지금의 강동 모습으로는 그때 모습을 상상할 수 없을 것이다.

스토리텔링 구간이 모두 바다와 산과 들이었기 때문에 구전되는 이야기나 특별한 장소도 없었다. 하는 수 없이 대부분 창작에 의존하는 수밖에 없었다. 먼저 일곱 개의 구간을 나누어 코스를 만들고 코스마다 특징이 될 만한 소재를 기록하다 보니 '사랑'이라는 테마를 잡을 수 있었다. 일곱 가지 사랑을 뽑아 신(信), 생(生), 애(愛), 정(情), 학(學), 상(想), 망(望)으로 했다. 각 주제에 맞는 이야기를 창작했고 자연물 콘텐츠와 인공적인 조형물, 포토존, 의자, 각종 체험 공간, 음식점, 벽화 등의 콘텐츠와 연결했다.

스토리텔링 창작 과정에서 있었던 많은 이야기와 구체적 작업 방법은 생략하고 이야기를 소개하는 것으로 대신한다. 〈강동 사랑길〉의 가장 큰 매력은 이야기가 있는 바닷길, 들길, 산길을 2시간 안에 체험하고 제자리로 돌아올 수 있다는 것이며 구간마다 작고 예쁜 항구가 있고, 주변에는 음식점, 숙박, 교통까지 편리한 곳이다. 이곳에는 40편의 스토리텔링이 있다.

〈박제상 발선처〉 '내 영혼은 여기 머문다'

박제상이 신라의 미사흔 왕자를 구하러 일본으로 가면서 신발을 벗었던 장소에 관한 이야기이며 콘텐츠는 발선처 기념비가 있다.

〈유포석보〉 '돌보다 더한 신의'

목책을 걷어내고 석축을 쌓아 왜적을 막았던 군인의 3교대가 오늘날 울산 근로자들의 3교대로 이어진 이야기이며 콘텐츠는 석보 유적지다.

〈활만송〉 '여기 뿌리를 내리고'

왕자의 난을 피해 죽전마을에 터를 잡고 소나무를 심어 자신의 뜻을 알리고, 자손을 번창시킨 이야기이며 콘텐츠는 600년 된 소나무다.

⟨정자항⟩ '한 가지 소원을 말해 봐요'

정자항이 만들어진 이야기이며 콘텐츠는 정자항, 암수고래등대가 있다.

⟨수로낭⟩ '소리를 따라 색을 만나다'

신라의 소방염을 하던 여인이 환생한 이야기이며 콘텐츠는 옛사람이 있는 집이다.

⟨곽암⟩ '위대한 공은 영원히 변하지 않는다'

박윤웅 돌이라 불리는 미역바위를 지키는 거북 이야기이며 콘텐츠는 곽암과 거북바위다.

⟨큰끗과 장끗⟩ '해국왕자의 타이타닉호를 타라'

제물로 바쳐진 종에 갇혀 버린 동생을 구하려고 형이 규율을 어기는 바람에 영원히 바위가 되어버린 종 이야기이며 콘텐츠는 장끗과 큰끗이라 불리는 바다 낚시터이다.

⟨판지항⟩ '신발로 썸을 타라'

해신의 신발을 건져주는 마을 총각 이야기이며 콘텐츠는 판지항이다.

⟨제전항⟩은 '첫사랑은 눈먼 사랑'

용왕의 막내딸을 사랑하는 장어이야기이며 콘텐츠는 제전항과 제전 사랑길 장어 맛집이다.

⟨옹녀로와 강쇠로⟩ '썸 타기의 끝판왕, 이 시대의 옹녀는 누구

인가'

옹기에서 태어난 울산의 옹녀와 강쇠이야기로 콘텐츠는 옹녀 등산로와 강쇠등산로의 암수 나무이다.

〈일심 전망대〉 '둘이서 하나'

옹녀와 강쇠가 쉬었던 쉼터가 콘텐츠다.

〈천이궁〉 '그대를 사모하다 쑥대밭이 되어버린 내 마음을 받아주오'

옹녀와 강쇠가 결혼을 하고 다음 생을 약속한 솔밭 이야기이며 콘텐츠는 황도 12궁을 닮은 솔밭과 주례나무다.

〈옥녀봉〉 '운명보다 더한 사랑'

하늘로 오르려던 옹녀가 여의주를 놓치고 인간 세상으로 귀화하여 강동 마을의 주민이 되는 이야기이며 콘텐츠는 여의주 바위와 옥녀봉 연못이 있었던 곳과 정자이다.

〈해양남과 육양녀〉 '마음을 비우면 양기가 들어온다'

바닷바람과 육지 바람이 교차하는 곳으로 콘텐츠는 쉼터이다.

〈우가산 까치봉〉 '평생 알아가는 사이, 부부 사이'

눈이 하늘 끝까지 높은 까치가 결혼하려고 배우자를 찾아 나서는 이야기이며 콘텐츠는 까치가 많이 날아오는 우가산 까치봉이다.

〈해녀의 집〉 '섬이 걸어온다'

육지에 사는 인어, 해녀 이야기이며, 콘텐츠는 신발 바위, 해녀봉, 해녀의 집이다.

〈우가항〉 '풀 먹으러 갔다'

바다로 풀 먹으러 간 소가 항구가 되어버린 이야기이며 콘텐츠는 소의 집이라 불리는 우가항이다.

〈금실정〉 '두 그루가 한 그루가 되다'

아이를 못 낳는 부부의 이야기기이며 두 그루의 나무가 한 그루처럼 보여서 '이일송'으로 이름 지었고 부부 사이가 좋아진다는 뜻을 담아 그곳의 정자를 '금실정'이라고 이름 붙였다. 이일송 일출전망대와 금실정 콘텐츠가 있다.

〈500살 먹은 느티나무〉 '나도 데려가 주오.'

이야기 잘하는 할매를 하늘로 데리고 가 버린 용 때문에 할매를 그리워하던 할배가 느티나무가 되어 용을 잡으려고 긴 팔을 내밀었다는 이야기가 있다. 콘텐츠는 도로 쪽으로 가지를 길게 뻗은 500년 된 느티나무와 할배당이다.

〈산해로〉 '끝말을 따라 해 보세요.'

파랑새를 사랑한 바다 이야기이며 바다를 보며 걷는 산길에 '산해로'라는 이름을 붙였고 '따라쟁이' 놀이를 하며 산해로를 걸을 수 있는 콘텐츠다.

〈넘섬〉 '넘지 마라 넘섬, 능청 떨지 마라 능섬'

당사항의 이야기 잘하는 할매를 찾아온 고래, 고등어, 오징어, 참치, 파도에게 더는 넘어오면 안 되는 곳이라고 던진 돌이 섬이 되었다는 이야기이며 콘텐츠는 넘섬이다.

〈용바위〉 '진실은 시간이 걸릴 뿐이다'

사람들이 거북을 구워 먹어버리겠다며 구박하는 이유는 용이 되어 승천하려는 뱀을 질투하여 거짓말한 것 때문이라는 이야기이며 콘텐츠는 용바위다.

〈추억의 학교〉 '이름만으로도 그리운'

6~70년대 학교의 모습을 그대로 재현해 두었고, 별관에는 파충류가 있다.

〈몽돌밭〉 '차르륵, 차르륵, 까르륵, 까르륵'

우는 아기를 달래는 모자 이야기가 있고 콘텐츠는 끝이 안 보이는 몽돌밭이다.

〈어물동 마애여래좌상〉 '나를 꺼내 주오'

꿈속에 건너편 산이 보이면서 '답답하다'는 음성이 반복적으로 들려 덤불을 헤치고 가보니 마애불이 있더라는 이야기다. 콘텐츠는 마애여래좌상과 갈그락 갈그락 문지르면 소원을 들어주는 아그락 할매돌이 일곱 개 있다.

지금부터는 〈소망길〉 스토리텔링 이야기이다. 〈소망길〉은 연인의 길, 낭만의 길, 소망의 길, 사랑의 길, 행복의 길 등 다섯 가지 길에서 바라는 소망 이야기이다. 인공적인 조형물, 포토존, 의자, 각종 체험 공간 등의 콘텐츠는 생략하였다. 왜냐하면 현장에서는 조금씩 변형 설치하거나 덧붙이기 때문에 아래에서는 자연적인 콘텐츠만 소개한다.

〈진하항〉 '일 년에 한번은 아름다운 사치를'

선상 파티를 하며 앞바다를 볼 수 있는 곳으로 코스별 콘텐츠가 있다.

〈명선교〉 '나를 받아요, 함께 걸어요'

이루어질 수 없는 사랑에 학이 되어버린 진하랑과 강양호 이야기가 있으며 콘텐츠는 명선교 야경이다.

〈의논암〉 '두껍 바위를 쓰다듬어 보아요'

제주도에서 건너온 두꺼비가 바위가 되었다는 전설이 있는 곳으로 명선교 공사 때, 공사에 방해가 되었으나 발파하지 않고 살려서 옮겨놓았다는 이야기가 있고 콘텐츠는 두껍바위다.

〈통시돌〉 '살아 돌아오게.'

통시(화장실)를 지키는 측신각시 설화를 담아 어부들이 출항할 때 오줌을 눈다는 바위, 통시돌 이야기가 있으며 콘텐츠는 통시돌, 통시총각상이 있다.

〈꿀다리〉 '호랑이를 잡으려면 호랑이 굴로 들어가라'

회야강에 다리를 놓아 왜군이 건너올 때 잘라 버린 이야기가 있고 콘텐츠는 주민들이 얼키설키 놓은 다리에 주렁주렁 붙어서 자라는 특산물 굴이 있다. 여기서 '꿀다리'의 꿀은 굴의 방언이다.

〈회야강〉 '되돌아와야만 하느니라'

잉어눈물로 시아버지 병을 고친 며느리 이야기가 있고 콘텐츠는 회야강의 레저스포츠다.

〈떡메돌〉 '떡보다 떡메'

신선이 떡메를 훔쳐 떡을 치는 욕심쟁이 떡보 할배 이야기이며 콘텐츠는 떡바위다.

〈명선도〉 '울산 모세의 기적'

산에서 소란을 피우고 시끄럽게 해서 섬으로 쫓겨난 매미이야기이며 콘텐츠는 매년 2월쯤 10일간 열리는 바닷길이다.

〈도독동굴〉 '어려운 일은 함께'

왜적을 피해 숨어들어 간 동굴에서 우는 아기 때문에 쫓겨난 여자가 밀고하여 모두 죽게 되는 이야기이며 콘텐츠는 도독동굴이다.

〈앙금할망구〉 '반지를 찾아라'

울산 앞바다를 지키는 앙금할망구가 잃어버린 반지를 쥐가 찾아주는 이야기이며 콘텐츠는 실성산이다.

〈도독구미〉 '말에서 내려라'

정유재란 때, 우리나라를 도운 청나라 편갈승 장군의 비석 앞에 후손들이 와서 말에서 내렸다는 이야기이며, 콘텐츠는 도독구미의 바위 글씨다.

〈인성암〉 '인내하라'

사람이 되고 싶은 게 이야기이며 콘텐츠는 인성암의 집게 바위와 해운폭포다.

〈떡고개와 헐떡샘〉 '떡 좀 드시소.'

사명대사가 서생포왜성에서 왜장과 담판을 지을 때 넘었던 고개와 먹었던 떡 이야기이며 콘텐츠는 서생포왜성과 헐떡고개다.

〈대바위〉 '그만, 일어나요'

여행을 나왔다가 너무 깊은 잠에 빠진 할랑할미가 바위가 되어

버린 이야기이며 콘텐츠는 대바위이다.

〈신랑 각시바위〉 '신랑 각시 입장! 맞절!'

죽은 처녀와 총각이 결혼식 올리고 바위가 되었다는 이야기이며 콘텐츠는 신랑 각시바위다.

〈두껍처녀 바위〉 '못생긴 건 죄가 아니에요'

농락만 당하고 버림받은 처녀가 혼자 아이를 낳다가 바위로 변해버린 이야기이며 콘텐츠는 두껍 처녀 바위이다.

〈상납돌〉 '맛이 좋구나'

심술쟁이 원님이 가장 귀한 것을 가져오지 않으면 예쁜 처녀를 첩으로 삼겠다고 하는데 미역국으로 위기를 모면한 이야기이며 콘텐츠는 미역돌이다.

〈왜갈돌〉 '사랑의 끈을 엮어요'

왜가리들이 많이 앉았던 점치는 바위 이야기이며, 콘텐츠는 왜갈돌이다.

〈프러포즈 등대〉 '프러포즈해요'

등대의 센스에 의해 순서대로 따라 하면 노래가 나오고 프러포즈 할 수 있는 콘텐츠가 있다.

〈불씨〉 '불씨를 살려라'

불씨를 죽였다가 쫓겨난 며느리 이야기이며 콘텐츠는 학석이네와 원이네의 마을 사당이다.

〈야시산〉 '얘들아, 얘들아 내 말 좀 들어 봐'

야시산에 사는 여우들이 앞바다로 내려와 더 좋은 바다로 데려다주겠다며 학꽁치를 속여 모두 잡아먹어 버리는 이야기이며 콘텐츠는 특산물 학꽁치회가 있다.

〈지석묘〉 '쥐도 새도 모르게'

병이 든 아들을 바위에 팔아 병을 고쳤다는 이야기이며 콘텐츠는 고인돌이다.

〈이번득〉 '친구들과 함께 타요'

오징어가 바다 친구들을 모두 데리고 이번득의 잔디밭에 놀러 왔다가 하도 미끄럼을 많이 타서 잔디가 모두 사라져버렸다는 이야기이며 콘텐츠는 이번득 넓은 잔디밭이다.

〈집녀메와 지청밑〉 '아기를 위해서'

바닷가에서 아기를 낳았다는 해녀 이야기이며 콘텐츠는 아들바위다.

〈뻔득끈티〉 '또 해줘요, 또 해줘요'

두둘이라는 아기 도깨비가 하도 이야기를 잘해서 사람들이 홀려 집으로 돌아가지 못하고 바닷가에서 밤새도록 돌을 밟으며 이야기를 듣다 보니 모든 돌이 만질만질한 몽돌이 되어버렸다는 이야기이며 콘텐츠는 몽돌밭이다.

〈간절곶〉 '간절하면 이루어져요'

동아시아에서 가장 해가 빨리 뜬다는 바다 이야기로 콘텐츠는 간절곶, 우체통, 등대, 돌탑, 풍차 등이 있다.

〈응응 광장〉 '응이라고 말해'

응이라고만 말하는 남녀의 이야기이고 콘텐츠는 광장의 조형물 웅이다.

〈수살목〉 '지켜 주세요'

마을을 지켜주는 장승이 모두 불타버린 이야기이며 콘텐츠는 장승마을이다.

〈임득고개〉 '곁에 있어 주세요'

사랑하는 사람을 따라다니며 파랑새가 되었다는 이야기이며 콘텐츠는 임득고개이다.

〈붕자골〉 '저게 뭐지?'

산신령에게 잘 보이려고 장어를 잡아가다가 실패하여 부끄러운 마음에 산에서 내려온 참새 이야기이며 콘텐츠는 붕자골이다.

〈옹가지〉 '천년만년 사랑하세'

금실이 좋은 할매할배가 죽어서도 소나무와 사철나무가 되어 한 몸인 양 꼬여서 자라는 이야기이며 콘텐츠는 골매기할매할배의 사당과 옹가지 나무가 있다.

〈황새먼당〉 '황새 두부'

황새가 물어다 준 콩으로 농사짓는 농부이야기이며 콘텐츠는 두부 맛집이다.

〈떡바우〉 '떡 드시러 와요'

해신에게 올렸던 떡이 바위가 되었다는 이야기이며 콘텐츠는 떡바우다.

〈나사항〉 '그럴 줄 몰랐네'

군소 때문에 쫓겨난 며느리 이야기고 콘텐츠는 특산물 군소가

있다

⟨풍어제⟩ '좋은 일이 우루루루'

동해안 별신굿 이야기의 무형문화재 콘텐츠가 있다.

⟨불막재⟩ '나를 내버려 두세요'

며느리의 개가를 막은 시어머니 이야기이고 콘텐츠는 고깃배 그물이 있다.

⟨쇠똥비탈⟩ '망태 할배 온다'

쇠똥을 주우러 다니던 망태 할배를 말 안 듣는 아이 잡아가는 할배로 오해한 이야기이며 콘텐츠는 쇠똥비탈이다.

이상으로 ⟨깍지길⟩ 스토리텔링은 서점에서 판매하기 때문에 사례를 생략한다. 정리하자면 스토리텔링은 많이 창작해 보는 것이 답이고 소재를 찾으려는 관찰력이 힌트라는 말인가? 그렇다.

그렇다면 스토리텔링의 꽃, 콘텐츠 구상은 어떻게 하는가?

11. 콘텐츠 구상

콘텐츠는 좁게 미디어의 내용물을 말하고 넓게는 누군가가 가공하고 개발한 모든 원작을 말한다. 영화, 연극, 애니메이션, 문학, 교육, 문화재, 조형물 등 유무형의 것으로 저작권을 주장할 수 있는 내용물 전반을 콘텐츠라 한다. 문화, 산업, 미디어, 관광콘텐츠 등 종류도 다양하다. 콘텐츠의 범위가 넓다는 것은 많은 부분에서 소통의 도구가 된다는 말이다.

스토리텔링에서 콘텐츠는 소통의 중심에 있다. 보여주거나 들려주고 싶은 것을 가장 빠르고 강하게 표현하는 것이 콘텐츠다. 행동하는 이야기로써 콘텐츠, 그런 의미에서 나는 콘텐츠를 행동언어라고 말한다. 하나의 이야기가 얼마나 오랫동안 여러 가지 콘텐츠를 만들어내면서 빠르게 전달되고 소통되는지 살펴보면 알 수 있다.

주요섭의 소설 〈사랑방 손님과 어머니〉는 드라마, 영화, 연극,

유머극장, 만담, 만화, 식당 등 다양한 콘텐츠로 스토리텔링 되었다. KT에서는 〈사랑방 손님과 어머니〉로 5G 반값 광고 스토리텔링을 하였다. 원작을 5G에 맞추어서 개작하였다.

어느 날 우리 사랑방에 어떤 아저씨가 왔습니다.
"옥희야, 아저씨랑 5G로 만화 볼까?"
"아저씨 최고!"
"옥희야, 아저씨랑 5G로 야구 볼까?"
"아저씨 최고!"
'아저씨가 우리 아빠라면 좋겠다. 그럼 우리 가족 통신료가 반값일 텐데.'
'방값이 반값이 되었어요.'라고 외친다.

〈사랑방 손님과 어머니〉 원작에서 핵심이 될 부분만 스토리로 뽑아 콘텐츠 5G와 연결한 스토리텔링이다. 이야기가 있는 한 콘텐츠는 생명력이 유한하다. 그러나 지금까지는 스토리가 없는 콘텐츠가 더 많았다. 그래서 콘텐츠에 이야기를 역으로 입히는 역스토리텔링을 하기도 한다. 외계인과 사랑을 다룬 드라마 '별에서 온 그대'의 촬영지 장사도와 '겨울연가'의 남이섬은 이미 있었던 섬이지만 드라마에 의해 역스토리텔링 된 곳이다. 주변을 돌아보면 아직 스토리텔링 되지 않은 비슷비슷한 콘텐츠들이 많이 보인다.

콘텐츠는 유일한 것이 좋지만, 현실은 그렇지 못하다. 이탈리아 '콜로세움'도 맨 처음엔 유일했겠지만, 지금은 곳곳에 모방한 콜로세움이 세워졌고, 영국의 빅벤도, 프랑스의 에펠탑도, 미국 자유의 여신상도 유일했을 것이다. 〈타이타닉〉 영화도, 〈레미제라블〉 뮤지컬도, 〈몬테소리〉 교구도 비슷한 것이 많아졌다. 스위스의 설산, 아이거 북벽이나 융프라우와 같이 자연적인 콘텐츠는 유일을 자랑할 수 있지만, 인간이 만들어낸 콘텐츠는 어느 곳에서나 별로 새로운 것이 없다. 콘텐츠는 어떤 이야기를 만나느냐에 따라 끊임없이 발전되고 진화된다.

요즘 가장 핫한 콘텐츠는 '유튜브'일 것이다. 유튜브가 콘텐츠로 생명력을 가지기 위해서는 오디세우스처럼 '왜'라는 질문에 '귀향'이라는 한 낱말로 귀결시킬 수 있어야 한다. 이야기가 하나의 목표를 향해 있듯이 콘텐츠도 이야기 전체를 아우를 수 있어야 한다. 관광콘텐츠를 예로 들어보면 성공하는 콘텐츠는 한가지의 주제에 맞춰 모든 체험이 들어서지만 실패하는 곳은 하나의 주제 없이 중구난방으로 좋다는 것, 예쁘다는 것은 다 들어선 곳이다. 콘텐츠의 본질은 이야기의 전달자이다.

이야기를 행동하게 하려고 콘텐츠가 존재하는 것이다. 나이가 어른의 기준이 되어서는 안 되듯이 콘텐츠가 스토리텔링의 절대적 기준이 되어서도 안 된다. 대접받는 어른이 행동하는 사람이듯 대접받는 스토리텔링은 행동하는 이야기가 먼저다. 또 말이 장황하고 많을수록 실속이 없는 어른일 가능성이 크듯이 화려한 디자인으로 포장될수록 스토리가 약한 경우도 많다. 영상은 화려하지만 허전한 영화가 있고 스토리는 좋지만 지루한 영화도 있다. 이야기와 콘텐츠가 서로 조화를 잘 이루어야 하는 것은 두말하면 잔소리다.

어떤 이야기로 무엇을 체험시킬 것인가? 이 고민을 해결하는 것이 콘텐츠 구상이다. 이야기는 유동적이고 장소와 사물은 고정적이다. 스토리텔링을 하기 위해 크게 고려해야 할 두 가지는 상황과 체험이다. 상황은 이야기가 되고 체험은 콘텐츠가 된다. 무엇을 어떻게 체험시킬까? 관광지는 직접 가보고 싶은 마음이 들도록 해야 한다. 장애를 극복하고 사랑을 이루는 〈강동 사랑길〉의 금실정 이야기를 읽었다면 그 장소에 가서 이일송 안에 서서 온몸으로 해를 받으며 사진을 찍고 싶은 마음이 들어야 잘된 것이다. 〈데굴데굴 물꼬마〉를 읽었다면 '마왕의 입'으로 들어가 보고 싶은 마음이 들어야 한다. 콘텐츠의 역할은 스토리를 실감 나게 잘 전달하는 것이다.

전달의 다른 말은 반응이다. 사람들의 반응이 있으면 효과적으로 전달이 된 것이다. 반응은 정서적, 행동적, 물리적으로 나타난다. 예를 들면 이렇다. 그녀의 생일날이다. 서른 송이 장미 돈다발을 전했다. 그녀가 꽃을 받았다. 그녀는 별 반응이 없다. 이렇게 되면 구애는 실패다. 그렇지만 꽃을 받은 그녀가 인증사진을 찍는다.

어떤 이야기에 대해 반응을 보인다는 것은 이차 구매와 소비가 이루어질 가능성이 크다. 이야기를 듣고 그 장소에 가고 싶다. 그 물건을 사고 싶다. 그 사람과 사랑을 하고 싶다 처럼 일차적 스토리에 대하여 이차적 효과를 얻기 위한 것이 콘텐츠의 힘이다.

스토리를 창작할 때, 미리 콘텐츠를 생각하기도 하고 때때로 콘텐츠가 만들어진 곳에 스토리를 입히는 경우도 있다. 문화재나 구전되는 스토리가 있는 곳에는 이미 콘텐츠가 있는 경우가 많다. 대체로 지역에서 보호하는 문화자원으로 서당, 향교, 동굴, 무덤, 바위나 동상, 나무, 바다, 산, 연못, 섬인 경우가 많다. 그 외에는 이야기에 맞추어 콘텐츠가 제작된다.

〈감포 깍지길〉의 너범 마을과 천사의 물동이 이야기에 맞춰 벽화와 우물이 만들어졌고 〈강동 사랑길〉의 제전항의 눈먼 사랑 이야기에 맞춰 제전 장어마을이 생겼다. 〈간절곶 소망길〉에는 이야기 들어주는 두두리가 사는 뻔득끈티와 간절곶에는 전국에서 제일 큰 우체통과 풍차 콘텐츠가 있다. 〈감포 깍지길〉의 눈먼 아이와 할머니 이야기는 지역의 특산물 '곶감'을 콘텐츠로 염두하고 창작한 스토리텔링이다.

스토리가 아무리 허구적인 이야기라 할지라도 상품과 연결되는 개연성이 있다면 콘텐츠로서 인정을 받는다. 〈감포 깍지길〉의 해 그라빠 와인은 첫사랑 이야기가 모티브였다. 경주 '교리 김밥'은 내가 중학교 다닐 때부터 있었던 김밥집이었다. 주인 아주머니는 이제 주인 할머니가 되었다. 그러나 김밥은 예나 지금이나 똑같이 계란을 듬뿍 넣어 만드는 것이 비결이다. 재료의 진정성에다가 최 부자댁 스토리텔링의 덕까지 본 셈이다.

진정성은 하루아침에 보여줄 수 있는 것이 아니다. 경주 최 부자댁의 '6훈' 처럼 대대로 전해 내려오면서 실천되어온 이야기는 진정성 있는 스토리텔링으로써 인정을 받는다. 최부자 어른은 자신의 집을 기준으로 하여 사방 백 리에 굶어 죽는 사람이 없도록 하는 것이 부의 목표였다. 부잣집이었지만 시집온 며느리는 3년간 무명옷을 입고 부엌일을 배워야 했고, 집에 오는 손님은 후하게 대하였다. 돌아갈 때는 주먹 크기의 구멍을 뚫어놓은 뒤주에서 쌀을 한 주먹씩 가져갈 수 있도록 했으며, 흉년에는 절대 땅을 사지 못하도록 했다. 최 부자댁의 오래된 역사를 말하는 기와집과 고즈넉한 마당은 진정성 있는 콘텐츠로써 그 어떤 유행도 타지 않고 지금까지 전해왔고 앞으로도 계속 전해지며 깊이와 넓이를 더해 갈 스토리텔링이다.

지금까지 살펴보았듯이 스토리텔링에서 스토리만큼 중요한 것이 콘텐츠다. 콘텐츠의 판매를 위해 스토리가 만들어진 것도 사실이고 이야기를 팔기 위해 콘텐츠를 만들어내는 것도 맞다. 콘텐츠 구상을 잘하는 것은 스토리텔링에 큰 도움이 된다. 이 세상에 존재하는, 또는 만들어내는 모든 것은 콘텐츠가 된다. 인간의 삶에 콘텐츠가 안 될 것은 없다. 이것이 스토리텔링이라는 말을 남발하게 만드는 이유가 될지 모르지만, 콘텐츠 제작도 이야기만큼 어쩌면 이야기보다 훨씬 더 도덕성과 진정성이 동반되어야 한다.

정리하자면 스토리텔링의 핵은 이야기이고 꽃은 콘텐츠라는 말이고 이야기와 콘텐츠는 모두 도덕성과 진정성이 전제되어야 한다는 말인가? 그렇다.

그렇다면 스토리텔링의 종류에는 어떤 것이 있는가?

5부
이야기하기보다는 스토리텔링 하기

부제 : 스토리텔링의 유형과 종류

1. 스토리텔링의 6가지 유형

　스토리텔링의 유형을 몇 가지만으로 정리하기에는 무리가 있다. 그렇지만 가장 많은 부분에서 활용되고 있는 몇 가지로 정리해 볼 수는 있다. 미니 스토리텔링은 짧아서 많은 사람이 도전하고 있고, 유머 스토리텔링은 사람들에게 쉽게 다가갈 수 있고, 지혜 스토리텔링은 많은 사람들이 선호하는 쪽이고, 공공 스토리텔링은 여러 가지 분야에 활용이 가능하고, 교육·문화 스토리텔링은 현장에서 많이 적용하고 있고, 카피 스토리텔링은 기업과 개인이 가장 많이 활용하고 있는 부분이다. 현장에서 직접 뛰면서 발견한 것일 뿐이지, 이 유형들에 꼭 묶일 필요는 없다.
　첫째 미니 스토리텔링이다. 브랜드 또는 네이밍 스토리텔링, 건배사 스토리텔링 등 다른 스토리텔링보다 상대적으로 짧으며 우리 주변에서 즉각적으로 사용할 수 있다. 브랜드 스토리텔링의 간단한 예시로는 말보로가 있다. 한 남자가 여자와 헤어지는 그 순간을 조금이라도 더 함께 있고 싶은 마음에 담배를 태우는 그 시간만이라도 함께 있어 달라는 간절한 소망을 담은 사랑 이야기이다. '남자는 흘러간 로맨스 때문에 항상 사랑을 기억한다(Man Always Remember Love Because Of Romance Over)는 첫 글자를 따서 상표를 만들었다. 담배가 천천히 타도록 장치한 필터 담배로는 말보로가 처음으로 콘텐츠화된 스토리텔링이다.

둘째, 유머 스토리텔링이다. 이는 과장된 이야기로 사람들로부터 웃음을 자아내게 하여 스토리텔링 효과를 얻는다. '뽕뽕뽕 방귀쟁이 뽕함마니' 이야기는 진도 신비의 바닷길 홍보 스토리텔링이다. 대한민국 모세의 기적으로 알려진 관광지를 방귀 뀌는 할머니가 연극으로 홍보한다. 진도 호동 마을에는 호랑이에게 괴롭힘을 당한 사람들이 모두 섬으로 도망가 버리고 방귀 대장 뽕함마니만 남는다. 뽕함마니는 방귀로 호랑이를 내쫓으려고 하는데 방귀 뀌는 뽕함마니가 너무 웃겨 호랑이는 오히려 뽕함마니를 좋아하고 둘은 친구가 된다. 뽕함마니와 호랑이는 마을 사람들이 돌아오도록 함께 기도를 올렸고 기적처럼 바닷길이 열렸다는 이야기로 진도 신비의 바닷길을 스토리텔링 하였다. 호랑이를 물리치는 뽕함마니의 과장된 방귀에 사람들은 웃음보를 터뜨리고 이 연극을 본 사람들은 진도를 찾게 될 것이다.

셋째, 지혜 스토리텔링이다. 신화, 전설, 민담을 이용해서 스토리텔링을 하므로 이야기가 보편적이라 참신성은 좀 떨어지지만 어떤 교훈을 담은 스토리텔링이다. 2019년 기해년 황금돼지해를 맞아 충북 단양 소백산 국망봉에 눈을 지그시 감은 돼지 바위를 찾는 사람이 늘었다고 한다. 돼지해에 돼지띠인 사람들이 돼지코를 만지거나 입을 맞추고 소원을 빌면 이루어진다는 민담 스토리텔링이 퍼지면서 많은 관광객이 돼지바위를 찾아가 체험을 한다. 돼지는 다산과 부의 상징으로 자손이 번성하면 부는 저절로 따라온다는 교훈을 담은 민담으로 전해 온다.

넷째, 공공 스토리텔링이다. 강연, 신문, 뉴스, 책 등 공신력 있는 이야기로 미디어 체험이 가능한 스토리텔링이다. 김창옥 교수의 '포프리쇼'나 김미경 강사의 '언니의 독설', SBS의 '그것이 알고 싶다', '세상에 이런 일이' CBS의 '세바시'처럼 방송이나 책을 통해 강연자가 국가나 사회구성원들에게 두루 관계되는 세상사 이야기를 들려줌으로써 인간의 삶을 변화시키는 스토리텔링이다.

다섯째, 교육 사회문화 스토리텔링이다. 전문가들이 지식 전달 또는 자녀 교육, 사회 등 교육과 문화를 매개로 하여 교육이나 사회 정화에 이용하는 스토리텔링이다. 수학, 영어, 독서, 음악, 미술, 심리 치유, 사회관계, 자기소개, 면접 스토리텔링 등등이 있다. 예를 들어 '클래식 읽어주는 남자'는 유튜브에서 음악 스토리텔링을 한다. 멘델스존과 바그너는 유대인과 반유대인으로 앙숙 관계였는데 결혼식장에서 화해가 되는 이야기이다. 바그너의 오페라 '로엔그린'은 신부 입장곡이고 멘델스존의 '한여름 밤의 꿈'은 결혼식 퇴장 곡이다. 두 앙숙은 원하지 않았을지 모르지만, 현대인들은 두고두고 가장 행복한 결혼식장에 두 사람을 초대하여 화합시킨다는 이야기와 함께 클래식을 들려준다. 이 스토리텔링을 통해 사람들은 자연스럽게 클래식을 익힐 수 있다. 이러한 스토리텔링을 통해 인간관계를 배울 수 있고 세상을 깨달아 풍요로운 삶을 살 수 있다.

여섯째, 카피 스토리텔링이다. 명언이나 브랜드 이야기로 광고나 홍보에 적용할 수 있는 스토리텔링이다. '파리도 천리마의 꼬리에 붙으면 천릿길도 갈 수 있다.'는 말이 있다. 이는 쉬파리도 준마의 꼬리에 붙어 가면 천 리의 먼 길을 갈 수 있듯이 사람들도 훌륭한 사람을 따라다니면 자기 뜻을 이룰 수 있다는 명언 스토리텔링이다. LG의 브랜드 스토리는 'Lucky Gold star'의 이니셜을 썼다가 최근에는 인생이 행복해지는 주문 'Life's Good!'라는 새로운 슬로건으로 브랜드 스토리텔링을 하였다. 컴퓨터 과학의 아버지 튜링이 동성애로 체포되어 유죄 판결을 받아 청산가리를 넣은 사과를 한 입 베어 먹고 자살한 사건이 있었다. 엘리자베스 여왕이 그를 무죄로 만들어주었고 훗날, 이 사과는 스티브 잡스가 '애플'이라는 컴퓨터 브랜드 스토리텔링으로 사용하여 오늘날까지 마케팅의 황제로 군림하고 있다.

정리하자면, 스토리텔링을 미니, 유머, 지혜, 공공, 교육문화, 카피와 같은 유형으로 나누어 보았지만, 창작은 자유롭게 하면 된다는 말인가? 그렇다.

그렇다면 어떤 종류의 스토리텔링이 있는가?

2. 이름 스토리텔링

    이름 스토리텔링은 미니 스토리텔링 중의 하나이다. 몇 가지 사례를 통해 여러 가지 이름을 습작해 볼 수 있다. 스토리텔링에서 '원인 그리고 결과'는 항상 적용된다. 여기서는 '~ 이유로 ~ 이름을 얻게 되었고, ~ 어떻게 살고 있다.'라는 기본 틀에 넣어서 습작한다. 사례1은 한글 그림을 그리는 화가께서 본인의 이름을 스토리텔링 하였고, 사례2는 엄마가 딸의 이름을 스토리텔링 하였고, 사례3은 부모님께 감사를 드리는 마음으로 자신의 이름을 스토리텔링 하였다. 이야기로 기억되는 김반석, 남가영, 권영애라는 이름은 사람들의 가슴에 오래오래 남을 것이다.

사례 1. 김반석

    옛날에 참판 댁의 노비였던 반석평이라는 사람이 있었다. 반석평은 주인집 아들이 글 읽은 소리를 듣고 외웠다가 혼자서 따라

하며 공부를 했다. 이를 알게 된 주인은 반석평의 재능을 눈치채고 노비 문서를 불태워 버리고 가난한 양반집의 양자로 보내주었다. 양반이 된 반석평은 과거에 급제하여 형조판서 자리에 올랐다. 하루는 반석평이 수레를 타고 가던 중에 주인 아들 이오성을 만나게 되었다. 반석평은 얼른 내려와서 이오성에게 절을 올렸다. 이오성의 집안이 몰락한 사실을 알게 되었고 반석평은 중종에게 청하여 이오성에게 벼슬을 얻게 해 주었다. 반석평은 훗날 종1품 좌찬성까지 오르게 된다.

아버지께서 나에게 들려주신 이야기다.

"너도 반석평 같은 사람이 되어라. 노비가 종1품 벼슬까지 하게 된 것은 독학과 어진 사람의 됨됨이에 있다."

나에게 반석평과 같은 사람이 되라고 아버지는 '반석'이라는 이름을 지어주셨다. 그래서 그런지 나는 독학하는 것을 좋아했다. 한글 그림도 그렇게 혼자 공부하면서 창조된 그림이다. '그 사람' 반석평과 같은 사람이 되기 위해서 '거람'이라는 호도 지었다. 한글 그림 화가 '거람 김반석'이라는 이름은 이렇게 지어졌다.

사례 2. 남가영

이름에서 까르르 웃음소리가 들리는 것 같아 불러보고 또 불러보았다. 종소리를 가만히 들어보면 절집의 종소리는 묵직하게 심금을 울리는 것 같고, 구세군의 종소리는 딸랑딸랑 사람을 부르는 것 같고, 교회의 종소리는 은은하다. 이 세상 어느 곳에서든 남에게 좋은 일로 아름다운 울림을 주는 사람이 되길 바라는 마음에 '아름다울 가(佳), 방울 소리 령(鈴)'으로 남가영이라는 이름을 지었다. 아름답고 은은하게 울려 퍼지는 종소리 같은 사람이 될 수 있도록 남가영과 남가영의 엄마인 나 김소윤은 매일 책을 읽고 글을 쓰며 함께 이야기 나누며 행복한 나날을 보내고 있다.

사례 3. 권영애

밥도 반찬도 할 줄 아는 것 없는 내가 결혼을 했다. 부모님은 내가 시집가서 구박이라도 받으면 어떡하나 걱정을 하셨지만 나는 시어른들께 귀염받는 며느리로 살았다. 그것은 아버지가 지어주신 이름 덕분이다. 신혼여행에서 돌아와 친정에서 하루 자고 다음 날 시댁으로 가는 길에 아버지가 동행하셨다. 아버지는 시댁 식구들이 다 모인 곳에서 당당하게 말씀하셨다.

"우리 딸 이름은 제가 직접 지었습니다. 딸들은 집안의 돌림자를 쓰지 않는데 저는 딸 아들 차별하지 않고 돌림자 영을 똑같이 붙여 '영애'라고 지었습니다."

그땐 아버지가 무슨 이유로 시댁에서 내 이름을 당신이 직접 지었다고 말씀하셨는지 잘 몰랐는데 내가 아버지 나이가 되고 보니 왜 그랬는지 알 것 같다.

"귀한 자식이니 잘 부탁합니다."

이 말이 아니었을까. 아버지 살아생전 나는 시집살이가 뭔지 몰랐다. 내 이름 '권영애'는 내가 이 세상에서 받은 가장 귀한 선물이다. 대접받고 살게 해 주신 아버지께 감사드리는 마음으로 내 이름의 탄생 이야기를 글로 쓴다.

3. 자기소개 스토리텔링

    자기소개 스토리텔링은 사회문화 스토리텔링 중의 하나이다. 몇 가지 사례를 통해 자신에게 맞는 여러 가지 상황으로 습작해 볼 수 있다. 자기소개를 하는 근본적인 이유는 타인과 관계를 맺고 친해지기 위해 남에게 나를 알려주는 좋은 일이다. 그런데 이런 자기소개가 학업이나 취업에서 가장 많이 사용되기 때문에 스펙을 자랑하거나 무언가 설명하거나 관념적으로 장황하게 말하면서 딱딱해져 버린 것은 사실이다. 그래서 하나의 핵심이야기로 자신을 이해하기 쉽도록 전달하는 것이 자기소개 스토리텔링의 목적이다.

    자기소개의 서두는 대체로 가정환경과 가족 이야기로 시작한다. '나'보다는 '우리'를 생각해야 하는 오랜 관행의 습관적인 태도일 수도 있다. 또 의도적으로 환경을 앞세워 후광효과를 먼저 얻어놓고 시작하기 위해서 그럴 수도 있다. 그러나 상대가 정작 알고 싶은 것은 당사자 자신과 관련된 부분일 것이다. 가정환경이나 가족사보다는 자신의 이야기로 시작하여 상대가 알고 싶어 하는 것을 설명하지 말고 어떤 하나의 일화를 통해 자연스럽게 알아채도록 하는 것이 핵심이다. 당사자의 성격과 장점에 대하여 질문하고 있는데 '엄격한 부모님 슬하에서~'로 시작하는 소개는 적합하지 않다는 뜻이다. 그러기 위해서는 질문 내용을 잘라가면서 무엇을 듣고 싶어 하는지 파악하는 것이 중요하다.

자기를 소개할 때, 서면 형태의 자기소개서일 경우는 여러 번 수정이 가능하지만, 면접과 같은 구두 형태의 자기소개일 경우는 단 한 번의 기회뿐이다. 이 기회를 놓치지 않기 위해서 평소에 한 줄로 자신을 말해보는 연습해 두면 도움이 된다. 한 줄로 자신을 표현할 수 있으면 긴 글과 긴말도 쉽게 흘러나온다. 한 줄은 말하고자 하는 전체를 압축하였기 때문에 그다음은 억지로 만들지 않아도 되고 스토리텔링으로 들려주기만 하면 된다.

한 줄로 말하는 것은 처음엔 쉽지 않지만 자주 연습하면 누구나 잘할 수 있다. 한 줄 소개가 중요한 이유는 배에서는 돛이요 글에서는 주제가 되기 때문이다. 한 줄 소개는 호기심과 기대감으로 만드는 문장이다. 호기심은 내가 하고 싶은 말이고, 기대감은 상대가 듣고 싶어 할 말이다. 아래에 소개된 글을 참고하면 습작이 좀 더 쉬울 것이다.

아래의 예시1은 한 줄로 보여주는 자기소개이고, 예시2는 어려운 상황에 처했을 때 대처하는 이야기이고, 예시3은 자신과 자신이 소속된 곳에 대한 좋은 점에 대한 이야기이고, 예시4는 타인의 단점을 고쳤던 이야기이고, 예시5는 타인과 비교하여 자신의 가장 뛰어난 점에 대한 이야기이고, 예시6은 상대를 어떻게 설득했는지에 대한 이야기이며, 예시7은 평소 본인의 가치관에 대한 이야기이고, 예시8은 봉사활동에 관한 이야기이며 예시9는 지원동기에 관한 이야기이다. 이상의 여덟 가지 질문에 대하여 스스로 대답해 보는 것이 먼저 할 일이다. 그다음 아래의 사례를 참고하여 자신의 상황에 맞는 두세 가지 일화를 준비하고 평소에 스토리텔링을 연습해 두면 도움이 될 것이다.

예시 1.

한 줄 소개 = 호기심 + 기대감

= 내가 하고 싶은 말 + 상대가 듣고 싶어 할 말

- 느긋하게 살다 보니 넉넉하게 사는 정병문입니다.
- 혼자 있는 것을 즐기지만 책과 함께하니 더 즐거운 서미진입니다.
- 이전에는 남의 생각만 흡수하다가 지금은 내 생각을 발효시키는 최슬기입니다.
- 배우고 익히다 보니 지금은 타인의 삶도 이해하게 되는 김민정입니다.
- 이곳을 탈출하리라 생각하며 사니 저곳에서 길이 열려 달려

가게 된 이예슬입니다.
- 포항공대는 양발이고 스탠퍼드대학은 양 날개가 될 것을 믿는 이성현입니다.
- 못난 것은 죄라는 말을 좌우명 삼아 죄인이 안 되려고 랑콤 화장품을 쓰는 김미영입니다.
- 엄마, 아빠라 부르다가 어머니, 아버지라고 고쳐 부르는 김다빈입니다.
- 인간의 이야기를 쓰다가 이 순간부터는 당신의 이야기를 쓰는 주인석입니다.
- 전에는 미래로 살았고 지금은 지금을 사는 김미자입니다.
- 십 년 전에 상상하던 오늘을 살고 있고 십 년 뒤를 상상하며 오늘을 사는 김소윤입니다.
- 도전하고 있고 모험을 하고 싶은 남가영입니다.

위의 한 줄 소개를 바탕으로 자신의 이야기를 풀어나가면 자기소개 스토리텔링이 된다. 다음은 공기업에 합격한 자기소개 스토리텔링의 사례다. 먼저 한 줄 소개를 뽑아 제목으로 삼고 경험했던 이야기를 간추려 스토리텔링 했다.

예시 2.
윗사람으로부터 어려운 업무지시를 받아 수행했던 경험을 말해보시오.

한 줄 소개 : 스스로, 동료와 함께, 상사와 함께

소개 해설 : 내가 하고 싶은 말과 상대가 듣고 싶어 할 말을 점층적으로 말하였다.

의료소송 전문 법률사무소에서 근무할 때, 상사로부터 진료기록 감정신청서를 작성하라는 지시를 받았습니다. 병원에만 근무했던 저는 법률 관련 업무가 생소하고 어려웠습니다. 재판 일정으로 모두 바쁜 상황이라서 아무도 저에게 법률 업무를 가르쳐 줄 상황이 못 되었습니다. 이때 번쩍하고 떠오른 한 단어가 '스스로 그리고 함께'였습니다.

먼저 유사한 소송 사례를 찾아 스스로 분석했습니다. 여러 자료에서 진료기록 감정신청서의 작성 의도와 양식을 파악한 뒤, 관련 논문을 찾아 판례를 보며 어떤 내용을 작성할지 공부했습니다. 스스로 찾아봐도 이해가 가지 않는 부분은 일목요연하게 기록을 하고 질문할 것을 차례대로 정리하여 적어 놓고 동료직원에게 순서대로 물어서 빠른 시간에 해결할 수 있었습니다. 마지막으로 상사의 의도를 명확히 파악하기 위해 동료직원의 도움으로 작성한 문서를 들고 예의를 차려 상사에게 직접 질문하고 확인하여 최종적으로 업무 수행을 해낼 수 있었습니다. 제가 알지 못하는 분야의 일을 하면서 스스로 공부하고, 상사와 소통하려고 노력한 점은 제 인생을 한 단계 끌어올리는 새로운 경험이었습니다. 법률에 관한 문서작성은 처음이었지만 법원에 채택되는 좋은 결과를 얻을 수 있어서 '어려웠다'라는 말보다는 '뿌듯했다'라는 기억으로 남습니다.

예시 3.

자신이 소속된 조직이 다른 조직에 비해 장점이 많다고 느꼈던 경험에 대해서 말해 보시오.

한 줄 소개 : 부서 간의 소통인계장 개설

소개 해설 : 내가 하고 싶은 말은 부서간의 소통이고 상대가 듣고 싶어 할 말은 소통인계장이라는 해결책이라고 말하였다.

(아래의 예시부터는 소통 + 소통인계장의 형태로 표현한다)

수술 간호팀은 마취과, 수술실, 중앙 공급실로 구성되어 있습니다. 세 개의 부서가 하나의 부서처럼 협동하여 일을 진행해야만 성공적인 수술을 할 수 있습니다. 가끔 세 부서가 소통의 부재로 예상치 못한 상황이 발생하여 수술이 지체될 때도 있었습니다. 기구소독이나 세척 시간 지연으로 수술기구가 부족한 상황이나 일정 변경으로 환자의 수술실이 변경되는 상황이 발생할 때면 직원들 간에 마음이 날카로워지고 충돌이 일어날 때도 있습니다.

이런 상황을 몇 번 접한 저는 새내기였지만 마스크를 끼고 있어서 말을 할 수 없는 상황을 고려하여 '부서 간의 인수인계장을 만들자'는 의견을 제시하였습니다. '기구의 고정 장치를 열어서 중앙 공급실에 전달해주시면 세척소독 시간을 줄일 수 있어요.'처럼 인수인계장을 이용해 서로 하고 싶은 말을 문자로 전달하니 객관적인 시각으로 문제를 마주하고 조율해나갈 수 있었습니다.

그 결과, 타 부서의 업무를 이해하게 되었고 문제는 원만하게 해결되었습니다. 인수인계장 하나로 세 부서는 삐걱거림 없이 협력할 수 있었고 수술 진행은 예전보다 순조로워졌습니다. 협동심은 대단한 무언가를 요구하는 것이 아니라 삶에서 작은 불편을 해결하는 것이 출발이었습니다. 수술실은 다른 곳보다 협동이 요구되는 곳이라 일을 하면서 자연스럽게 협동심을 배울 수 있다는 것이 장점이라 생각합니다.

예시 4.
규정이나 절차, 원칙 등을 어기는 관행적인 행동을 하는 동료들을 고치기 위해 노력했던 경험에 대해 말해 보시오.

한 줄 소개 : 우회적인 경각심 되찾아주기
소개 해설 : 경각심 일깨우기 + 우회적 말하기 방법

수술과 관련 없는 응급실 환자의 개인정보를 열람해보는 것을 재미로 삼는 동료가 있었습니다. 이는 악의는 없지만, 규정을 어기는 행위입니다. 그러나 아무도 그 부분을 문제 삼지 않았기 때문에 자연스럽게 행해지고 있었습니다.

그즈음 유명 병원의 직원이 환자의 의무기록을 무단으로 열람해 고소를 당한 사건이 뉴스에 나왔습니다. 이 사건을 보고 동료의 행위가 걱정되었습니다. '나라면 어떻게 했을까'라는 생각에 이르렀고 때마침 제가 조회 때, 전체 교육을 할 기회가 왔습니다. 저는 기사 내용을 스크랩하여 동료가 눈치채지 못하도록, 그러나 동료를 향한 '개인정보보호에 관한' 주제발표를 했습니다. 누구든 규정을 어겼던 사람은 속으로 뜨끔했을 것입니다. 그러나 누구를 지칭하여 말하지 않았기 때문에 저는 미움을 받지 않아도 되었고 기사 내용으로 우회적인 알림을 통해 하고 싶은 말은 할 수 있었습니다.

이 일이 있고 난 뒤, 열람하는 모습은 보이지 않았습니다. 마치 내 정보가 유출된 것처럼 불편했는데 빠르게 시정이 되어서 동료에게 고마운 마음이 들었습니다.

예시 5.

본인이 직무를 수행하면서 타인과 비교하여 차별화된 핵심 경쟁력이 무엇인지 기술하고, 해당 경쟁력을 보유하게 된 경력 또는 경험을 이야기해 보십시오.

한 줄 소개 : 나를 뛰어넘는 나
소개 해설 : 노력하는 나 + 노력을 결실로 만드는 나

서서히 따뜻해지는 냄비 속에 앉아 삶겨 죽는 개구리 이야기가 있습니다. 저는 그 개구리처럼 편안한 자리에 앉아서 만족하지 않고 자기발전을 위해 끊임없이 공부를 하고 더 나은 곳을 향해 도전했습니다. 제 경쟁력의 핵심은 타인과 비교하는 것이 아니라 내적 나와 외적 나를 경쟁대상으로 삼았습니다. 종합병원 수술실에서 만족하지 않고 상급종합병원으로 도전하였고 또 법률사무소에서 의료소송 관련 지식까지 얻기 위해 부단히 노력했습니다. 좋은 경험의 자리였지만 그 자리에 안주하지 않고 새로운 지식과 더 나은 기술을 배우기 위해 쉬지 않고 뛰었습니다. 그 결과 다양한 업무 경험을 통해 임상적 지식뿐만 아니라 행정적 실무능력도 기를 수 있게 되었고 이곳에 응시할 수 있게 되었습니다. 이곳의 업무는 지속적이면서 다양하게 변화되고 추가되는 업무이기에 저처럼 호기심을 실전으로 바꾸는 자기개발능력을 갖춘 인재가 꼭 필요하다고 생각합니다. 저의 핵심경쟁력인 '나를 뛰어넘는 나'를 마음껏 펼치며 최고 전문가가 될 수 있는 곳이 여기라 생각합니다. 회사끼리의 경쟁력은 각 회사의 인재력이라 생각합니다.

예시 6.

본인이 상대방을 설득하기 위해 활용하고 있는 자신만의 의사표현 방법이나 방식을 구체적인 사례로 기술해주시기 바랍니다.

한 줄 소개 : 돌아가지만 빠른 의문형 의사소통

소개 해설 : 차근차근 설명하기 + 의문형 의사소통법

최고의 의사 표현은 경청이라 생각합니다. 제가 경험이 부족했을 때는 말을 많이 하는 것이 설득이라고 믿었는데 그것보다 더 나은 방법이 있다는 것을 알았습니다. 바로 상대방의 말을 다 경청한 후에 그 의견에 덧붙여서 질문하듯이 설득하는 방법입니다. 상대는 자신의 말을 다 들어준 저에게 고마운 마음이 들기 때문에 제가 어떤 말로 설득을 해도 좋은 점수를 주게 되는 심리를 활용한 것입니다.

의료소송 관련 항소이유서를 작성할 때 1심에서 패소한 의뢰인은 억울한 마음에 '의료기록 조작'과 같은 주관적인 내용을 넣고 싶어 했습니다. 의뢰인의 이야기를 모두 들은 다음 제가 그의 말에 덧붙여 말했습니다. '주관적인 내용을 추가해서 논점을 흐리는 것보다, 밝혀진 사실을 중점적으로 작성해서 인과관계를 더 명확히 알아내는 것이 도움이 된다'고 말했습니다. 상대의 의견을 한 번 더 짚어주고 그것을 머릿속으로 분석하여 더 나은 방법을 제시하되 명령형이 아니라 '이런 방법은 어떨까요?'라고 의문형을 썼습니다. 의뢰인은 수긍했고 재판은 이겼습니다.

이와 같은 의사소통 방법이 전달력이 느린 것 같지만 돌다리를 두드리듯이 가기 때문에 정확합니다. 들어주는 시간이 긴 것 같지만 경청하면 빠른 시간에 흘러갑니다. 앞으로 이곳에서 일할 때에 꼭 필요한 소통 방법이라 자신할 수 있습니다.

예시 7.

본인이 생각하기에 주요 업무를 수행하는 데 가장 중요한 직업윤리가 무엇이며, 직업윤리가 왜 중요한지 본인의 가치관을 중심으로 기술해주시기 바랍니다.

한 줄 소개 : 중심이 흔들리지 말자

소개 해설 : 준법정신 + 흔들리지 않는 사람

가장 중요한 직업윤리는 준법성이라고 생각합니다. 금전적 부분이 관련되어 있을수록 법을 어길 수 있는 유혹에 노출되기 쉽기 때문에 정직함이 바탕이 되어야 합니다. 준법성을 갖춘 인재가 회사의 주춧돌이 되어야 공정하고 제대로 된 업무를 수행할 수 있다고 생각합니다. 잘못된 판단으로 유혹에 넘어가게 되면 그 여파는 개인을 넘어 동료와 회사 나아가서는 나라에도 피해를 주는 행위라 생각합니다.

법률사무소에서 협진의뢰를 거짓으로 기록하였다가 발각되어 의료법 위반으로 처벌받은 사례를 본 적이 있습니다. 의료진이 책임감을 느끼지 않고 환자를 대하고, 결국 환자가 사망하자 거짓으로 협진의뢰 기록을 작성하는 불법을 저질렀습니다. 진실이 밝혀지며 의료진은 의료법 위반으로 처벌을 받았습니다. 이 사례를 보며 당장의 눈앞의 이익을 위해 거짓말을 하기보다는 작은 일이라도 정직하게, 책임감을 바탕으로 공정하고 정직한 업무태도를 갖춘 능력 있는 사람이 되자고 다짐하였습니다.

예시 8.

커뮤니티, 동아리/동호회, 봉사활동 등의 경험 중 대표적인 경험 한 가지에 대하여 구체적으로 기재하고 이야기해 주시기 바랍니다.

한 줄 소개 : 협동과 동의어는 배려
소개 해설 : 협동하는 사람 + 배려하는 사람

난치병 환자의 소원을 이뤄주는 위시엔젤 봉사활동을 한 적이 있습니다. 아이를 만날 수 있는 횟수가 네 번밖에 없어서 아쉬운 기억으로 남지만 제 생애를 뒤흔든 기억이기도 합니다. 짧은 시간을 가장 쓸모 있게 하기 위해서 조원들과 직조를 하듯 계획표를 짰습니다.

아이와 친해지는 것이 첫 번째 미션입니다. 아이와 친해져야 소원을 알아낼 수 있습니다. 다행히 빨리 친해져서 아이의 소원이 새 컴퓨터를 가지는 것이라는 것을 알았습니다. 저와 조원들은 각자 일을 나누어서 사양을 분석하고 여러 매장과 의사소통을 취한 결과, 저렴한 가격에 성능이 좋은 컴퓨터를 구매할 수 있었습니다.

소원을 이루어주는 날, 아이도 울고, 아이 엄마도 울고, 저와 조원들도 눈시울을 적셨습니다. 저는 부모님이 여러 번 컴퓨터를 사주셨지만, 눈물이 날 만큼 고맙다고 생각해 본 적이 없었습니다. 모자의 감동을 주는 장면을 보면서 저 스스로 많은 반성을 했습니다. 두 달이라는 짧은 기간 동안, 가족 간의 사랑과 진정한 행복과 조원들 간의 호흡에 대해서 제가 배운 삶의 지혜는 2년 이상을 배운 느낌이었습니다. 가족이든 타인이든 협동이라는 것의 또 다른 말은 배려일 것입니다.

예시 9.
자신이 이곳을 선택한 동기를 말해보시오.

한 줄 소개 : 과학으로 검증하는 한의사
소개 해설 : 생물학 공부를 했다 + 과학적인 한의사가 되고 싶다

안녕하십니까? 저는 과학적으로 한의학을 말하고 싶은 김@@입니다.
제가 대학교에 다닐 때 교통사고가 난 적이 있습니다. 그 일이 저를 오늘 이 자리에까지 오게 했습니다. 사고 후유증으로 다리가 아파 병원에서 오랫동안 치료를 받았지만 호전되지 않자 아버지께서 한방치료를 권하셨는데 어머니는 나무뿌리나 달여 먹고 침이나 놓는 곳을 어떻게 믿느냐면서 반대하셨어요. 저는 밑져봐

야 본전이라는 생각으로 한방치료를 받았는데 그날 제 몸은 통증이 사라지고 무척 가벼웠습니다.

이틀 뒤에 다시 침을 맞을 때는 가만히 누워서 침이 시술되는 자리를 감각적으로 익혔습니다. 도대체 그곳이 어떤 신경과 맞닿아 있길래 가느다란 침으로 치료가 가능한 것일까 생각했습니다. 집으로 돌아와 침을 맞았던 부위를 기억하며 볼펜으로 눌러 보았습니다. 시원한 느낌이 들어서 아버지 다리에도 실험해 보았습니다.

한의원에서 침을 맞고 오는 날이면 기록으로 남겼고 어설프지만 제게는 소중한 자료가 되었습니다. 그즈음 저는 과학에 바탕을 둔 물리학을 공부하고 있었는데 한의학과도 무관하지 않을 것이라는 생각이 들었습니다. 수시로 제 몸을 시험 삼아 혈점을 눌러보다가 수지침까지 사는 열정이 생겼지만 제 마음에 걸리는 것이 하나 있었습니다. '과학적으로 증명 안 된 한의학'이라는 말입니다. 이 말이 오히려 제 심장을 뛰게 했고 '맥상의 물리적 특성 파악'이라는 한의학 연구가 저에게 한의학을 공부할 수밖에 없도록 오늘 이 자리까지 오게 했습니다.

철학을 알기 위해서 먼저 과학을 공부하라는 말이 있듯이 한의학을 제대로 공부하기 위해서 과학을 알아야 한다고 생각했습니다. 저는 일정 부분 기반을 닦아왔기 때문에 앞으로 과학적으로 검증된 한의학의 발전에 기여하는 사람이 될 것입니다. 그래서 한의학을 꼭 공부해야만 하는 김@@입니다. 감사합니다.

4. 전기 스토리텔링

한 집안의 역사는 선조의 행적에서 읽을 수 있다. 훌륭하거나 이름이 난 사람의 일대기를 '@@@전기'라는 이야기로 남기듯이 집안마다 자신들의 조상 이야기로 스토리텔링을 할 수 있다. 무안 박씨 영해파 후손들은 조상의 이야기를 어떻게 하면 후세에 잘 전할 수 있을까 논의하던 중에 스토리텔링을 하기로 했다.

한자로 된 문헌과 구전으로 전해지던 조상의 행적을 현대적인 방법으로 남기는 것이다. 양반 가문에서 내려오는 콘크리트 관행을 깨고 한글에, 이야기에, 그림까지 넣는 조상 이야기는 상상조차 어려울지 모른다. 조상 이야기〈몽화각〉스토리텔링이 완성되고 출판기념회까지 하였으며 한정하여 사람들에게 나누어주는 모습을 보고 세상에 존재하는, 때때로 문갑 속에 들어있을 많은 조상의 이야기를 생각하게 되었다. 이런 기회가 아니었다면 그 집안만 알고 있을 무안 박씨 영해파 조상의 이야기를 어찌 알 수 있었겠는가.

호조정랑 박전이 돌아가셨는데 그는 부인 신안 주씨의 꿈에 나타나 아들을 데리고 명자꽃이 만발한 곳으로 가서 터를 잡고 공부를 시키라는 현시-이 꿈으로 인해 후손들은 몽화 부인이라 칭함-를 하셨다. 열 살 된 아들 박선장의 손을 잡고 꿈길을 따라와 정착하여 자손을 번창하게 한 곳이 지금의 경북 봉화 화천리 꽃내마을이다. 이곳에서 박선장은 결혼을 하고 주씨 부인을 모시고 살았다. 박선장의 차남이 장성하여 과거급제하고 잔치가 있던 날, 부인이 꼼짝도 안 하고 방에 있자 박선장이 찾아가 여쭈었다.

"어머니, 이렇게 기쁜 날 어찌 방에만 계십니까?"

"자네는 아들이 과거 급제하여 기쁘겠지만 내 자식은 그러하지 못하다네."

박선장은 그 자리에서 꿇어앉아 사죄를 올리고 공부를 시작하여 그의 차남보다 3년 늦게 과거 급제하였고 그때 나이가 51세였다. 나이에 상관하지 않고 학업에 정진하기를 바라는 마음과 어떤 것이 진정한 효도인지를 깨우치게 해주는 조상의 일화 중의 하나이다.

경상도 도지사였던 무안 박씨 집안의 입향조 수서 박선장과 그 어머니 신안 주씨 몽화 부인에 대한 이야기로 〈몽화각〉 책자와 정자 '몽화각' 그리고 '꽃내마을' 콘텐츠로 스토리텔링을 하였다.

지금은 한 집안의 조상들에 관한 스토리텔링을 넘어 봉화의 든든한 관광 스토리텔링으로 이어졌다. 조상 이야기를 스토리텔링

하는 목적은 후손들이 조상 이야기를 재미있고 쉽게 읽어 대대로 전하고 자부심을 가지길 바라는 데 있었다.

5. 역사 스토리텔링

　전국 곳곳의 역사적 현장에서 스토리텔링을 하고 있는 사람들이 많다. 그런 분들과 더불어 여러 매체의 방송콘텐츠를 이용하여 역사 스토리텔링을 하는 사람들도 있다. 예를 들자면, 설민석은 〈한국사 이해〉로, 도올 김용옥은 〈우린 너무 몰랐다〉로 역사 스토리텔링을 하고 있다. 작가의 사상과 철학이 더해지면서 역사가 문자로 존재했을 때보다 스토리텔링이라는 행위로 움직일 때 더 보편적이고, 더 철학적이고, 더 쉽게 전달된다. 역사 스토리텔링을 체험한 후에 역사적 현장을 대하는 사람들의 태도는 이전과 다르다. 똑같은 곳이지만 다르게 느껴지는 것은 스토리텔링에 의해 사람들이 공감했기 때문이다.

　공감을 가장 빠르게 대중적으로 얻을 수 있는 것은 문화예술과 접목된 스토리텔링일 것이다. 〈군함도, 2017〉는 돈을 벌게 해주겠다는 일본의 말에 속아 지옥의 섬, 군함도에서 강제노역 당한 조선인들의 역사적 이야기를 영화 콘텐츠로 연결한 스토리텔링이다. 〈명량, 2014〉은 임진왜란 때, 이순신 장군이 12척의 배로 330척의 왜군을 이긴 역사적 스토리텔링이다. 이외에도 영화화된 역사 스토리텔링은 많이 있다.

그 외 〈강동 사랑길〉의 '박제상 발선처' 스토리텔링은 박제상이 일본으로 건너갈 때, 배를 탔던 스토리와 발선처 비석으로 스토리텔링 되었고 〈감포 깍지길〉의 '이견대' 스토리텔링은 바다에 묻힌 아버지를 그리워하며 절을 올린 스토리와 이견대로 스토리텔링 되었다.

이처럼 지역마다 역사적 사건으로 세워진 기념탑과 기념관 그리고 장소와 흔적으로 곳곳에서 역사 스토리텔링이 되고 있는데 염두에 두어야 할 것은 너무 한 쪽의 시선으로만 치우치지 말고 객관적으로 바라보아야 한다.

6. 공공 스토리텔링

영화〈내부자들, 2015〉과 〈더 킹, 2016〉은 조폭들보다 더 나쁜 것이 공권력이라는 것을 보여주는 정치 스토리텔링이다. 국가나 공공 단체가 국민에 대하여 명령하거나 강제하는 권력이 정당한 것인지 잘 살피라는 메시지를 던진다. 또 〈해운대, 2009〉, 〈괴물, 2006〉, 〈부산행, 2016〉, 〈국가부도의 날, 2018〉은 재난이 일어났을 때, 가장 먼저 움직여야 할 국가가 부재하였음을 비난하는 스토리로 국가가 튼튼해야 국민이 고통을 당하지 않는다는 교훈을 주는 스토리텔링이다.

〈청년 경찰, 2017〉이나 〈범죄도시, 2017〉는 공적 대응이 부족한 우리 사회의 모습을 보여주는 스토리고 〈명량, 2014〉, 〈광해, 2012〉, 〈남한산성, 2017〉 등은 통치자의 무능을 알리는 스토리로 '대통령과 같은 통치자를 잘 뽑아야 한다'는 메시지를 담고 있는 스토리텔링이다.

공공 스토리텔링의 최고봉이라 할 수 있는 '촛불집회'는 같은 뜻을 가진 국민들이 의사 표현을 하는 방식으로 촛불을 들고 모여 거리를 행진하는 비폭력 평화 시위나 추모 집회의 형식이다. 최초의 '촛불 이야기'는 1988년 3월 25일 체코슬로바키아의 공산주의에 대항하여 종교의 자유와 인권보장을 요구하는 가운데 많은 국민이 체포되기도 했지만, 벨벳혁명으로 이어져 공산체제가 무너지게 된 사건이다. 이 촛불 스토리텔링은 전 세계로 퍼져나갔다.

우리나라에는 1992년 온라인 서비스 유료화에 반대하는 촛불집회가 있었다. 그 이후 2002년 미군 장갑차에 의해 사망한 여중생 추모 집회, 2004년 노무현 대통령 탄핵 소추 안 통과 반대 집회, 2008년 미국산 쇠고기 수입반대 집회, 2009년에는 용산 참사를 추모하는 집회, 2011년에는 대학생 반값등록금 촉구 집회, 2013년 국가정보원 여론 조작 사건에 항의하는 집회, 2014년에는 세월호 침몰 사고의 진상 규명을 요구 집회, 2016년에는 박근혜 정권 퇴진 집회까지 다양한 이야기에 '촛불'이라는 작은 콘텐츠가 큰 역할을 했다.

지금까지는 공공 스토리텔링의 부동의 콘텐츠로 '영화'가 있었다. 거기에 또 하나 '촛불'이 새로운 콘텐츠로 확실히 자리 잡아가고 있다. 영화와 촛불은 새로운 콘텐츠가 나타나기 전까지는 공공 스토리텔링으로써 큰 힘을 가질 것이다.

7. 관광 스토리텔링

　관광 스토리텔링은 단순 플롯, 짧고 이해하기 쉬운 스토리, 선악의 대비가 선명한 권선징악적인 요소가 있다. 전국의 골목길 관광 스토리텔링은 잘되는 곳도 있고, 사라지는 곳도 있고, 정체된 곳도 있다. 스토리텔링이 유행하면서 진정성 있는 스토리보다는 상가 콘텐츠와 함께 유행처럼 일어난 곳도 많다.

　서울의 '경리단길'을 출발로 '망리단길' '가로수길' '샤로수길' '익선동' 경주의 '황리단길' 전주의 '객리단길' 광주의 '동리단길' 대구의 '봉리단길' 울산의 '꽃리단길'까지 아직도 '~리단길'의 관광 스토리텔링은 계속되고 있다. 골목길은 대부분 이야기 없이 음식점 위주의 콘텐츠로만 알려진 곳이다. 그래서 지역마다 따라하기 쉽지만 소멸하기도 쉽다. 경주의 '황리단길'은 대릉원, 첨성대, 반월성, 오릉 같은 역사문화지구와 담을 사이에 둔 곳이기 때문에 역사적 이야기가 많고 경주역과 터미널이 가까워 교통이 편리하다는 장점으로 많은 관광객이 찾는다.

 대구의 마비정은 하루에 천 리를 달린다는 비무와 백희라는 말이야기가 있다. 장수 마고담은 백희를 천리마로 착각하고 '화살보다 빠르지 않으면 죽이겠다.'면서 시험을 했다. 결국 백희는 죽었고 천리마 비무는 울음소리만 남기고 사라졌다. 이 사실을 나중에 알게 된 마고담은 잘못을 비는 마음으로 '마비정'이라는 정자를 세웠고 마을 이름도 마비정이라 부르게 되었다. 이 마을에는 벽화를 그리고, 마을 이야기를 쓰고, 관광자원이 되도록 최초로 애쓴 한 사람의 작가가 있다. 그를 도와 마을 주민들이 협력하여 만들어낸 것이 마비정 관광 스토리텔링이다.

 마을길 스토리텔링으로는 부산의 '감천문화마을' '통영 동피랑'이 있고, 산길 스토리텔링으로는 영주의 '돗밤실 둘레길'이 있으며 바닷길 스토리텔링으로는 울산의 '강동 사랑길', '간절곶 소망길', 경주의 '감포 깍지길' 우리나라에서 제일 긴 '해파랑길' 등이 있다. 길 관광 스토리텔링을 위해서는 마을 주민의 동의가 있어야 하므로 주민 참여를 가장 우선으로 생각한다. '감포 깍지길'은 100% 주민의 손으로 완성되었다는 인정을 받아 전국 매니페스토 대회에서도 최우수상을 받은 경력이 있다.

 매니페스토(Manifesto)는 라틴어의 마니페스투스(Manifestus)에서 '증거' 또는 '증거물'이란 의미로 쓰이다가 이탈리아에서 마니페스또(Manifesto)가 되어 '과거 행적을 설명하고, 미래 행동의 동기를 밝히는 공적인 선언'이라는 의미로 바뀌었다. 우리나라에서는 2006년 지방선거에 처음 등장했는데 정당이나 후보자가 구체적인 선거공약을 문서화하여 공표하는 정책서약서로 유권자들에게 약속하는 것이다. 매니페스토 경진대회는 약속이 잘 이루어졌는지 아닌지를 평가하여 가장 잘된 곳에 주는 상이다.

이 외에도 많은 곳에서 유무형의 관광자원이 좋은 취지로 스토리텔링 되고 있다. 관광 스토리텔링을 할 때는 세 가지 질문을 미리 해 보아야 한다. 그 지역에만 있는 가장 특별한 이야기인가? 이야기에 가장 적합한 콘텐츠인가? 이야기와 콘텐츠가 잘 어울리는 스토리텔링인가? 지역마다 스토리텔링을 경쟁적으로 하다 보면 똑같은 콘텐츠가 지역마다 남발하게 되고 이는 예산 낭비이며 결국 꼭 있어야 할 곳의 콘텐츠마저도 식상하게 만들어버릴 수 있다.

8. 자동차 네이밍 스토리텔링

사물 네이밍은 두세 음절로 어감이 좋고, 발음이 쉽고, 기억하기 편하며 제품과 어울리는 이름이라야 한다. 그러나 간혹 이름이 곡해되거나 오해를 받는 경우도 있다. 소나타는 소나 타는 차로 오해받아 '소'를 '쏘'로 바꾸었고 뜻도 '악기를 연주하다'로 바꾸었다. 르망은 앞은 르망, 옆은 실망, 뒤는 절망, 타면 사망이라는 말이 돌았고, 테라칸은 '타락한', 아벨라는 '애 벨라'라는 유머로 퍼지면서 곡해되기도 했다.

그러나 인기가 좋은 자동차 이름으로는, 웅장하다는 '그랜저', 여행이라는 '트라제', 앞으로라는 '아반떼', 축제라는 '카니발', 최고라는 '옵티마', 이상향이라는 '아카디아', 느낌이라는 '마티즈', 개선장군의 말이라는 '에쿠스', 일상에서 벗어난다는 '산타페', 창세기와 발생 그리고 기원이라는 '제네시스', 상어라는 '티뷰론', 우리를 즐겁게 해주는 '라노스', 누벼라의 '누비라' 등이 있다.

지금까지 소개한 스토리텔링 외에도 다양한 스토리텔링이 있다. 콘텐츠에 맞는 이야기가 있다면 어느 분야든 스토리텔링에 도전해 볼 수 있다. 이야기하기보다는 스토리텔링하라고 말 하는 이유도 좋은 콘텐츠로 도전하라는 의미이다. 이야기를 실감 나게 전달해 줄 유무형의 콘텐츠가 있을 때 스토리텔링으로써 더 당당해지는 것이다. 정리하자면, 스토리텔링의 종류는 제한할 필요가 없다는 말인가? 그렇다.

그렇다면 지금까지 작업한 스토리텔링 중에서 대표적인 작품은 무엇인가?

6부
하는 곳은 많지만 되는 곳은 따로 있다

부제 : 스토리텔링의 대표사례와 미발표 작품

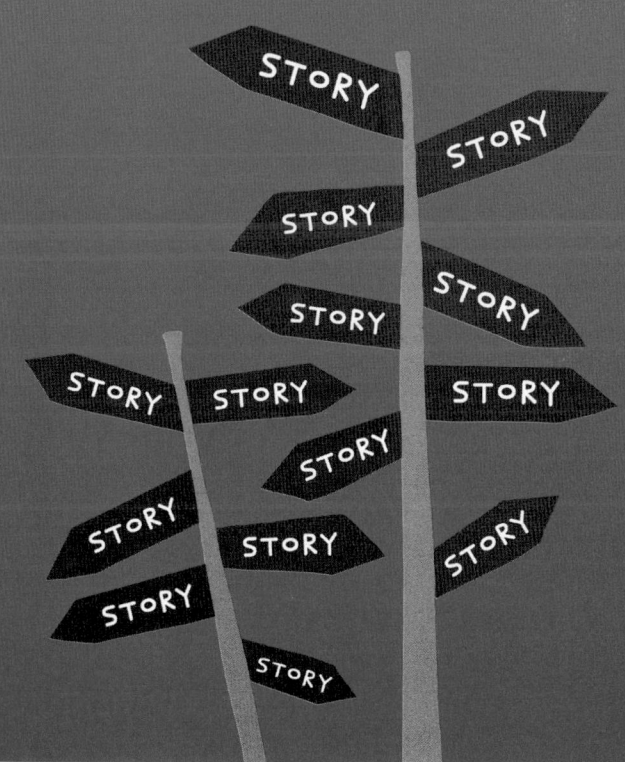

1. <데굴데굴 물꼬마>[2] 하수처리장 스토리텔링

장소 : 경상북도 영주시 환경사업소

일시 : 2016년 5월

동화 : <데굴데굴 물꼬마>

콘텐츠 : 놀이기구 '타고', 동화책, 인형극

참여 : 작가 주인석, 콘텐츠 제작 (주)대한미술공사,
　　　영주시 환경사업소, 해드림출판사

"하수처리장에도 스토리텔링이 가능합니까?"

하수처리장 담당자가 내게 건넨 첫마디다. 지역의 아름다운 곳이나 특산품만 스토리텔링을 해왔기 때문에 나는 쉽게 대답할 수가 없었다. 하수처리장이 뭔지도 정확히 알지 못한 채 약속된 날짜에 하수처리장으로 현장 답사를 하러 갔다. 악취가 심하게 났

---

[2] 데굴데굴 물꼬마, 주인석, 해드림출판사, 2016.

다. 무엇으로 스토리텔링 하라는 거지? 혹시 똥물? 역시나 똥물이었다.

하수처리장을 제대로 알리기 위해 인근에 있는 '무섬 다리'와 연결하여 관광콘텐츠가 될 수 있도록 할 것과 유치원과 초중고 일반 관광객을 겨냥한 체험관 콘텐츠를 개발하여 스토리텔링 하는 것이 목적이었다. 국내외적으로 하수처리장을 스토리텔링 하는 것은 유일무이한 일이었기 때문에 황당함과 두려움과 설렘이 교차하는 새로운 도전이었다.

똥물을 스토리텔링 하기 위해 나는 물이 정화되는 과정을 학생처럼 자료를 찾아 공부했다. 큰 그림을 그리기 위해 물의 흐름을 파악하고 정화되는 순서를 분석했다. 현장 분석을 하고 자료 수집이 끝나갈 즈음 머릿속에서 섬광처럼 하나의 영감이 떠올랐다. '모험'이다. 이야기의 패턴을 모험으로 놓고 가장 적합할 원형 스토리를 찾기 위해 브레인스토밍을 했다. 큰 종이 위에 여러 생각을 나열하고 그중에서 하나의 줄기를 잡아당겼다.

〈오디세이아〉였다. 오디세우스가 트로이전쟁을 마치고 집으로 돌아오기까지 넘어야 했던 고비를 하수처리장의 각 단계와 맞추어 나갔다. 외눈박이 식인종, 노래로 유혹하는 사이렌, 돼지로 만들어버리는 키르케, 함께 살자고 유혹하는 칼립소를 각 단계의 대왕으로 만들었다. 인물 구성에서 꼭 필요한 악인 같은 선인 역을 해줄 하수처리과정의 각 존재들이다.

그다음은 물을 관찰할 차례다. 강, 바다, 수돗물, 물방울 등 물이란 물은 모두 관찰했다. 관찰한 결과 우리나라의 모든 물방울은 끝이 뾰족하면서 아래로 동그란 모양의 천편일률적인 물방울 모양이었다. 물방울이 정말 그렇게 생겼을까? 관찰하였더니 아니다. 나뭇잎 끝에 매달려 떨어지기 직전의 물방울 외에는 그런 모양이 없었다. 동그란 것, 넓적한 것, 길쭉한 것, 퍼진 것, 보이는 그대로 물방울을 스케치해 보았다. 물방울이 그렇게 각양각색에 예쁘다는 것을 처음 알았다. 통상적으로 알고 있는 획일적인 물방울에서 탈피하여 다섯 개의 예쁜 물방울을 골랐다.

이름을 붙이기 위해 또 고민했다. 톡톡, 퉁퉁, 또롱, 빵실, 탱탱… 등등의 이름도 생각해봤다. 그러다가 차창에 또르르 구르는 물을 보고 유레카! 구르다! 구르다! 나도 모르게 소리를 쳤다. 또르르, 쭈르르, 그러다가 다시 유레카! 우리말 중에 쌍자음-ㄲ, ㄸ, ㅃ, ㅆ, ㅉ-다섯 개를 사용하여 이름을 만들었다. 아이들에게 자연스럽게 쌍자음과 의태어를 가르칠 수 있겠다는 생각이 들었다. 꾸르르, 또르르, 뿌르르, 쏘르르, 쭈르르라는 물꼬마 이름을 지어 여러 번 불러 보았다. 마지막 인물은 물에 사는 요정 '님프'이며 조력자 역할을 맡겼다.

이제는 선한 악인의 이름을 지어줄 차례다. 하수처리장의 기능에 맞게 각 대왕의 이름을 지었다. 하수처리의 첫 번째는 침사지라는 곳으로 여러 가지 불순물이 섞여 들어오는 곳이라서 뒤죽박죽 나라의 해롱대왕이라 이름 붙였다. 두 번째는 유량조정조라는 곳으로 침전물이 굳어지지 않도록 물을 돌려 섞기 때문에 소용돌이 나라의 뱅뱅대왕이라 했고, 세 번째는 최초침전지로 찌꺼기가 가라앉거나 부유물이 뜨는 곳이라서 살금살금 나라의 쉬쉬대왕이라 했고, 네 번째는 포기조로 바람을 불어넣어 미생물이 자라도록 하는 곳이라서 씽씽쌩쌩 나라의 후후대왕이라 했고, 다섯 번째는 최종침전지로 남은 찌꺼기를 모두 처리해야 하는 곳이라서 와구와구 나라의 먹지마왕이라 했고, 마지막은 소독조에서 깨끗이 소독하여 강물로 흘려보내는 곳이라서 뽀드득 나라의 님프라고 이름을 붙였다. 더러워진 물꼬마들이 각 단계의 수수께끼를 풀고 빠져나와 강물로 가는 것이 최종 목표이다.

이렇게 인물 구성을 끝내고 캐릭터 꾸미기에 들어갔다. 물꼬마들은 아이들이 좋아할 모자, 물안경 등 소품으로 각각의 특징을 표시해서 입혔고, 대왕들은 입만 있거나 배만 있거나 눈만 있거나 하는 특징을 살려서 무섭지만 유머러스하게 표현했다. 인물과 상황이 만들어지고 모험 플롯을 세운 다음 스토리 작업에 들어갔다.

이야기가 만들어지고 난 다음, 어린이들이 직접 물꼬마가 되어 체험할 수 있도록 스토리에 맞는 체험관을 만들었다. 체험관에는 계통도와 수수께끼, 퍼즐 맞추기, 놀이기구 '탬버린 타GO'를 체험할 수 있다. '탬버린 타GO'는 '물꼬들아 어서 타! 어서 가자 GO!'를 합성한 말이며 놀이기구 탬버린과 악기 탬버린에 달린 작은 방울이 딸랑거리며 움직이는 것에서 아이디어를 얻어 제작하였다.

체험관을 완성하고 동화책을 발간하여 스토리텔링을 마무리하였다. 체험관을 개관한 후에 하수처리장 담당자는 '물꼬마 아빠'로 활동하고 있다. 어린이 방문객 숫자가 많이 늘었고 심지어 중학생 수학여행단까지 방문하였으며 예약을 받고 방문 날짜를 정해 줄 정도라고 한다. 그 후에도 〈데굴데굴 물꼬마〉는 환경부의 인정을 받았고 전국 상·하수처리장에서 상을 받은 스토리텔링으로 몇 년 전부터 인형극도 하게 되었다. 하나의 이야기가 환경체험관 콘텐츠와 동화책, 연극 콘텐츠 그리고 옷과 스티커까지 확장되었다. 이 모든 것은 담당 공무원 및 여러 사람의 수고로 만들어진 우리나라에서 유일한 하수처리장 스토리텔링이다. 연극 대본은 7부의 '붙임3'에서 읽을 수 있도록 실어 두었다.

하수처리장은 혐오 시설을 스토리텔링 한곳으로 다른 곳보다 보람이 있었다. 아이들은 하수처리장을 더는 거북스러워하지 않는다. 연극관람을 마친 아이들은 물을 깨끗이 사용해야 한다면서 양송이같이 작은 손으로 분리수거 체험을 하고 돌아간다. 강동 사랑길, 감포 깍지길, 간절곶 소망길에 많은 관광객이 와서 체험하고 가는 것을 보는 것도 기분 좋은 일이지만, 하수처리장으로 몰려온 아이들이 '탬버린 타GO' 체험을 하며 즐거워하는 모습을 보는 것이 훨씬 행복하고 보람을 느낄 수 있었다.

이 사례에서 보았듯이 세상에 대한 애정과 관심만 가진다면 어느 곳이든 스토리텔링 할 수 있기 때문에 스토리텔링에서는 특별한 범위가 없음을 증명해 보였다. 단, 글쓰기 공부는 선행되어야만 한다. 글쓰기가 힘들다면 콘텐츠 아이디어만 내고 작가는 따로 섭외할 수도 있다.

애정이 지극하면 무엇을 보아도 글발이 열린다. 글은 영감이고 순간의 포착이다. 첫사랑이고 속닥거림이다. 지금까지 나는 이런 마음으로 이야기를 써왔고 알맞은 콘텐츠를 기획했으며 앞으로도 이러할 것이며 아름다운 사람들을 위한, 사람들의 이야기를 쓰는 작가로 남을 것이다.

2. <강동 사랑길> 장어 스토리텔링[3]

울산의 어촌마을 강동동 이야기로 만든 관광 스토리텔링이다. 바다에서 시작해서 들판을 지나고 산을 오르고 다시 바다로 되돌아오는 코스로 현장 답사를 꽤 오랫동안 했다. 동해의 일출 현장을 포착하여 이야기로 연결하기 위해서 컴컴한 새벽에 바다로 갔던 적도 여러 번이다.

강동동은 바다를 끼고 있는 농촌 마을이다. 주변 지역에 비해 낙후했기 때문에 스토리텔링으로 도시발전을 꾀하려는 목적이 있었다. 7개의 구간을 돌아보고 머릿속에 떠오르는 것은 '고리'였다. 출발한 곳에서 바다, 들, 산을 돌아 다시 제자리로 2시간 이내 돌아오는 산책길과 같은 일곱 개의 코스가 마치 고리처럼 연결되어 있다.

고리를 발견하고 다시 길을 걸으면서 현장에 있는 문화재와 자

---

3 <강동 사랑길>, 주인석, 그루, 2011.

연 콘텐츠를 찾는 작업 중에 지도를 펼쳐보다가 '사랑'이라는 영감이 떠올랐다. 일곱 개의 사랑이라는 테마를 찾았다. 연인, 부부, 나라, 배움, 소망, 사색, 윤회까지 구간마다 테마에 불필요한 소재는 걸러내고 40개의 스토리텔링을 창작했다. 스토리와 연결된 다양한 콘텐츠가 갖추어지고 길이 정비되면서 관광객 수가 늘어났다.

'장어 마을'은 〈강동 사랑길〉'제전항' 스토리텔링에 의해 만들어진 곳이고 '사랑길 장어' 맛집이 탄생하였다. 제전마을은 작은 항구를 중심으로 장어잡이를 하던 어부들이 모여 사는 곳이었다. 맨 처음 답사를 하러 갔을 때 마을은 사람 구경하기 힘들 만큼 조용했고 도로는 군데군데 파손되어 엉망이었다. 장어가 잘 잡히는 바닷가라고 했지만 내 눈에 들어온 것은 허물어져 가는 장어집 하나와 폐가가 된 옛날 동사무소가 전부였다. 장어가 특산물이라는 말이 거짓말처럼 느껴졌다.

〈강동 사랑길〉 코스 안에 '제전항'이 있었기 때문에 어떤 식으로든 '장어'를 살려야 한다는 생각이 들었다. 폐가가 된 동사무소가 '장어 맛집'으로 탄생할 것을 기대하며 이야기를 쓰기 위해 장어 공부를 시작했다. 장어에 대한 자료를 모아놓고 마을 사람들과 연결 지을 수 있는 이야기를 상상했다. '사랑'이라는 주제에 맞추어 인물과 상황을 만들고 기본 플롯을 세운 뒤에 여러 번 수정해 나갔다.

아름다운 바닷가 마을을 알리기 위해 장어를 팔아야 했다. 장어를 콘텐츠로 삼는 이야기를 쓰기 위해 인간과 동물의 경계를 허물고 시작했다. 등장인물은 용왕, 용왕의 막내 공주, 장어로 정했다. 공주를 사랑한 장어. 그리고 장어를 싫어하는 용왕의 횡포에 장어는 눈까지 잃고 먹장어가 되어 먼 태평양 바다까지 험한 모험을 다녀오지만, 공주를 다른 곳으로 시집 보내버린다. 그 사실을 모르는 많은 장어는 공주와의 결혼 허락을 받으려고 지금까지도 떼를 지어 모여든다는 설정을 함으로써 제전항에 장어가 많다는 것을 우회하여 스토리텔링 하였다.

길이 만들어지고 길의 이야기를 창작하여 스토리텔링 된 책을 한 권으로 발행한 곳은 〈강동 사랑길〉이 처음이었기 때문에 초기에 많은 주목을 받았다. 장어 스토리텔링이 허구라는 것을 알지만 이야기를 들은 관광객은 장어가 불쌍하다며 공감을 해 주었다. 자식의 사랑에 용왕 같은 아버지가 되지 말자고 손가락을 걸며 약속을 하는 사람들도 있었다. 논리적으로 따져보면 이야기는 말도 안 되는 허술한 틈이 많이 있다. 사람들은 이 틈으로 비집고 들어와 자신의 감정을 털어놓고 소통하는 것이다. 〈강동 사랑길〉에 와서 장어 이야기를 들은 사람들은 흔쾌히 장어 맛집까지 체험하고 돌아간다.

장어는 마을기업 1호로 제전 '사랑길 장어집' 간판을 걸었다. 처음엔 손님도 별로 없었고, 연세 드신 분들이 서빙을 하니 불편하다는 민원도 많았다. 그러나 민원을 조금씩 해결하고, '사랑길'이 개통되고, 책이 나오고, 걷기대회를 하면서 홍보가 많이 되자 전국에 알려지게 되었다. 장어 이야기를 아는 사람이든 모르는 사람이든 강동 사랑길에 가면 꼭 먹어야 할 음식이 '사랑길 장어'가 되었다. 이제 장어는 사랑길 콘텐츠로써 단단히 자리를 잡았다.

처음엔 허술한 옛날 동사무소 건물을 보수해서 1, 2층을 사용했지만, 손님이 너무 많아져서 지금은 맞은편에 대형건물을 세우고 별관까지 만들었다. 낙후했던 마을의 집들은 하나씩 철거되고 새 건물이 들어섰고 마을엔 벽화를 그렸다. 이제는 전국 어디에 내놓아도 부끄럽지 않을 당당한 '장어 마을'로 부상했다. 스토리텔링 작업을 할 때는 '사랑길'이 지금처럼 전국적으로 알려지고 장어가 유명한 콘텐츠가 될 줄은 몰랐다. 제전마을을 살려내 활기있는 어촌마을로 만들고 싶었고 사람들의 이야기를 쓰고 싶은 마음만 있었을 뿐이다. 이 외에도 〈강동 사랑길〉의 재미있는 스토리텔링이 많이 알려져 울산의 명소 중의 하나로 자리를 잡았다.

3. <감포 깍지길>과 <간절곶 소망길> 그 외 미발표 스토리텔링

그 외, 전국 매니페스토 대회에서 최우수상을 받은 <감포 깍지길>[4]의 감포는 경주에서 20분 거리에 있는 바닷가 마을이다. 이곳도 마을 발전을 위해 스토리텔링 작업을 했는데 예산이 잡히지 않은 상태에서 당시 읍장이었던 한 사람의 노고와 100% 주민의 손으로 만들어진 길이다. 이곳은 사람들의 염원을 담아 '깍짓손'에서 아이디어를 얻어 '깍지길'이라는 이름을 붙였고 50여 개의 스토리텔링이 있다.

울산 울주의 <간절곶 소망길>[5]은 전국에서 가장 큰 우체통이 있고 일출이 좋은 간절곶이 있어서 사철 관광객이 많이 오는 곳이며 동해별신굿 놀이의 무형문화재도 있다. 이곳은 체험 콘텐츠가 많아서 80여 개의 이야기를 스토리텔링 할 수 있었다. 그 외 <장

---
4 감포 깍지길, 주인석, 그루, 2012.
5 간절곶 소망길, 주인석, 그루, 2014.

수 힐링 하우스〉 스토리텔링, 〈돗밤실 둘레길〉 스토리텔링, 〈여희설화〉 스토리텔링 등이 있다.

 요청으로 준비하는 스토리텔링 외에도 평소에 소재를 잡아 스토리텔링을 하고 저장해 둔다. 매일 한두 개, 또는 그 이상의 낱말을 조합하여 이야기를 만들고 콘텐츠와 연결하여 스토리텔링 습작을 한다.

 김밥+꽁지=꽁지 김밥, 옷+꾸미다=뒤꾸리, 책상+전쟁=맥아더 데스크, 이젤+번지점프=번지 미술, 거름+사과=데굴데굴 물꼬마 거름편, 좀(벌레)+유튜브=불꼬마, 낮잠+낙인=낮잠 베개, 실패+이력서=실패이력서, 승강기+숫자=행운 층, 성공 층, 사랑 층 등도 두 개의 낱말로 습작한 스토리텔링이다.

4. 꽁지 김밥, '다오세' 스토리텔링

카피 : 꽁지 김밥 먹는 날!
네이밍 : '다오세'는 '다 오세요'의 줄임말

나는 자식이 셋입니다. 김밥 장사를 50년간 했습니다. 그때는 무척 가난했지요. 그래서 김밥을 만들어 팔았지요. 김밥을 접시에 담아내면 손님들은 양쪽 꽁지를 항상 남겨요. 그래서 좋은 부분은 접시에 담아 팔고 꽁지 부분은 모아뒀다가 우리 아이들에게 먹였지요. 어느 날, 엄마와 딸이 김밥을 먹으러 왔지요. 식당의 구석 자리에서 꽁지 김밥을 먹으며 웃고 떠드는 우리 아이들을 보더니 '저거~'하고 말하더군요. 아이 엄마는 저한테 말했어요.
"저 김밥은 이름이 뭐예요? 저 김밥 주세요."
"저건 파는 게 아니고 우리 아이들에게만 먹이는 거예요."
아이 엄마는 특별한 김밥이라고 생각했나 봐요. 그걸 꼭 사 먹고 싶다고 해서 하는 수 없이 저는 모아두었던 꽁지 김밥을 한 접시 더 담아내면서 그냥 드시라고 했죠. 그런데 아이가 또 '저기~' 하면서 접시를 들고 우리 아이들이 있는 테이블로 가는 거예요. 아이는 우리 아이들과 함께 김밥을 먹으며 웃고 떠들면서 놀았어요. 매일매일 먹으러 오고 싶다고 엄마의 허락을 받더군요. 아이 엄마는 매일 꽁지 김밥을 먹으러 오겠다며 김밥값을 테이블 위에 놓고 갔지요.

그것이 계기가 되어 그 아이와 우리 아이들은 친형제처럼 지금까지 잘 지내고 있어요. 이제는 다 커버린 아이들이지만 아직도 김밥 중에 최고 김밥은 꽁지 김밥이라고 합니다. 지금은 일부러 꽁지 김밥을 만들어 내죠. '김밥은 꽁지가 더 맛있다'라는 말이 빈말은 아닌가 봅니다. 그래서 꽁지 김밥을 만들어 팔게 되었지요.

5. 패션, '뒤꾸리' 스토리텔링

카피 : 뒷모습으로 말하다.
네이밍 : '뒤꾸리'는 '뒤를 꾸미는 미리 씨'의 옷

자그마한 옷가게에서 근무했던 미리 씨는 출근 시간에 쫓겨 뒷부분을 앞으로 잘못 알고 옷을 입고 갔어요. 그런 줄도 모르고 매장에서 일했는데 손님이 "이 옷 뒷모습이 너무 예뻐요. 어디 있어요?"라고 묻는 바람에 알게 되었지요.

미리 씨는 사실을 말할까 말까 고민을 하다가 이 옷은 앞뒤 어느 쪽을 입어도 다 괜찮은 옷이라고 소개를 했지요. 그날부터 미리 씨의 취미는 집에 있는 모든 옷을 앞뒤로 바꿔 입어 보는 것이었어요. 때때로 약간의 손을 보아 장신구를 다니 어느 쪽이 앞인지 뒤인지 구분이 안 될 정도로 양쪽이 다 예뻤어요.

하루는 가슴이 파인 옷을 뒤로 향하게 입고 예쁜 목걸이를 앞으로 늘어지게 걸고 지하철을 기다리고 있는데 멋진 남자가 다가와 뒷모습에 끌렸다면서 시간 있으면 차 한 잔 나누고 싶다고 말을 걸어왔다는 것이에요.

앞에만 눈이 있다고 생각했던 미리 씨는 '앞보다 뒤에 더 많은 눈이 있다'는 것을 깨닫게 되었어요. 앞모습만 꾸미던 미리 씨는 뒷모습을 꾸미기 시작했고 애인도 생겼어요. 의상 디자인에 취미가 있었던 미리 씨는 직접 옷을 디자인하여 제안했고 '뒤꾸리'라는 네이밍으로 옷가게를 오픈했어요.

6. 강의실, '맥아더 데스크' 스토리텔링

카피 : 정직이 점수보다 낫다.
네이밍 : '맥아더 데스크'는 정직한 맥아더 장군의 책상이라는 뜻

맥아더 장군이 학생이었을 때, 사고로 시험을 못 치게 되었다. 유급 받을 것을 걱정한 교수가 다른 학생들 몰래 지난 시험의 평균을 내서 89점을 주겠다고 하자 맥아더는 거절했다. '쉽게 얻은 90점보다 어렵게 얻은 90점이 의미 있습니다.'라면서 시험 칠 기회를 달라고 했다. 결국 맥아더는 교실 한가운데 놓인 책상에 앉아 혼자 시험을 봤고 점수는 100점이었다.

이 이야기를 들은 어느 학교의 교장 선생님은 교실에 '맥아더 데스크' 하나를 만들었다. 아이들이 앉아볼 수 있도록 체험을 시키면서 부정행위가 많이 줄었다고 한다. 아이들이 최선을 다해 공부하여 자신의 실력을 쌓고 정직하게 살기를 바라는 마음을 담았다.

7. 거름편, '데굴데굴 물꼬마' 스토리텔링

카피 : 거름이 되었어요.

네이밍 : '물꼬마 사과'

물꼬마 꾸르르, 또르르, 뿌르르, 쏘르르, 쭈르르는 옆 마을에 놀러 나갔다가 똥을 만났어요. 똥은 물꼬마들과 함께 놀 생각에 너무 좋았어요. 말썽꾸러기 꾸르르와 따라쟁이 뿌르르는 코를 말아 쥐고 똥을 피해 도망을 가려 했어요. 그런데 똥이 먼저 다가와 꾸르르와 뿌르르를 껴안고 데굴데굴 구르기 시작했어요. 그렇게 한 덩어리가 되어 하수구에 빠져버렸어요.

한편 꾀쟁이 쏘르르와 똘똘이 또르르는 도망가지 않고 그 자리에서 똥이랑 철벅거리면서 한 덩어리가 되어 놀았어요. 친구가 없어 심심했던 쭈르르도 같이 놀자며 쭈르르 미끄러져 들어오는 바람에 모두 뒤섞여서 똥덩이가 되고 말았어요.

저녁이 되자 농장주인이 똥장군을 지고 나타났어요. 손잡이가 긴 바가지로 한 덩이가 되어버린 똥꼬마들을 똥장군에 퍼 담아 뚜껑을 덮어버렸어요. 깜짝 놀란 똥꼬마들은 엄마를 부르며 엉엉 울었지만 아무도 도와주지 않았어요. 어디로 가는 걸까요? 흔들흔들 똥꼬마들은 멀미가 났어요.

잠시 뒤에 뚜껑이 열렸어요. 커다란 나무가 보였어요. 농장주인은 똥장군을 기울이더니 구덩이 속으로 쭈르르 부었어요. 쭈르르가 먼저 미끄럼을 타듯이 미끄러지자 나머지 꼬마들도 따라서 구덩이 속으로 떨어졌어요. 컴컴한 흙 속에서 물꼬마들은 바들바들 떨었어요. 친구들 생각도 났어요.

그때, 꿈틀꿈틀 무언가 다가왔어요.

"맛있게 생겼군. 후루루 쩝쩝."

"으악……"

물꼬마들은 무서워서 소리를 쳤어요. 그러자 똥이 침착하게 말했어요.

"괜찮아, 나무뿌리야. 우리를 도와주려는 거야. 우리를 가장 높은 곳까지 데려다주려는 거야."

"우와? 정말? 선녀가 되는 거야? 새가 되는 거야?"

"글쎄?"

"하여간 여기서 빠져나가는 거지?"

"그럼, 그렇고말고."

여름이 지나고 가을이 되었어요. 나무에는 빨갛게 잘 익은 새콤

달콤한 사과가 열렸어요.

"쏘르르야, 너무 부끄러워. 사람들이 자꾸 쳐다봐."

"나도 부끄러워. 얼굴이 빨개졌어."

"어어, 어어어, 나 이러다 또 미끄러지는 거 아니야? 나 좀 도와줘 또르르야."

쭈르르와 쏘르르와 또르르는 빨갛고 예쁜 사과가 되었어요. 사람들이 자꾸 쳐다봐서 너무 부끄러운 쏘르르와 또르르는 빨갛게 잘 익은 '홍옥'이 되었고 나무에 매달려서도 또 미끄러질까 봐 걱정하다가 얼굴이 새파랗게 질린 쭈르르는 새파란 사과 '아오리'가 되었어요. 이렇게 예쁜 사과로 변신할 수 있었던 것은 똥을 만난 덕분이에요.

사과가 된 물꼬마는 똥에게 고맙다는 인사를 하려고 불렀지만, 똥은 어디로 가버렸는지 보이지 않았어요. 물꼬마들은 땅을 보며 인사했어요. "안녕, 안녕, 안녕, 똥꼬마야."

아 참, 하수구에 빠진 꾸르르와 뿌르르는 어떻게 되었을까요? 2편에서 다시 만나요.

8. '바글바글 불꼬마(firebrat)' 스토리텔링

카피 : 책을 찾아라

네이밍 : '불꼬마'는 무엇이든 갉아먹는 좀이라는 벌레로 다섯 명의 친구가 있어요. 특히 책이나 옷을 맛있게 먹으며 불이 활활 타들어 가듯이 갉아먹고 똥을 재처럼 남깁니다. 데굴데굴 물꼬마 친구들과 친하면서도 자주 싸워요.

어느 날, 책을 읽던 민국이가 쫌쫌이를 발견했고, 친구가 되었지요. 민국이는 책 읽은 것이 싫었어요. 그런 민국이를 위해 불꼬마 쫌쫌이는 친구들을 불러 모아 회의를 열었지요. 꿍꿍이, 똥똥이, 뿜뿜이, 쫌쫌이, 쑹쑹이는 민국이네 집에 있는 책을 나누어서 모두 갉아먹어 버렸어요. 이제 민국이는 엄마한테 혼나지 않을 거예요.

집에 책이 모두 없어지고 표지만 남자 엄마는 '이상한 일도 다

있네.' 하면서 민국이를 데리고 도서관으로 갔어요. 불꼬마들은 다시 회의를 열었어요. 세상에 있는 도서관이란 도서관의 책을 모두 갉아 먹기로 했지요. 그리고 민국이 엄마가 민국이를 책으로 괴롭히고 있다는 실상을 유튜브에 알렸어요. 구석구석에 숨어 있던 정의로운 불꼬마들이 하나둘 모여들어 도서관의 책을 동시에 모두 갉아먹어 버렸어요.

책을 모두 없애주었으니 이제 민국이는 너무 행복할 거예요. 어, 그런데 민국이의 얼굴이 왜 저럴까요? 시무룩하네요. '심심해!' 민국이는 쫌쫌이에게 다시 책을 읽고 싶다며 한 권만 구해달라고 했어요. 이 세상에 책은 이미 한 권도 남김없이 모두 갉아 먹어버렸다고 하자 민국이는 3일간의 시간을 주면서 그때까지 책을 구해오지 못하면 엄마한테 이르겠다고 으름장을 놓았어요. 민국이 집에는 민국이 엄마가 때때로 사용하는 '에프 킬라'라는 무서운 가스가 있거든요.

책을 찾아 나선 불꼬마들은 어떻게 될까요?

이외에도 〈낙인 안 찍히는 낮잠 베개 스토리텔링〉〈아주 특별난 실패이력서 스토리텔링〉〈7층 대신 행운 층 엘리베이트 스토리텔링〉〈벙어리가 되어버린 조문 스토리텔링〉〈날마다 코를 바꾸는 여자 스토리텔링〉은 준비 중이다. 이상으로 6부에서는 대표 스토리텔링과 작업 중인 스토리텔링을 살펴보았다.

그렇다면 앞으로 스토리텔링은 어떤 방향으로 나아갈 것인가?

7부
할 줄은 모르지만 하라는 곳은 많다

부제 : 스토리텔링의 방향성

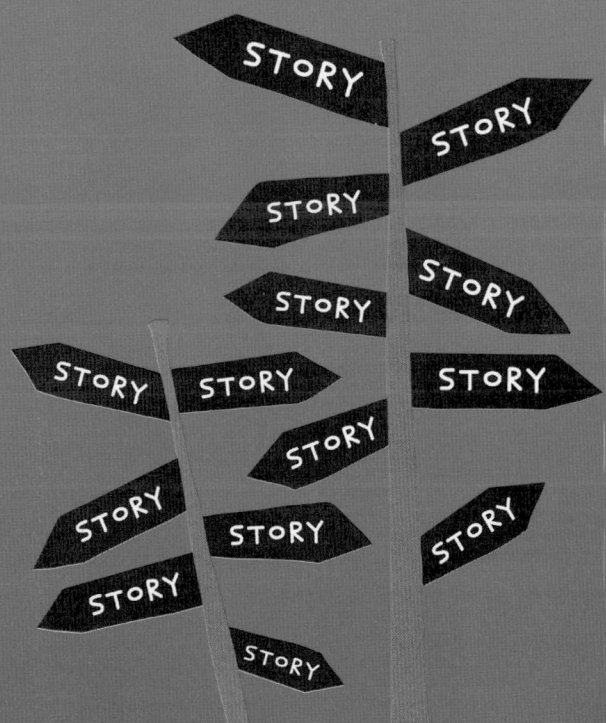

1. 이것만은 지켜야

　마지막 7부에서는 지금까지 다룬 내용을 총정리하는 마음으로 앞에서 빠진 부분을 보충해 나갈 것이다. 반드시 지켰으면 하는 몇 가지가 있다. 스토리텔링을 하다 보면 쓰고 싶고, 넣고 싶은 것이 많겠지만 빼는 것이 나은 몇 가지가 있다. 내용이 뻔하고 진부하여 클리셰 범벅인 이야기, 전설의 고향과 유사하거나 그런 귀신 이야기, 부정적이고 남을 괴롭히는 이야기, 콘텐츠와 따로 노는 이야기, 너무 긴 이야기, 갈등이 없거나 긴장이 없는 이야기, 절정이 없거나 메시지가 없는 이야기, 다른 지역에 이미 있는 비슷한 이야기와 콘텐츠, 너무 배배 꼬아 놓은 이야기, 종교색이 너무 짙은 이야기, 역사를 설명 또는 나열해 놓은 이야기, 유행에만 민감한 이야기나 콘텐츠가 아닌지 체크하면서 작업에 임하는 것이 바람직하다. 이 모든 것을 기억하고 지키기는 쉽지 않다. 그래서 주관적인 고집을 버리고 객관적으로 작품을 바라보면서 생각한 몇 가지를 솎아보았다.

'사람들에게 꼭 필요하고 사람들이 좋아할 만한 스토리텔링인가?'

지금까지 보아왔듯이 스토리텔링의 출발과 종류는 너무나 다양하다. 문학에서 말하는 스토리텔링, 마케팅에서 말하는 스토리텔링, 디지털 또는 관련 게임에서 말하는 스토리텔링이 조금씩 다르다. 문학에서는 분량이 어느 정도 길어야 하고 기승전결의 플롯이 뚜렷하고 인물 설정과 반전도 있어야 한다고 강조하기 때문에 소설과 시나리오 같은 것에 중심을 둔 영화나 연극 뮤지컬 같은 콘텐츠로 연결된다. 그러나 마케팅에서는 짧고 간단하면서 강한 인상을 줄 수 있는 한 줄 이야기로 광고 카피에 가깝다. 문학과 마케팅의 요소를 섞은 스토리텔링은 디지털 게임 같은 경우다. 어떤 경우든 스토리텔링을 체험할 때 살펴보아야 할 것이 있다.

'사람들에게 꼭 내세울 만한 컨셉트(concept)가 있는 스토리텔링인가?'

하나의 핵심적인 주제는 공감으로 이어진다. 세상 모든 이치가 비슷하듯이 스토리텔링에서도 욕심을 부리지 않는 것이 잘하는 비결이다. 짧은 스토리이든 긴 스토리이든 초지일관 한 가지 말만 해야 한다. 담백해야 한다. 원고 분량을 채우기 위해 길게 쓰는 경우에 범하는 실수 중의 하나가 뷔페 같은 글이 되어 여러 개의 주제가 될 확률이 높다. 먹은 것 같지도 않은데 배만 부른 경우처럼 재미는 없는데 분량만 많은 이야기를 읽은 경우와 같다.

정리하자면, 스토리텔링은 융통성을 발휘하여 다양하게 할 수 있지만, 사람들에게 꼭 필요한 콘텐츠를 가지고 사람들이 좋아할 만한 이야기로 하나의 주제를 가진 스토리텔링을 하라는 말인가? 그렇다.

그렇다면 수많은 스토리텔링을 어떻게 바라볼 것인가?

2. 우후죽순으로 자라는

 스토리텔링이 미래 산업을 좌우하는 인문학계의 큰손으로 자라고 있다. 그러나 마땅한 이론 없이 우후죽순으로 자라고 있는 것도 사실이다. 꼭 이론이 있어야 훌륭한 것은 아니지만 하나의 중심은 있어야 한다는 생각이다.
 내가 생각하는 스토리텔링은 크게 이야기와 콘텐츠라는 두 가지의 구성요소에 기반한다. 이야기는 플롯에 의해 탄탄해진다. 이렇듯 플롯은 이야기를 잘 짜기 위한 설계도이지 플롯이나 이야기나 콘텐츠만을 스토리텔링이라 하는 것은 스토리텔링을 과소평가한 것이 아닌가 싶다. 플롯은 보이지 않는 이야기의 뼈대이고, 이야기는 콘텐츠의 영혼이며, 콘텐츠는 이야기를 살리는 육체이다. 콘텐츠는 이야기로 만들어진 상품이며 이야기의 직접적인 전달자이다. 이렇게 잘 조합되어 사람들에게 좋은 영향을 주는 것을 스토리텔링이라고 한다. 이 세 가지 중의 하나가 빠졌다고 뭐라 할 사람이 없을지라도 스스로 소신 있는 태도는 필요하다.

다시 말하면 탄탄한 플롯에 의한 이야기를 바탕으로 체험 가능한 콘텐츠가 있을 때 '~스토리텔링'이라고 말 할 수 있다. 이야기가 길면 긴 대로 짧으면 짧은 대로 콘텐츠로 재생산이 가능하기 때문에 이야기의 길이가 스토리텔링의 기준이 될 수는 없다. 다만 인과관계가 함축되어 있어서 줄거리가 있는 이야기이고 콘텐츠가 활동하고 있다면 스토리텔링으로 볼 수 있다.

모든 이야기가 스토리텔링이 될 수는 있으나, 아무 이야기가 스토리텔링이 될 수는 없다는 말과도 같다. 스토리텔링이라고 이름을 붙이면 스토리텔링으로 이해하기 때문에 스토리텔링이 사회 전반의 보이지 않는 큰손 역할을 하는 것은 분명하고 무분별하게 스토리텔링이라는 말만 확산되고 있는 것도 사실이다. 그렇다고 이것을 꼭 나쁘다고 말하는 것도 아니다. 말이 많다는 것은 방향성을 잡아가고 있다는 것으로도 해석할 수 있기 때문이다.

중국 제자백가 시대에도 수많은 연사의 학설이 있었기에 오늘날 《논어》, 《맹자》, 《중용》, 《대학》의 사서와 《시경》, 《서경》, 《주역》의 삼경이 각각 자리를 잡고 단단히 뿌리를 내릴 수 있었다. 이와 마찬가지로 다양한 이론 속에 빛을 감추고 화광동진(和光同塵)의 자세로 있는 스토리텔링 이론도 있을 것이다.

십여 년 동안 스토리텔링 작가로 활동하면서 터득하게 된 것은 스토리텔링이 재미있고, 의미 있고, 정직해야 한다는 것이다. 이야기만으로는 이 세 가지를 만족시킬 수 없고, 콘텐츠만으로도 그

랬다. 그래서 스토리텔링에 대한 나만의 정의를 내릴 수 있었다.

'플롯이 탄탄한 일차적인 순수 이야기와 이 이야기를 바탕으로 이차적 행위 콘텐츠가 기획, 제작, 연결되어 사람들이 공감하고 체험하는 것까지 포함되어야 스토리텔링이다.'

즉, 일차적 문자 또는 음성언어로 만든 이야기와 이차적 행위언어의 콘텐츠가 융합되면 스토리텔링이라 할 수 있는데 여기에는 진정성과 도덕성이 있어야 한다는 말이다. 겉만 번지르르한 스토리텔링이 되지 않기 위해 수시로 점검해야 할 부분이다.
  일차적 언어인 이야기도 잘 구사하고 이차적인 콘텐츠도 잘 구상한다면 금상첨화겠지만 이것이 어렵다면 두 사람이 공동 작업을 하는 것도 좋다. story가 telling을 만나서 스토리텔링이 되듯이 스토리를 잘 구사하는 사람과 ~하기의 행위를 잘 구상하는 사람이 만나서 작업을 한다면 각각의 전문성을 발휘하여 좋은 결과를 얻을 수 있을 것이다.
  정리하자면, 우후죽순 자라는 수많은 스토리텔링 속에서 무작정 남들을 따라 하지 말고 자신만의 고유한 스토리텔링 창작법으로 습작을 하라는 말인가? 그렇다.
  그렇다면 이야기의 앞날은 어떻게 될 것으로 예상하는가?

3. 이야기 공학으로

　공학이란 과학적, 경제학적, 사회적 원리에다 실용적 지식을 활용하여 새로운 제품, 도구 등, 무엇을 만드는 것 또는 만드는 것에 관한 학문이다. 공학의 영역은 넓고, 세분화되어 실제 목적에 맞게 적용하기 위해서는 판단력, 상상력, 예지력이 필요한 학문이다. 공학의 범위를 더 넓게 보면서 사회, 경제, 과학에다 인문학까지 포함해 이야기 공학이라는 말로 이야기의 미래를 내다보는 것도 재미가 있을 것 같아서 붙여본 말이다.

　그렇다면 정확도에서는 이야기보다 논증이 아닐까? 논증을 대표하는 것은 논문이다. 신분 상승을 위한 행동 변화를 알아보기 위해 사람들을 두 그룹으로 나누고 한 그룹은 '신분 상승에 대한 여성들의 심리 고찰'이라는 논문을 읽게 하고 다른 그룹은 '신데렐라' 이야기를 읽게 하면 어느 그룹의 행동 변화가 더 빠를까? 몇몇 사람들과 토론을 한 결과 논문은 정확하고 이야기는 뜬금없다고 했다. 그렇다면 논문을 읽은 그룹이 신분 상승을 하기 위해 더 빠르게 모방 행동을 할까라고 물었을 때는 오히려 이야기를 읽은 그룹이 더 빨리 행동을 할 것 같다고 했다.

왜 그럴까? 논증은 단답형이고 이야기는 서술형이다. 논증은 듣고 평가해 줄 특별한 몇 사람을 초대하고, 이야기는 말하고자 하는 사람은 모두 초대한다. 논증은 틈이 있으면 실패하고 이야기는 틈이 있을수록 성공이다. 사람들은 그 틈으로 들어간다. 이야기는 틈으로 사람을 불러들여 동참시키기 때문에 누구든 참여하면서 자기 생각을 말하고 자신을 발견하여 세상과 소통하는 방식을 터득한다. '신데렐라' 이야기에는 틈이 많다. 지팡이 하나로 마차를 만들고 가장 미천한 신분이지만 가장 높은 신분의 왕자를 만날 수 있는 길도 있다. 사람들은 자신에게도 그런 행운이 올 수 있다고 믿기 때문에 신데렐라의 고난스러운 행동을 따라 하는 것이다. 그래서 지금까지 많은 드라마에서 신데렐라 모티브를 차용하는 것이다.

변화는 타인의 좋은 삶을 발견하고 모방하는 것에서 시작되어 성찰하는 것으로 완성된다. 논증보다 이야기가 사람을 모으고 동참시키고 변화시키는 힘이 빠르다고 볼 때 이야기는 점점 더 세상을 지배하는 공학으로서 입지를 넓힐 것이다.

그렇다면 이야기 공학의 방향성을 알기 위해 '현대'를 읽을 필요성이 생긴다. 현대는 디지털과 인터넷이 융합되어 새로움만 추구하는 시대이며 과거에 진리였던 것이 지금은 웃기는 시대이고,

조언해줄 어른도 멘토도 점점 사라지는 개인주의 시대이고, 진실은 없고 자신의 주관적 해석이 진실로 날뛰는 시대다. 추구만 하는 시대, 웃기는 시대, 개인주의 시대, 날뛰는 시대의 중심에 이야기가 있다. 하루에 읽고 들어야 할 이야기는 포화상태이며 최고의 콘텐츠는 인터넷과 방송 매체다. 원초적으로 결핍을 안고 태어나는 인간-말, 소, 개와 비교해 보면 1년 동안 걷지도 못하고, 보살핌 없이 살지 못하는-에게 세상을 이해하는 방식으로써 이야기는 큰 위로가 된다.

되돌아보면 아이들을 키운 것의 절반도 이야기였다. 허구인 이야기가 진실처럼 전달될 수 있었던 것은 이야기에서 생각할 여지를 찾았기 때문이다. 한 번 웃고 마는 짜릿한 이야기가 아니라 두고두고 기억의 저편에 남아 있고, 현재에도 작용하는 이야기였다. 이런 이야기를 스토리텔링의 소재로 삼고 콘텐츠로 연결하는 것이 이야기 공학도가 해야 할 일이라고 생각한다.

스토리텔링을 하는 사람, 즉 이야기 공학도는 세상 이야기를 전하는 선두주자로서, 세상 사람들의 위로자로서, 인내와 끈기로 글을 쓰는 토굴수행자로서, 미래를 점쳐 보여주는 똑똑하고 영리한 두뇌자로서, 문화를 만들어내는 문화디자이너로서, 인간 세상을 정리하여 재정비하는 문학의 에디터로서 전지적 시각을 가지기 위해 매일 조금씩 해야 할 일이 있다. 될 수 있으면 많은 책을 읽고, 영화를 보고, 전국의 콘텐츠를 두루 체험해 보는 일이다. '천 권 이상의 책과 영화를 보고 여행을 다니라'고 했다가 어느 선생님께 꾸중을 들었지만 내가 진짜로 하고 싶은 말은 그 말이다. 1천 편 이상 영화를 보고, 1천 권 이상 책을 읽어본 사람만이 느낄 수 있는 혜안과 카타르시스가 있다. 한 권의 책과 영화와 콘텐츠를 접하는 것은 그 분야의 가장 뛰어난 전문가 한 사람을 만나는 아주 귀한 시간이다. 책은 읽기는 쉬운 한 권이지만 쓰기는 너무나 어려운 한 권이다. 이런 사실을 알고 나면 한 권의 책도 하나의 문화 콘텐츠도 함부로 대할 수 없는 마음이 속에서부터 일어난다. 하나의 이야기를 다양한 콘텐츠로 이끌어가는 문화적 행위의 과정에는 여러 사람의 노고가 들어 있다.

앞으로 점점 더 문화적 행위의 주체로써 스토리텔링이 자리를 잡아갈 것이다. 더 멀리 내다본다면 전기·기계·항공·토목·컴퓨터 등의 분야에도 스토리텔링이 손을 내밀 것이다. 인간은 자체가 자신의 체험을 이야기하고 싶어 한다. 심지어 추상적 사건에도 형상화할 대상을 찾아 대입시키고 의미를 부여한다. 삶의 전반을 이야기로 만들어내고 싶어 하는 것이 인간의 욕구이기 때문에 앞으로 이야기는 더 조직적이고 체계적이며 예상할 수 없는 곳까지 스토리텔링 될 것이다.

사람의 영혼을 작은 칩 하나로 옮기는 이야기로 의사가 환자의 고통을 말 한마디 없이 진단할 수 있는 스토리텔링, 사형수의 영혼을 칩에 옮겨 디지털 감옥에 넣고 여러 사람들이 직접 사형시키는 스토리텔링 등 과학과 이야기는 점점 더 빠른 속도로 접목될 것이다. 이런 이야기들은 문학의 범주를 넘어 인간의 모든 활동 분야에 적용될 것이다. 왜냐하면 인간은 이야기를 좋아하는 호모 나렌스적 특징을 지니고 있기 때문이다.

그러므로 한국사가 공기업 취업의 필수 조건인 것처럼, 스토리텔링도 취업의 필수 조건이 될 가능성이 없지 않다. 이미 스토리텔링적인 면접을 보고 있는 기업도 있다. 예를 들어 연관성 없는 두 낱말, 서양과 자전거를 가지고 어떤 종류의 스토리텔링이든 상관없이 회사에 이익이 될 만한 스토리텔링을 해 보라고 할 수도 있다.

이럴 경우 빠른 시간에 해결할 방법은 자신의 삶에서 두 낱말을 건져내는 것이다. 두 낱말에 관계된 어떤 일화가 떠오르면 반은 건진 셈이다. 형식적이고 정확한 답변을 요구하는 것이 아니다. 어설퍼도 자기 생각을 보여주는 것이 좋고 진정성 있는 삶의 모습을 들려주는 것이 좋다. 이런 질문을 하는 이유는 창의성과 순발력과 예지력과 삶을 대하는 태도를 보기 위함이다. 그래서 평소에 스토리텔링을 연습해 보는 것이 중요하다.

정리하자면, 사회 곳곳에 적용될 이야기 그리고 이야기가 적용될 콘텐츠는 예상할 수 없는 곳까지 뻗어 나갈 이야기 공학 시대이므로 평소에 스토리텔링적인 삶을 살라는 말인가? 그렇다.

그렇다면 이야기로 직업을 삼을 수 있는가?

4. 이야기를 직업으로

  소설가, 시나리오작가, 만화가, 시인, 기자, 리포터, 방송작가, 카피라이터, 국어 교사, 비평가, 신문사 편집위원, 평론가, 구성작가, 아나운서, 판사 및 검사, 외교관, 영화감독, 쇼핑호스트, 연기자, 방송연출가, 번역가, 속기사, 보육교사, 통역가, 노무사, 만화가, 변호사, 인문학 연구원, 특수교사, 직업상담원, 구연동화가, 스토리텔링 작가… 이야기를 매개로 한 직접적인 직업도 있지만 많은 직업이 이야기와 무관하지 않다. 다만 어떤 형태로 보여주는가에 대한 차이가 있을 뿐이다.

  최근에 시선을 끄는 직업 중의 하나가 버벌리스트이다. 세상에서 제일 짧은 글로 임원급 연봉을 받는다고 하는데 현재 우리나라에 종사자는 200명 이상이라고 한다. 제품이나 서비스 이름을 짓는 일인데 짧은 이름 속에 제품의 특성과 콘텐츠를 담아내야 한다. 2부에서 스토리텔링 작법을 말할 때, '한 줄 카피 쓰기'를 매일 하라고 했던 것이 기억날 것이다. 한 줄로 뽑아낸 문장은 여러 가지 스토리텔링에 사용할 수 있다. 한 줄 카피로 네이밍을 하여 좋은 결과를 얻은 민은정 버벌리스트의 이야기는 스토리텔링을 하고자 하는 이들에게 귀감이 될 것이다.

그녀는 '내 손 안에 작은 카페'라는 카피로 '카누'라는 이름을 창작했다. 카페(CAFE)와 새로운(NEW)을 합쳐서 '카누(CANEW)'라는 검은색으로 디자인된 봉지 커피가 탄생했다. 카누가 고객들의 삶에 어떤 도움을 줄 수 있는지, 왜 존재해야 하는지, 무슨 기능이 있는지를 한 줄로 담아냈다. 카페에 가지 않아도 되는 시간적 이익, 피로를 풀어줄 커피라는 존재, 카페에서 마시는 것과 같은 기능을 해주는 내 손 안에 작은 카페인 것이다.

그녀가 이 일을 하게 된 것은 로펌에 근무하면서 떠오른 발상에서 출발한다. 상호저작권으로 소송 거는 일을 많이 보게 되었는데 이런 일이 생기지 않도록 회사 이름만 지어주는 곳이 있었으면 좋겠다고 생각했고 이것이 발단되어 이후 로펌을 나와 버벌리스트가 되었다고 한다. 준비된 자에게 기회는 온다는 말처럼 이야기를 잘 만들어내는 능력만 평소에 길러둔다면 어느 곳에서든 사용할 기회는 반드시 올 것이다.

하나의 이야기가 하나의 성공으로 이어지는 법은 없다. 수많은 시행착오를 겪으면서 하나가 완성되는 것은 그동안의 실패가 디딤돌이 되었기 때문이다. 그래서 매일 이야기를 만들어보고 콘텐츠도 기획해 보고 사람들에게 들려주기를 해 보라는 것이다. 그러다 보면 뜻밖에 행운이 찾아올지 모른다.

스토리텔링을 필요로 하는 곳은 많다. 그래서 스토리텔링과 관련된 직업군도 풍부해질 것이고 종사하는 사람들도 많아질 것이다. 그러나 아직 그 정도의 단계에 오르지 못했기 때문에 스토리텔링 종사자가 부족한 것이다. 그래서 스토리텔링이 뭔지도 모르는 직원에게 작업 지시를 하는 곳이 적지 않다. 스토리텔링에 대하여 여러 가지 방법으로 접근하고 시도해 보지만 여전히 오리무중이라고 말한다.

다시 한 번 강조하고 싶은 것은 책 읽기이다. 스토리텔링을 하고 싶거나 직업으로 생각하고 있다면 꾸준한 독서를 해야 한다. 다양한 책을 읽다 보면 상상력이 풍부해지고 머릿속에서 융합하는 힘이 길러지는데 이는 곧 창의적인 콘텐츠 기획으로 이어진다. 사람마다 나름의 목적을 가지고 책을 읽는다. 자신이 일하고 있는 분야의 배경지식을 축적하기 위함이거나 특정 작가에 대한 호기심 때문에 읽기도 한다. 때로는 아는 체를 하거나 비평문을 쓰기 위한 경우도 있다. 남들이 다 아는 작가와 그의 작품을 자신만 모른다는 자괴감이 들 때면 더 열심히 읽게 되고 토론회에 섞여서 한마디라도 하기 위해 읽는 경우도 있다. 나도 남의 찌꺼기로 겉 포장을 하며 빈 깡통이었던 적이 있었다. 지금도 독서의 변죽을 울리고 있는 사람 중의 하나일지 모르지만, 책을 읽고 그다음을 생각하며 행동하려는 사람으로 변해가고 있다는 것은 분명한 사실이다. 어떤 책을 읽던 자신의 길을 찾아갈 수 있어야 제대로 된 독서이고 그것이 작가에 대한 예의라는 것도 알게 되었다.

　스토리텔링을 하기 위해 이 책을 읽고 공부하는 것도 마찬가지다. 이 책이 각자 자신만의 길을 개척하고 다른 세계로 넘어가는 디딤돌이나 징검다리가 되어야 한다. 남이 정해 놓은 기준으로만 살지 말고 자신의 기준을 만들어내는 힘을 기르기 위해서 책을 읽어야 한다. 정리하자면, 이야기로 직업을 삼거나 이야기로 무언가 해 보고 싶다면 먼저 많은 이야기를 제대로 읽는 자세가 필요하다는 말인가? 그렇다.

　그렇다면 스토리텔링 작가가 될 수 있는 길은 어떤 것이 있는가?

5. 공모전과 작가의 길

　작가가 되는 길은 일반적으로 신춘문예나 문학상과 같은 공모전 또는 문예지를 통해 등단한다. 전문적인 스토리텔링 작가가 되고 싶다면 우리나라에서 꽤 크다고 알려진 '대한민국 스토리 공모 대전'과 한국 콘텐츠 진흥원의 '스토리움', 한국 영화진흥위원회의 '시나리오마켓' 등에 도전하면 되고 이외에도 각종 스토리텔링 공모전이 있다. 이런 대회는 문학적 차원에서 영화, 시나리오, 애니메이션, 연극, 드라마 같은 것을 염두에 두고 스토리를 뽑는다. 공모전에 당선되면 스토리텔링 작가로 인정받고 활동할 수 있다. 그 외 각 지방자치단체에서 운영하는 '스토리텔링 작가 양성 과정'도 있으며 몇몇 대학의 스토리텔링 학과도 있다. 그러나 이 모든 것의 기본은 이야기 쓰기이다. 스토리텔링을 하는 사람 중에 이야기에 신경 쓸 필요가 없다고 하지만 그것은 잘못된 것이다. 글은 못 써도 되지만 이야기 짓기는 할 수 있어야 한다.

스토리텔링의 핵은 이야기이다. 이야기는 시나리오만큼 길지 않아도 되지만 아무리 짧아도 인과관계는 있어야 한다.

스토리텔링 작가가 되기 위해서는 현실에 발을 담그고 창조의 세계에서 신이 되어야 하는 존재이다. 상상력은 기본이고 인간의 욕망을 읽어내는 힘이 있어야 한다. 자신의 손이 두 개이지만 하나는 남을 위한 것, 하나는 나를 위한 것이듯 인간을 영혼과 신체 둘로 나누는 것도 남과 나에게 가치 있는 일을 하라는 메시지로 받아들일 수 있다. 직업으로써 스토리텔링 작가가 되기 위해 여러 가지 관문을 넘는 것도 중요하지만 그보다 인간을 이해하고 위로하며 소통하는 매개를 만들어내는 창조자로서의 역량을 갖추는 것도 중요하다.

정리하자면, 작가로 나갈 수 있는 길은 여러 방향이 있으나 인간적인 면모와 글쓰기에 대한 충분한 역량을 갖춘 후에 부끄럽지 않은 작가가 되어야 하고 굳이 작가가 되지 않아도 이야기를 잘 창작해내고 콘텐츠를 기획하는 능력을 갖추는 것이 더 중요하다는 말인가? 그렇다.

그렇다면, 스토리텔링에서 꼭 해 줄 말은 무엇인가?

6. 하라는 곳, 해야 할 것

 '하라'는 곳보다 '해야' 한다는 곳이 더 많다. 지시에 의한 것보다 자발적으로 느끼는 곳이 더 많기 때문에 여러 분야에서 스토리텔링의 필요성을 말한다. 그러나 하자고 할 수 없는 것은 할 만한 사람을 찾을 수 없다는 이유가 가장 크다. 문학적인 측면과 마케팅 또는 조형, 건축적인 측면의 다양한 융합이므로 스토리텔링을 하는 사람도 다양한 공부가 된 사람이어야 한다고 본다. 양쪽을 다 공부한 사람이라면 더 유리할 것이고 그렇지 않더라도 최소한의 공부는 되어야 한다. 그렇지 않을 때에는 한쪽만 고집하는 편협성으로 인해 일을 그르칠 수가 있기 때문이다. 이야기나 플롯에 대해 하나도 모르는 건축업자가 스토리텔링을 한다거나 건축이나 조형물 또는 디자인과 광고 같은 분야를 하나도 모르는 사람이 스토리텔링을 할 때도 똑같이 생기는 문제이다.
 스토리텔링을 서사나 묘사 또는 논증이나 설명 같은 모든 담화라고 하기엔 뭔가 아닌 것 같고, 소설이나 시 같은 순수문학이라고 하기에는 뭔가 부족한 것 같고, 광고나 영상 미디어, 건축 또는 조형물이라고 하기에는 너무 가벼린 것 같고, 각종 축제나 행사라고 하기에는 남는 것이 없고….

어쨌거나 해 달라는 사람도, 하라는 사람도, 하고 싶은 사람도, 모두 고민스러운 것은 '그것이 무엇인지' 제대로 모르기 때문일 것이다. 국가를 믿고 의지하고 살았지만, 국가의 실체를 몰랐기 때문에 국가를 알기 위해 플라톤의 〈국가론〉을 읽었고, 신춘문예로 등단하고 작가로 인정받고 글을 썼지만 글쓰기의 원론을 몰랐기 때문에 아리스토텔레스의 〈시학〉을 읽었다. 책을 읽는 것은 지식의 숫자를 올리기 위함이 아니다. 알고, 깨닫고, 반성하기 위해서였다. 여기까지는 누구나 할 수 있다. 그래서? 그래서 어쩔 건데? 이 말에 대답할 수 있어야 한다. 이 책이 스토리텔링을 알게 해 주는 책에서 그치지 말고 깨닫고, 실천하는 책으로 이어졌으면 한다. 책에 있는 사례 중의 한 가지라도 도움이 되고 실천하는 계기가 되었으면 한다.

어떤 책이든 머릿속에 지식으로만 남기면 너무 아깝지 않은가? 한 권의 책이 나오기까지 한 사람은 그의 생을 아낌없이 비틀어 짠다. 그래서 한 권의 책을 만나는 일은 한 사람을 밀착해서 만나고 그의 일생을 듣는 일이다. 어떤 사람에게서든 배울 점은 있다. 베스트셀러 진열장에 자리를 잡은 사람에게서도 배우고, 출판사 창고에서 주저앉아버린 이에게서도 배운다. 제대로 알고 실천하기 위해서는 제대로 배워야 한다.

오라는 곳도 하라는 곳도 없을 때는 어디든 가보고 무엇이든 스스로 하면 된다. 당당해지려면 할 줄 알아야 한다. 세상 모든 일에 대해, 할 줄 모르는 것은 결코 자랑이 아니다. 할 줄 알면서도 자랑 안 하는 사람이 더 무섭다. 조용히 있어도 찾아가게 만드는 사람에게는 그 사람만의 강력한 무기가 있다. 할 줄 모른다고 말하는 것보다 일상에서 먼저 도전해 보는 것이 낫다.

좋은 곳, 멋진 이야기, 잘나가는 회사, 쉬운 곳에서만 스토리텔링 요청이 들어오지는 않을 것이다. 똥물을 팔아야 할 때도 있는 것처럼, 오히려 혐오스러운 것을 팔아야 할 때가 더 많을 수도 있고 그런 일을 수행하고 나면 더 큰 보람을 느끼며 성장하는 자신을 발견하게 될 것이다. 지금까지 여러 곳을 스토리텔링 하면서 후회로 남는 한 곳이 있다.

지리산 양계장에서 연락이 왔는데 약초를 먹고 자란 닭이 낳은 계란을 스토리텔링하고 싶다고 했다. 주인공 이름을 '꼬순이와 꼬돌이'라고 지어주면서 일주일 뒤에 상자에 인쇄해서 출하할 것이므로 2주일 안으로 해 달라고 했다. 모든 절차를 생략하더라도 현장답사를 가서 정말 약초를 먹고 사는 닭인지 그 닭이 낳은 알이 맞는지, 농장주인은 어떤 마인드를 가지고 진정성 있게 닭을 키우고 있는지 확인하고 이야기를 들어 본 다음 작업에 들어가야 한다고 생각했다. 플롯을 세우고 이야기를 창작하고 콘텐츠 구상까지 시간이 부족하다며 거절했다. 스토리텔링의 기회를 놓쳐서 후회하는 것이 아니다. '꼬순이와 꼬돌이'를 가족같이 키우는 농장 주인의 마음을 읽어주지 못했던 그것이 두고두고 후회된다는 말이다. 웃자고 하는 말이지만 지금도 계란을 먹을 때마다 입속에서 꼬순아, 꼬돌아라는 이름이 맴도는 이유가 그것이다. 작가가 되기 전에 먼저 인간으로서 덕을 닦아야 했다.

어떤 분야든 잘하려고 하지 말고 진심으로 해야 한다. 이것은 오래가는 비결이고 인정받는 비결이며 개인의 역사로 남기는 비결이다. 다 털어내고 뼈만 남기면 스토리텔링은 진정성이다. 지금까지 우물 안 개구리가 공간을 말하고, 여름 모기가 시간을 말하는 꼴이 되었을지 모르지만, 이 책을 마무리하면서 한마디 남길 것은 이 세상에 그 어떤 것이 활개를 치더라도 잊지 말아야 할 것은 진정성이다.

마지막으로 정리하면, 스토리텔링은 이야기와 콘텐츠의 기교로 하는 것이 아니라 진정성으로 한다. 스토리텔링은 어느 곳에서 하라고 하든, 진정성이다.

7. 첨부

    스토리텔링에 대한 것을 책으로 내기까지 참 많은 갈등을 겪었다. 이 책을 읽는 독자에게 조금이라도 도움이 될 수 있을까 하는 마음으로 아래에 몇 편을 첨부했지만, 이 또한 고민 끝에 실었음을 밝혀둔다. 칭찬받기에는 부끄럽지만, 지역주민들에게는 인정받은 관광 스토리텔링이었고 앞으로 좋은 결과를 기대하면서 지역이 발전되길 바라는 마음으로 싣는다.

    아래에 첨부하는 〈돗밤실 둘레길〉과 〈장수 힐링 하우스〉 스토리텔링은 가장 최근에 작업한 곳이다. 〈데굴데굴 물꼬마〉 스토리텔링은 원작을 바탕으로 만들어진 인형극 대본이다.

첨부 1.

영주시 장수면
장수 힐링 하우스 스토리텔링

슬로건
① 장수 힐링 하우스에서 장수 하이소
② 장수면에 가면 장수한데이(day)

스토리텔링 작가 주인석

목차
1. 스토리텔링이란
2. 주민 의견을 반영한 스토리 도출
3. 콘텐츠 기획
4. 장수 힐링 하우스 스토리텔링

Ⅰ. 스토리텔링이란

1. 장수면 스토리텔링은?
① 현시대에 따라 변화시킨 장수 지역만의 이야기
② 장수면 인물의 인생을 담은 이야기로 타인의 감정을 자극하는 이야기
③ 장수면에 온 관광객과 소통하기 위한 매개체로서 이야기
④ 장수면의 아름답고 좋은 기존 이야기에 상상을 덧붙여 관광산업에 적합한 창작 이야기
⑤ 기획 = 자료조사 + 현장 취재(인물과 문화재, 특산품) + 창작 아이디어(컨셉트, 스토리, 콘텐츠 개발)
⑥ 하나의 컨셉트에 하나의 약초 스토리와 하나의 콘텐츠를 기획한 스토리텔링
⑦ 관광상품이 될 수 있는 약초와 체험을 결합한 스토리텔링

2. 스토리텔링 시 확인해야 할 사항
① 주제문이 기억에 남는가?
② 스토리의 갈등 상황은 해결이 잘 되었는가?
③ 등장인물이 남과 다른가?
④ 체험적이고 감각적 경험이 될 만한 것이 있는가?
　　(콘텐츠, 이름, 컬러, 로고, 슬로건, 사운드, 상징 등)
⑤ 스토리의 진정성(공감력)이 있는가?

⑥ 네이밍은 읽기 좋고, 듣기 편하고, 말하기 쉽고, 기억하기 쉬운가?

Ⅱ. 주민 의견을 반영한 스토리 도출

0. 작가의 말

장수 자원 찾기에 중점을 두고 진행된 주민참여 회의에 참석하여 장수의 역사, 경관, 장점, 인물, 경제에 대한 의견을 골고루 들었습니다. 주민들의 의견을 분석해 본 결과를 말씀드리겠습니다. 의견 중에 스토리텔링이 가능한 일부만 발췌하였고 대부분 창작하였음을 말씀드립니다. 창작의 과정에 등장인물 이름은 장수면 마을 이름에서 따온 것이며, 스토리는 마을에서 재배되는 약초와 특산품, 상가, 문화재와 인물에 중점을 두었습니다.

장수면 스토리텔링의 가장 큰 목적은 장수면이 국산 약초의 원산지이며 청정 무농약 재배지인 것을 알려, 남녀노소 구분 두지 않는 관광객들이 찾아오는 도시, 체험하는 도시로 만드는 것이 제일 큰 목적입니다.

1. 손님이 왔을 때, 자랑하고 싶은 장수의 자랑거리에 대한 의견입니다

① 베어링공장을 관광자원으로 사용하기 위해선 사업주와 상

의가 필요한 부분일 뿐만 아니라 공장이 관광자원으로 활용되기엔 다소 무리가 있습니다.

② 50년 된 암자는 개인의 소유일 뿐만 아니라 작은 암자가 관광으로 연결되기엔 매력이 없습니다.

③ 長壽, '오래 가는(사는) 고장'이라는 이름의 뜻이 스토리텔링에 적합합니다.

point)

장수면의 '오래 가는 고장'에 핵심을 두고 전체적인 스토리텔링의 방향을 잡았습니다. 건강뿐만 아니라 믿음의 장수, 효의 장수, 소망의 장수, 사랑의 장수, 학문의 장수, 우정의 장수 등 7개의 카테고리를 도출하였습니다.

2. 오래되고 역사적 가치가 있는 부분에 대한 의견입니다

① 200, 300년 된 나무는 관광자원으로써 큰 매력이 없습니다.

② 우물은 현재 관리가 안 될 뿐만 아니라 물이 나오지도 않습니다.

③ 인동 장 씨 종택과 경주 이 씨 종택 중에서 '효' 이야기가 있는 경주 이 씨 종택이 스토리텔링에 더 적합합니다.

point)

장수면의 핵심 장수 7가지 중에서 '효의 장수'를 도출하여 '미역이 자라는 우물'로 스토리텔링 했습니다.

갈산 부인의 효 이야기를 스토리텔링 하였기 때문에, 우물은 차

후, 정비가 가능하다면 '효 우물'이라는 콘텐츠로 활용할 수 있습니다.

3. 아름답고 멋진 경관에 대한 의견입니다
① 주마산 해맞이는 거리의 문제도 있고 타지역과 비교하여 아름다운 일출이라 하기에는 무리가 있습니다.
② 작약꽃밭은 축제 스토리텔링에 적합합니다.

point)

작약꽃말은 '부끄러움'입니다. 신라 향가 '헌화가'에서 노인의 부끄러움을 모티브로 삼아 장수 향가로 스토리텔링을 했습니다. 장수면의 핵심 장수 7가지 중에서 '사랑의 장수'를 도출하여 '수일 부인의 헌화가'로 스토리텔링 했습니다.
차후, 작약꽃밭 체험은 주민들의 적극적인 참여가 필요합니다.

4. 장수면민 자랑, 장수의 인물에 대한 의견입니다
① 장수의 많은 분들 중에서 스토리가 참신하고 장수의 약초 재배 또는 약초와 연관성이 있는 인물 중심으로 스토리텔링에 접목하였습니다. 그러나 인물을 그대로 드러내지 않고 스토리의 일부만 차용하여 각색하고 스토리텔링 하였습니다.
② 장수면은 역사나 경관 등 관광자원으로 활용 가치가 있는 곳이 크게 없어서 인물 중심의 스토리텔링이 더 적합했습니다.

point)

인물 중심의 스토리에서 '소망의 장수' 이야기를 도출했습니다. 벼농사를 꿈으로 삼은 청년의 이야기를 '우렁부부의 벼농사'로 스토리텔링 하였습니다.

장수면의 약초는 물론이고 벼농사까지, 장수의 모든 생산물은 믿고 거래할 수 있도록 홍보하는 이야기입니다.

5. 미래에 가장 가치가 있는 것, 경제에 대한 의견입니다

① 장수면에서 생산되는 백수오는 전국 생산량의 75%입니다. 이는 스토리텔링으로 상당히 매력이 있습니다.

② 무농약 한약재 20가지, 지황, 작약, 황기, 오미자, 백출, 삼채, 백수오 등등은 장수를 약초의 관광지로 삼기에 좋은 스토리텔링 재료입니다.

point)

약초의 친정이며, 약초의 보고를 전국에 알리는 차원에서 '믿음의 장수'로 '약초의 친정'이라는 스토리텔링을 했고, '건강의 장수'로 '유황 대장'을 스토리텔링 했고, '우정의 장수'로 '가짜 백수 타령'을 스토리텔링을 했습니다. 장수면 스토리텔링의 절반 이상은 약초 이야기로 약초의 본고장임을 부각했습니다.

6. 그 외 주민들의 소망과 전설, 연화부수형 무덤에 대한 의견입니다

① 전설적인 이야기는 다소 무섭기도 하고, 부정적인 요인도 많

았으며 관광상품의 목적인 스토리텔링에 적용하기에는 무리가 있었습니다.
② 많은 분이 다양한 소망을 주셨는데 스토리텔링에 적용하기에는 지극히 개인적이었습니다.
③ 그중에 연화부수형 무덤에 대한 이야기가 흥미로워 스토리텔링에 적용하였고 장수면의 지형도 장수 할배 캐릭터로 홍보할 수 있어서 스토리텔링에 적용했습니다.

point)
연화부수형 무덤은 '학문의 장수'로 '명당, 연화부수'라는 스토리텔링을 했습니다.

이상으로 장수의 자료로 만든 일곱 가지 창작 스토리텔링의 스토리 도출을 말씀드렸습니다.

Ⅲ. 컨셉트와 콘텐츠

0. 콘텐츠 기획

주민참여 회의에서 나온 의견 중에 가장 크게 차지했던 두 부분은 어린이들을 위한 체험 공간과 약초로 장수면을 알려달라는 것이었습니다. 위의 두 가지 조건을 만족하게 할 수 있는 콘텐츠 기획에 대하여 말씀드립니다.

첫째, 장소성의 활용입니다. 장수면은 고속도로 IC와 가까워 영주시로 들어가기 전, 관광에 관문으로 장소성이 아주 좋습니다.

둘째, 국내 유일의 약초 미니 하우스 체험행사와 포토존입니다. 어린이를 동반한 남녀노소 관광객을 겨냥하여 약초라는 낯선 체험과 예쁘고 작은 집을 배경으로 한 사진 촬영입니다. 이를 위해 장수 HOUSE의 야외공간에 미니 장수 힐링 하우스 일곱 채를 기획하여 포토존과 체험존으로 활용할 수 있습니다.

셋째, OSMU(One-Source Multi-Use)입니다. 원소스멀티유즈는 지역에 맞는 스토리텔링으로 기획한 일차 콘텐츠를 사람들에게 선보이고 관광객을 유치한 다음, 스토리텔링을 통해 상품개발, 연극, 영화, 홍보캐릭터, 음식, 숙박 등 다양한 이차, 삼차 콘텐츠로 발전시키는 전략입니다. 즉 하나의 콘텐츠를 여러 매체로 이용하거나 이차 저작물을 통해 부가가치를 극대화하는 방식입니다. 원소스멀티유즈를 염두에 두고 약초 스토리텔링을 했기 때문에 전국적으로 약초를 알릴 수 있으며 후에 책자 발간, 연극이나 인형극을 통해 더 확대할 수 있습니다.

1. 장수 힐링 HOUSE

① 성인 두 명, 어린이 네 명이 들어갈 수 있는 일곱 개의 미니 하우스를 지어 나란히 놓습니다. (본 건물의 이름은 장수 힐링 하우스 한 채이고 포토존을 위한 미니 하우스는 7채입니다)

② 믿음, 소망, 사랑, 효도, 우정, 학문, 건강이라는 주제에 맞춰서 각 출입문 손잡이에 주제가 드러나게 디자인하고 전체 색

상은 파스텔톤 하우스입니다. 하우스의 주제 색상은 분홍, 초록의 파스텔톤(밝은색 2~3가지로 눈에 잘 드러나고 각인될 수 있는 색깔의 하우스)입니다. 창문은 격자, 내부는 약초 주머니로 꾸밉니다. 전국에 하나밖에 없는 '미니 약초 HOUSE' 포토존입니다.

③ 약초 할배(또는 장수 할배)와 약초 칠 공주 캐릭터입니다. 출입문 옆에는 머리카락으로 약초를 나타낼 수 있는 예쁜 캐릭터(전체 7명)를 세워 약초를 알립니다. (주세페 아르침볼도의 그림 참고, 그러나 예쁜 여자아이로 머리카락을 창작합니다)

컨셉)

'장수 힐링 하우스에서 장수하이소'

해설)

지금까지 장수는 수명, 즉 사람이 오래 사는 것만 생각해왔는데 영주시 장수면에서는 목숨뿐만 아니라 믿음, 소망, 사랑, 효도, 우정, 학문, 건강의 장수를 체험할 수 있는 우리나라 최초의 '장수 HOUSE'입니다.

체험)

미니체험 하우스 입구 슬로건: 장수비결은 '잘 웃자! 잘 놀자!

잘 먹자!'

  각 미니 하우스마다 체험할 수 있는 공간

  장수 힐링 하우스 1층에 약초 주머니 비치 : 무인함 금액(   )

  약초 갈피표, 엽서, 약초 주머니 만들기 등

캐릭터)

  1. 장수 할배

  2. 약초 칠 공주

  장수 할배(약초 할배)와 약초 칠 공주 : 약초 이야기를 들려주는 장수 할배와 약초 칠 공주

  *장수 할배의 캐릭터는 장수의 지도에서 디자인하였습니다.

  3. 장수와 일곱 HOUSE

  *세부사항은 하우스가 만들어지고 추가/삭제하면 됩니다.

  ① 믿음 HOUSE : 백 년의 약속

  문-약속 손 모양, 오미자공주캐릭터, 체험-믿음서약서 써 보기. 테이블, LED 양초, 종이, 의자 둘

    스토리) 약초의 친정

  ② 소망 HOUSE : 젊은 날의 회상

문-우렁이 모양, 지황 공주캐릭터, 체험-작은 탑쌓기, 꿈을 써서 벽에 붙이기, 종이, 탑 쌓을 수 있는 작은 돌, 테이블, 의자 둘
스토리) 우렁부부의 벼농사

③ 사랑 HOUSE : 수줍은 웃음
문-하트 모양, 작약 공주캐릭터, 체험-화관을 쓰고 꽃을 바치며 사랑을 고백할 수 있도록 조화 화관, 조화 화관과 조화, 테이블, 의자 둘
스토리) 수일 부인의 헌화가

④ 효도 HOUSE : 생각하는 마음
문-전화기 모양, 백출 공주캐릭터, 체험-여행지에 와서 부모님께 안부 전화하기, 쪽지 편지 써서 우체통에 넣기, 미니우체통, 종이, 테이블, 의자 둘
스토리) 미역이 자라는 우물

⑤ 우정 HOUSE : 엄격한 사랑
문-모래시계 모양, 백수오 공주캐릭터 체험-모래시계스피치 (모래가 다 떨어질 때까지 들어주기, 말하기 노래 부르기 등등) 모래시계, 테이블, 의자 둘
스토리) 가짜 백수 타령

⑥ 학문 HOUSE : 평온한 마음

문-책 모양, 황기공주캐릭터, 체험-성학집요 또는 장수면에서 배출된 학자의 책, 따라 써서 가져가기, 성학집요 문구, 종이, 테이블, 의자 둘

스토리) 명당, 연화부수

⑦ 건강 HOUSE : 행복한 가정

문-약초 주머니 모양, 삼채공주캐릭터, 체험-가족사진 촬영, 조명, 벽 배경 또는 거울 벽면 등

스토리) 유황대장

4. 약초 번개시장 오픈(기획)

① 한 달에 한 번 또는 매주 '장수 힐링 하우스' 앞에서 약초 및 핸드메이드 제품 판매
② 약초 음식 먹거리-삼채비빔밥, 약초빵 판매, 장수면(약초국수)
③ 캐릭터 판매

5. 작약꽃 축제

① 약초 냄새 맡고 약초 알아맞히기
② 약초밭 분양
③ 장수 할배(약초 할배) 선발 대회
(*전국적으로 공고하고 축젯날 장수 할배를 한 명 뽑아 홍보대

사로 임명)

6. 포토존

① 장수HOUSE 앞의 장수 할배와 약초 칠 공주, 미니 약초 하우스

② 롱롱플레이 : 음악이 흐르는 약초 힐링 꽃길, 소꿉놀이길

*힐링 의자 길게, 24시간 음악

③ 〈또그르르 또그르르 약초야〉: 약초 캐릭터 '또또'

아이들이 약초 이름과 효능에 대해 쉽게 알 수 있도록 약초존을 만들어서 약초 이름 부분에 공을 넣으면 아래쪽으로 굴러 나와 가져갈 수 있도록 한다.

Ⅳ. 장수면 스토리텔링

0. 장수약초 꽃말

*오미자 : 다시 만나요.

*작약꽃 : 부끄러워요.

*백출 : 마음속으로 생각하고 있어요.

*황기 : 평온해요.

*삼채 : 행복해요.

1. 약초의 친정(믿음의 장수)

① 주제 : 두전은 약초장사꾼이 아니라 약초 농사꾼이다.

② 소재 : 장수면에서 생산되는 약초, 약초 농사 외길의 장수 농부

③ 형상화 : 약초 = 딸, 약초 재배지 두전리 = 정직한 약초 농부 두전

④ 스토리텔링

-우리나라 약초의 주산지 장수를 알린다.

-장수면에서 생산되는 약초는 백 년을 약속하는 믿을 수 있는 약초임을 알린다.

-약초의 본거지를 알리는 작은 약초박물관 개념의 로비(장수 HOUSE 1층)를 만들어 다른 지역으로 보내지는 장수의 약초를 알려 '약초의 친정'을 홍보할 수 있다.

⑤ 오미자 꽃말 : 다시 만나요.

⑥ 스토리

두전은 딸부자예요. 딸들을 위해서라면 하늘의 별도 따올 만큼 두전은 딸들을 사랑했어요. 따가운 봄볕에도, 한여름 뙤약볕에서도 땀을 뻘뻘 흘리면서 일했지요. 아무리 힘들어도 딸들을 바라보면 흐뭇했지요. 행여나 딸들이 목마를까 봐 행여나 비바람에 다칠까 봐 노심초사 딸들 곁을 떠나지 않고 돌본답니다. 아버지의 사랑을 듬뿍 받은 딸들은 방글방글 웃으며 화답하듯 무럭무럭 잘 자랐지요. 두전의 딸들은 바로, 그가 기른 약초들입니다.

가을이 되었어요. 딸들은 한층 예뻐지고 성숙했지만, 두전의 얼굴은 점점 어두워졌어요. 여기저기에서 중매가 들어왔거든요. 좋

은 조건이었지만 마음이 아팠어요. 두전은 딸들과 알콩달콩 모여 살 집이 없거든요. 그러니 일찍 시집을 보낼 수밖에 없었어요.

처서가 지나자 딸들은 더욱 건강해지고 최고로 아름다웠어요. 처서가 지나면 약성이 가장 좋다고 해요. 여기저기에서 딸들을 탐냈지요. 특히, 제천한방과 산청한방, 대구약령시와 영천 한방촌에 좋은 집을 가지고 있는 부자들이 두전의 딸들을 좋아했지요. 두전은 딸들을 어루만지고 쓰다듬으며 안타까워했지요. 두전의 딸들은 아비의 마음을 아는지 모르는지 싱싱한 웃음만 짓네요. 좋은 집으로 가서 사람들의 사랑을 받으며 살 것이라는 기대에만 부풀어 있었겠지요.

때때로 검증되지 않은 외국의 약초들이 물의를 일으키기도 하는데 혹시라도 두전은 자신의 딸들이 한 무더기로 오해를 받을까 봐 무척 신경을 썼어요. 그래서 GAP 인정서로 딸들을 보호했어요.

GAP는 사람들에게 믿고 먹을 수 있는 안전한 농산물 공급을 위해 농약이나, 중금속, 식중독세균과 곰팡이 같은 해로운 물질이 없도록 청정한 환경에서 위생적으로 관리하는 제도지요. 두전의 딸들인 장수의 약초는 사람들과 GAP로 백 년의 약속을 한 셈이지요.

두전은 올해도 딸들을 멀리 시집보내면서 옛날 일이 떠올라 눈시울이 뜨거워집니다.

"가짜에요. 가짜! 생김새만 똑같다고요."

전국 방송에 난리가 난 적이 있지요. 그 바람에 두전의 딸들도 가짜로 몰려 땅에 내던져지고 오해를 받았어요. 여기저기로 시집

간 딸들은 죄도 없이 수모를 당해야 했지요. 두전이 병이 나서 누워 있을 때는 맏딸 오미자의 덕을 크게 봤지요. 두전의 삶처럼 오미자는 달고, 쓰고, 맵고, 짜고, 신맛이 나는데 허약한 심장을 강하게 도와주고 혈압을 낮춰주고 면역력을 강화해주죠. 무엇보다 스트레스를 받았거나 피로할 때, 오미자는 큰 효녀 역할을 해요. 최장수 왕으로 알려진 영조 대왕도 오미자를 좋아해서 늘 곁에 두었다지요. 오미자 덕분에 피부가 맑아지고 노화를 멀리할 수 있었다고 해요.

오미자는 병이 난 아버지가 벌떡 일어나도록 힘을 주는 상큼한 딸이었어요. 오미자의 보살핌에 힘을 얻어 일어난 두전은 아무리 힘들어도 정직한 약초 농사를 그만두지 않겠다고 다짐을 했지요.

"나는 장사꾼이 아니라 농사꾼이다."

두전은 70 평생 약초 농사로 한 우물만 팠지요. 때때로 약초 파동에 의해 약초밭을 갈아엎을 때도 있었고, 가뭄에 모두 말라버릴 때도 있었고, 가짜에 밀려 오해를 받고 땅을 치며 아파했던 적도 있었지요. 그러나 오뚝이처럼 다시 일어설 수 있었던 것은 백년의 맹세 때문이었지요.

"약초 장사가 아니라 약초 농사다."

약초 외엔 다른 것에 한눈팔지 않았기에 지금은 20가지 이상의 약초를 재배하면서 '우리나라 약초의 주산지, 약초의 친정인 장수'를 만들 수 있었던 거예요. 정직한 농부, 두전에게 작은 소망이 하나 있다면 집 한 채를 갖는 것이에요.

그가 딸이라 부르는 약초의 사진도 걸고, 약초 소개도 하고 그렇게 알콩달콩 약초들을 알릴 수 있는 집 말이에요. 오미자의 꽃말, '다시 만나요'처럼 소원이 이루어져서 이제 집이 생겼고 우리는 다시 만날 수 있어요. 약초마을에 생긴 이 집의 이름은 '장수 힐링 하우스'에요. 두전은 가슴이 벅차올라 딸들의 이름, 하나하나를 불러봅니다.

"오미자, 지황, 백출, 백수오, 하수오, 작약…"

2. 우렁부부의 벼농사(소망의 장수)
① 주제 : 한 우물을 파면 꿈을 이룰 수 있다.
② 소재 : 우렁이 농법으로 8.15 햅쌀을 생산한 젊은 농부의 꿈
③ 형상화 : 우렁이 = 일꾼
④ 스토리텔링
-농부의 꿈이 이루어진 것을 통해 장수의 쌀을 알린다.
-국순당의 쌀과 8.15 쌀이 장수의 쌀이라는 것을 알린다.
-장수면에서 생산되는 무공해 쌀농사는 친환경 우렁이 농법임을 알린다.
-우렁이의 시각으로 본 장수 농부의 '젊은 날 회상'을 통해 소망 HOUSE에서 자신들만의 꿈을 체험해 볼 수 있다.
⑤ 스토리
사람들은 우리를 장수의 '우렁부부'라 불러요. 예전에 우리는 들판에서 풀이나 먹으며 빈둥거리며 살았지요. 그런데 우리가 장

수에서 우리의 꿈을 이룰 수 있었던 것은 장수 총각 덕분이에요. 장수 총각이 우리의 재능을 알아봐 주고 해마다 우리 부부에게 농사를 모두 맡겨 준답니다. 우리를 알아주고 믿어주니 우리 부부와 자식들은 장수 총각의 벼농사를 정성껏 돕지 않을 수가 없지요.

우리가 농사를 잘 지을 수 있도록 장수 총각은 이른 봄부터 준비를 합니다. 논두렁의 풀을 깨끗이 깎아내고 10cm 이상 높여줍니다. 열심히 일하다 보면 들판도 논인 줄 알고 우리가 밖으로 기어나가기도 하니까 미리 예방하는 것이지요. 그리고 물이 들어오는 논의 입구와 물이 빠지는 논의 출구에 철망도 쳐줍니다. 혹시라도 우리가 물을 따라 기어 올라가거나 떠내려갈까 봐 세심한 배려를 해 줍니다. 논이 너무 넓어 이렇게 울타리 철망을 쳐 주지 않으면 우리는 방향감각을 잃어버릴 때가 많아요.

이렇게 우리가 일할 곳을 꼼꼼히 준비해 준 다음, 장수 총각은 모를 심어요. 모는 5일에서 7일 정도 지나면 뿌리를 단단히 내려요. 그러면 우리가 자유롭게 기어 다닐 수 있도록 논바닥에 3cm 정도의 물을 채워줍니다. 그런 다음 우리를 부르지요.

우리는 '야호!' 함성을 지르며 논으로 들어갑니다. 우리가 하는 일은 잡초를 열심히 먹어주는 것이에요. 장수 총각은 우리를 여러 곳으로 나누어 일을 할 수 있도록 배정해 줍니다. 한 곳에 몰리면 잡초를 서로 많이 먹으려고 싸움이 일어날 수도 있고 때때로 장수 총각이 애써 길러놓은 모를 잘라먹는 잘못을 저지를 수도 있거든요. 장수 총각은 눈치가 빨라요.

우리는 물속의 잡초를 남김없이 먹어 치웁니다. 어린 풀일수록 맛이 좋아요. 그렇지만 모처럼 키가 크고 뻣뻣한 것은 맛이 없어서 먹지 않아요. 우리는 잡초를 실컷 먹어 배가 부르고 장수 총각은 벼가 잘 자라 농사에 득이 되니 '누이 좋고 매부 좋은' 셈이죠.

우리 부부의 꿈은 식량 걱정 없이 자식들을 잘 키우는 거였어요. 장수 총각이 우리에게 '제초꾼'이란 직책을 주고 꿈을 이룰 수 있도록 해 주어서 해마다 우린 자식들에게 배불리 먹였어요. 참 고맙죠. 그런데 장수 총각은 우리가 그의 꿈을 이루어주었다고 도리어 고맙다고 하네요. 그의 꿈이 뭐였는지 궁금하죠? 장수 총각의 젊은 날 회상에 함께 빠져 볼까요?

20대에 장수 총각은 가난한 농부였어요. 그는 논 열 마지기에 경운기 한 대, 조그마한 트럭 한 대를 가지고 농사를 시작했어요. 남의 농사도 많이 지었고요. 잘 살고 싶어서 밤낮 닥치는 대로 일을 했고요. 장수 총각의 꿈은 대농부가 되어 밥걱정 없이 배부르게 먹고 잘 사는 것이었대요. 우리 부부의 꿈처럼 말이에요.

그런 어느 날, 장수 총각은 우리나라에서 가장 빨리 수확하는 햅쌀 농사를 지어 성공했어요. 다른 사람보다 먼저 벼를 심고, 먼저 수확을 하여 전국 1등 햅쌀이 되었지요. 햅쌀은 8월 말복, 삼복더위에 추수합니다. 추수한 쌀은 인기가 좋았어요. 독도경비대에도 보급했지요. 우리나라 광복을 기념하는 의미로 햅쌀 이름을 '8·15 광복 쌀'이라고 지었어요.

20년 동안 벼농사의 신지식인으로 외길을 걸으며 농사만 짓다 보니 열 마지기였던 논은 육백 마지기가 되었고 장수 총각은 대농부가 되었어요. 밤낮 일해도 일은 자꾸만 늘어났죠. 그즈음 농약을 쓰지 않고 잡초를 없애는 방법을 찾다가 우리 부부와 장수 총각의 인연이 맺어진 것이지요. 무논에 잡초를 없애는 작업은 '우렁이 부부가 제일 잘한다'며 인정을 해 주었어요. 우리 부부는 무척 기뻤고 장수 총각과 함께 열심히 농사를 지었어요. 그 결과 우리나라 막걸리를 제조하는 모 회사에서는 장수 총각의 청정 무공해 쌀을 인정하여 계약을 맺고 지금까지 그의 쌀로만 술을 빚어 판매하지요.

진정성 있는 농부로서 한 우물만 파다 보니 처음에 꾸었던 꿈보다 훨씬 더 큰 꿈이 이루어진 셈이죠. 잘 살고 싶어서 시작했던 농사가 세월이 지나고 보니 애국까지 하는 길이 되었대요. 모두가 힘들다 기피하는 농사였지만 '세상에 힘들지 않은 일이 어디 있을까' 하면서 꿋꿋이 농사의 외길을 걸어왔지요. 그러다 보니 대농부에 부자도 되었고, 8·15 애국쌀도 생산했고, 가족들과 행복하게 살 수 있으니 일석삼조가 되었대요. 꿈은 꾸는 것만으로도 행복하답니다. 꿈은 멀어 보이지만 아주 가까운 곳에 있다고 합니다. 실천이 중요하다는 뜻이겠지요. 장수 총각이 말했어요.

"한 우물을 파면 꿈은 이루어진다."

장수 총각과 우리 부부는 내년에 또다시 대농부와 대제초꾼으로 만날 거예요. 풀밭에서 갈 길을 못 찾고 있는 친구들에 비해 힘은 들지만, 열심히 농사를 지으니 더 의미 있는 삶이 되었어요.

소망의 시작은 열심히 일하는 것이고, 소망의 완성은 상대를 믿어주는 것이에요. 일하지 않으면 아무것도 얻을 수 없고, 믿어주지 않으면 영원할 수 없으니 말이에요. 꿈을 향해 열심히 달려가는 것은 소망을 장수시킬 수 있는 밑거름이 되지요. 자, 이제 우리는 다시 논으로 들어갑니다. 올해도 분명히 풍년이 될 겁니다.

3. 수일 부인의 헌화가(사랑의 장수)

① 주제 : 수일 부인을 향한 사랑의 약속

② 소재 : 해마다 부인에게 작약꽃을 꺾어 바치는 농부, 작약꽃

③ 형상화 : 작약꽃 = 사랑의 약속, 수일 부인 = 헌화가의 수로 부인, 농부 = 헌화가의 노인

④ 스토리텔링

- 작약 농사를 짓는 부부의 사랑을 통해 작약을 알린다.
- 작약꽃말 '수줍음'을 통해 스토리를 창작하고 작약꽃밭 체험과 '사랑 HOUSE'에서 사랑을 고백해 볼 수 있는 체험을 할 수 있다.

⑤ 작약꽃말 : 부끄러워요.

⑥ 스토리

장수에 참하기로 소문난 처녀 '영'은 꽃을 좋아했어요. 영의 나이 스물넷이 되자 여기저기에서 혼담이 오가고 탐을 내는 사람들이 많아졌어요. 영은 예쁘기도 했지만 참 지혜로운 처녀였어요.

아름다운 영의 모습은 마을 총각들의 마음을 설레게 했지요.

그런 어느 날, 소룡이라는 총각이 소 한 마리를 몰고 찾아왔어요.

"저는 축산을 합니다. 소는 물론이고 돼지, 닭도 키웁니다. 평생 고기를 실컷 먹게 해 주겠소. 나와 결혼해 주시오."

소룡은 아주 힘이 세 보였어요. 그렇지만 매일 고기를 먹고 싶지는 않았어요. 고기를 너무 많이 먹으면 살이 쪄서 뚱뚱보가 될지도 모르잖아요. 그래서 영은 아깝지만 소룡의 청혼을 거절했어요.

며칠 뒤, 성곡이라는 총각이 값비싼 귀금속이 든 함을 들고 찾아왔어요.

"저는 광부입니다. 광산에서 캔 금, 은, 다이아몬드까지 엄청나죠. 평생 금은보석을 걸고 화려하게 살 수 있게 해 주겠소. 나와 결혼해 주시오."

성곡은 정말 부자같이 보였어요. 귀금속도 탐이 났지요. 영은 고민으로 밤을 지새웠지요. 며칠 동안 곰곰이 생각한 끝에 성곡에게 정중히 거절했어요.

"재물이 너무 많아 일하지 않으면 재물의 귀함을 몰라 낭비가 심할 것이고 오히려 재물을 더 욕심내서 놀부처럼 될지도 몰라요."

이런 영을 향하여 사람들은 콧대가 높다, 잘난 척한다. 누가 영과 결혼을 할까? 처녀 귀신으로 늙어 죽을 것이라는 둥 오만 소문이 퍼졌음에도 마을 총각들은 영의 마음을 어떻게 사로잡을까 고민 또 고민했지요. 이웃 마을의 총각, 수일도 영이 참 마음에 들었지만 방법을 찾지 못하고 고민에 빠진 채, 뙤약볕이 내리는 작약

밭에서 일하고 있었어요.

햇살 좋은 5월의 한낮, 하양, 빨강, 분홍 작약꽃이 만발했어요. 바람이 지나가면서 꽃송이를 부풀려놓은 것일까요? 햇볕이 내리쬐어 효모처럼 발효 시켜 꽃을 부풀려 놓은 것일까요? 하얀 찐빵처럼 부풀어 오른 꽃송이가 탐스럽게 북실거렸어요. 작약꽃이 최고로 아름다운 오후였어요. 그 순간, 수일은 '이거다!' 싶었지요.

작약꽃 한 다발을 꺾어 안고 영에게 달려갔어요. 그리곤 꽃다발을 영에게 막무가내로 안겨주었어요. 영도 엉겁결에 꽃다발을 받고 말았지요.

"저를 부끄러워하지 않는다면 평생 꽃을 바치겠소. 나와 결혼해 주시오."

수일은 가난한 농부였어요. 수일의 모습은 볼품이 없었지요. 그렇지만 땀에 흠뻑 젖어 꽃다발을 들고 달려온 그를 보니 진심이 느껴졌어요. 그보다 '자기를 부끄러워하지 않으면'이라는 말이 참 마음에 들었어요. 가난한 것, 농부라는 것을 부끄러워하지 않는 수일의 당당함이 좋았어요. 영은 약초 농사를 좋아하는 자존심 있는 농부의 의지를 읽었던 거예요. 영은 수일의 청혼에 부끄러워서 얼굴이 빨개졌어요.

영은 수일과 결혼을 하여 '수일 부인'으로 불리며 함께 약초 농사를 지은 지 50년이 지났어요. 사람들은 수일 부부를 신라 시대 '헌화가'와 닮았다고 말해요.

"신라 시대, 수로 부인이 있었다면, 장수 시대, 수일 부인이 있지."

여든이 가까운 나이에도 변함없는 사랑의 장수, 그 비결이라면 수일은 해마다 작약꽃을 제일 먼저 수일 부인에게 바치는데 수일 부인은 아직도 수줍은 웃음을 보인답니다. 사랑은 재물보다 마음이랍니다.

4. 미역이 자라는 우물(효의 장수)
① 주제 : 효도는 부모를 가리지 않는다
② 소재 : 자식을 잃은 은 노파, 노파를 도와준 이 씨 종가 며느리, 미역
③ 형상화 : 이웃 어른들과 우리 자식, 우리 자식과 이웃 어른 간의 보살핌 = 교차 효도
④ 스토리텔링
-경주 이 씨 집안의 효를 통해 이 씨 종택, 의산서원을 알린다.
-비타민 A, D가 많아 눈에 좋고 소화가 잘되는 백출을 스토리로 알린다.
-꽃말이 '마음으로 생각한다'는 백출은 '효도 HOUSE'에서 부모님께 전화하고 편지 쓰는 체험을 할 수 있다.
⑤ 백출 꽃말 : 마음으로 생각하고 있어요.
⑥ 스토리
이 씨 종가 며느리 갈산 부인은 아침 일찍부터 분주합니다. 부인은 매일 미역국을 끓이고 백출을 우립니다. 우물에서 미역을 따고 약초방에서 백출을 구해옵니다. 백출은 깨끗이 씻어 잔뿌리

를 잘라내고, 반나절 동안 쌀뜨물에 담가 쓴맛과 잡내를 우려낸 다음, 건져서 얇게 썰어 말리고 물을 붓고 끓여 사발에 담습니다. 미역은 잘 불려 고기를 넣고 끓여 국그릇에 담고 김이 술술 나는 쌀밥 한 그릇과 함께 소반에 차려 상보를 덮어서 이고 집을 나섭니다.

갈산 부인이 소반을 이고 도착한 산 밑에는 은 노파의 집이 있습니다. 은 노파의 남편이 시류에 휘말려 반역죄로 몰리자 가족들은 뿔뿔이 흩어졌습니다. 오랜 세월 자식의 행방을 알지 못한 채, 하루하루 겨우 목숨을 연명합니다. 은 노파는 자식과 남편의 이름도 기억 못하며 홀로 사는 일흔의 할머니입니다. 은 노파는 갈산 부인을 보자 반가워 두 손을 잡고는 이내 미역국과 밥을 허겁지겁 맛있게 먹습니다. 노파가 밥숟가락을 놓자 갈산 부인이 백출 우린 물을 드립니다. 노파는 단숨에 후루룩 마시고 나서 고마운 마음을 어떻게라도 갚아야겠다는 듯이 사레들린 기침을 뱉으며 말합니다.

"솥에 찰밥 있으니 한 그릇 퍼 가시게."
"예, 그리하겠습니다."
갈산 부인은 은 노파의 말에 공손하게 대답을 합니다.

갈산 부인이 은 노파와 인연이 된 것은 찬 바람이 쌩쌩 불고 얼음이 얼어 몹시도 추운 겨울날이었습니다. 마실 나가던 갈산 부인의 눈에 들어온 것은 마을 우물에 빠질 듯이 고개를 박고 있는

은 노파였습니다. 갈산 부인은 깜짝 놀라서 달려가 은 노파를 잡고 물었습니다.

"어르신, 여기서 뭘 하십니까?"

"아, 여기 미역을 빠뜨렸소. 내가 미역국을 끓이려고 물을 길어 올리다가 그만 미역을 빠뜨렸지 뭡니까?"

"제가 도와 드릴게요. 어디 봅시다."

"예, 고맙소. 빨리 미역국을 끓여야 하는데, 밥은 벌써 다 해놨거든."

"아, 밥은 어디 있습니까?"

"우리 집 부엌 가마솥에 있다오. 하얀 쌀로 찰밥을 해 놨지."

"예, 제가 미역을 건져서 국을 끓여드릴 테니 우선 방으로 들어가 계세요. 날도 추운데."

"아이고, 미안해서…"

갈산 부인은 은 노파를 떠밀다시피 방으로 모셨지요. 왜냐하면, 우물에는 미역이 없었기 때문입니다. 우물에는 물이 마른지 오래고 조금 고여 있는 물은 이미 얼어붙어 지푸라기와 나뭇잎 등 찌꺼기만 가득 차 있었어요. 부엌으로 가서 가마솥을 열어보니 빈 솥이었습니다.

은 노파는 너무나 배가 고파 헛것을 생각했던 모양입니다. 하얀 쌀밥에 미역국을 먹고 싶어서 상상 속에서 미역을 씻으러 가고 쌀밥을 하던 중, 갈산 부인의 눈에 띈 것이지요. 부인은 일의 자초지종을 알아차렸어요. 은 노파의 방문을 열고 국을 끓이려면 시간이 좀 걸리니 한숨 주무시라 말씀드리고는 얼른 집으로 달려갔지요.

집으로 간 부인은 손 빠르게 미역국을 끓이고 쌀밥을 해서 소반에 차려 은 노파에게 갔습니다. 노파는 이런 사실을 아는지 모르는지 맛있게 먹고 난 다음, 배가 아프다고 합니다. 갑자기 밥을 먹은 탓이겠지요. 오래 비워두었던 위장에 음식이 들어갔으니 소화에 장애가 일어났던 것입니다.

갈산 부인은 마을 어귀에 약초 할배를 찾아가 말씀드리고 소화에 좋고 눈에 좋다는 백출을 구해와서 달여 은 노파에게 먹였지요. 그다음부터는 미역국과 함께 백출 우린 물도 함께 드렸더니 은 노파의 배앓이는 더는 없었답니다.

훗날, 은 노파의 살아남은 막내아들이 거지꼴로 돌아왔습니다. 갈산 부인이 할머니를 도와준 사실을 알게 되었어요. 막내아들은 갈산 부인에게 큰절을 올리며 두고두고 은혜를 갚겠다 했습니다. 그 모습을 본 갈산 부인의 아들들은 오히려 은 노파의 막내아들을 자주 찾아가서 보살펴 주었답니다. 은 노파의 손자는 또 갈산 부인의 아들들을 찾아와 고맙다고 인사를 했고, 그 손자에게 갈산 부인의 손자들이 또 찾아가고, 이렇게 서로 고맙다며 찾아가면서 대대로 이웃 어른들을 살펴봐 주는 '교차 효도'를 실천했다고 전합니다.

남의 부모도 내 부모처럼 살펴보고 보살피는 갈산 부인의 효가 알려지면서 사람들은 마을 공동우물을 특별한 우물로 여겼다고 합니다.

"아직도 우물에서 미역이 많이 난다지요?"

"그렇다네요. 미역국을 끓여 드리는 걸 보면 말이에요. 호호호."

마을 사람들이 호응을 맞춰주며 회자한 공동우물은 '미역이 자라는 우물'이 되었고 경주 이 씨 종가 며느리의 어른을 생각하는 마음 씀씀이는 후대 사람들에게 효의 본이 되어 의산서원에서 계속 전해지고 있기 때문에 효의 장수로 알려진 마을입니다.

5. 가짜 백수 타령(우정의 장수)

① 주제 : 이 세상에 완벽한 벗 하나만 있다면 살만하다.

② 소재 : 백수오, 하수오, 이엽우피소

③ 형상화 : 백수오 = 진짜 선비, 하수오 = 진짜 선비 친구, 이엽우피소 = 가짜 선비, 장수 할배 = 약초 농사 대가

④ 스토리텔링

-이엽우피소가 백수오로 둔갑하여 일어난 '백수오 파동'을 스토리로 하여 장수면에서 생산되는 백수오를 알린다.

-백수오와 하수오는 짝을 이루어 기와 혈을 돕는 약초임을 알린다.

-백수오와 하수오의 꽃말 '엄격함'을 통해 두 약초의 우정 스토리를 창작하고 '우정 HOUSE'에서 백수오의 결백으로 만들어진 모래시계 체험을 할 수 있다.

⑤ 백수오 하수오 꽃말 : "우리는 엄격해요."

⑥ 스토리

장수면에 이름난 선비, 백수와 하수는 둘도 없는 친구 사이입니다. 백 선비와 하 선비는 의술에 뛰어났지요. 하 선비는 사람의 혈을 돕고, 백 선비는 사람의 기를 도왔는데 특히 부인들에게 인기가 많았지요. 머리를 검게 하고 늙는 것을 예방해주며 갱년기 장애를 개선해주는데 탁월한 능력을 갖추고 있어서 전국 각지에서 초청을 받았지요. 연일 방송에 소개되고 백 선비를 모르는 사람은 없을 정도였어요. 백 선비의 인기는 날로 높아 중국에서도 인기가 자자하답니다.

그즈음, 장수 할배가 백 선비를 불렀어요. 장수 할배는 백 선비의 재능을 일찍 알아보고 백 선비를 키운 스승입니다.

"뻗은 뿌리가 너무 많으면 몸이 부실해지느니라. 이제는 잔뿌리는 거두어라. 네가 세상에 뿌리를 내린 지 2년쯤 지났으니 잔뿌리는 모두 버리고 한두 뿌리만 남기고 천천히 내 몸을 단련시키도록 하여라. 나무처럼 단단해져야만 너의 약성이 최고가 되느니라. 인기가 많을 때일수록 항상 몸조심해야 한다."

"예, 스승님"

"그동안 네가 이루어 놓은 것이 많으니 이제는 산에 가서 약성을 키워보는 것이 좋겠구나. 야생에서 10년만 버티면 너는 산삼보다 훨씬 인정을 받을 수 있을 것이야."

"아, 10년씩이나요?"

"10년 안에 네가 스스로 썩지 않도록 근신하거라."

"예, 스승님"

장수 할배의 가르침에 따라 백 선비는 산에 들어가기 전, 하 선비를 만나 우정을 약속하고 떠났어요.

백 선비는 산에서 온갖 고생을 하며 뿌리를 단단하게 만들었지요. 하루하루 고단했지만, 최고의 의술을 지니기 위해 견딘 시간이 어느새, 10년이 지났어요. 스승이신 장수 할배와 친구인 하 선비를 만나기 위해 백 선비는 황색꽃관을 쓰고 주름 하나 없이 훤해진 얼굴로 장수면으로 돌아왔어요.

그런데 이상한 기운이 감돌았어요. 아무도 환영해주지 않은 채, 사람들은 백 선비를 비아냥거리듯이 바라보며 때때로 수군수군 욕을 하기도 했어요. 심지어 비난을 퍼붓는 사람도 있었어요.

"가짜 백수 타령 한번 해보시지? 백수 선비!"
"이게 무슨 말씀입니까? 제가 왜 가짭니까?"
"허허어~ 벌써 다 밝혀진 일을 가지고 시치미 떼긴가?"
"도대체 저는 무슨 말씀인지 모르겠습니다."
"그래도, 모른 척하시네. 이런 못된 것 같으니."

사람들의 질책에 정신을 못 차린 백 선비는 장수 할배에게 달려갔어요. 할배는 병이 들어 앓아누워 있었고 하 선비는 눈물을 흘리며 간호하고 있었어요. 하 선비는 백 선비를 보자 반가워 두 손을 맞잡고 그간의 일을 들려주었어요.

백 선비가 공부하러 떠난 동안, 백 선비와 똑같이 생긴 어떤 놈이 나타나 백 선비 흉내를 그대로 내며 중년 부인들을 호리고 다

넜는데, 그놈과 친했던 사람들이 '신경쇠약'이 걸린 것이 발단되어 지금 전국이 발칵 뒤집혔다는 겁니다. 한마디로 그놈이 '가짜 백수 타령'을 하며 전국을 누비면서 사람들을 속인 거죠. 그 때문에 장수 할배는 제자들을 잘못 키웠다는 비난만 받고 아무도 그의 말을 믿어주지 않아 병이 났고요. 자초지종을 들은 백 선비는 너무나 놀랐지요.

백 선비는 여기저기 다니며 자신이 진짜 백수라고 말해도 하 선비 외엔 아무도 믿어 주지 않았어요. 하는 수 없이 백 선비는 가짜를 찾아 나섰어요. 그래야만 해결할 수 있을 것 같았어요. 넓은 광장에서 가짜를 만났어요.

그의 이름은 '이엽우피소'였어요. 이름처럼 백 선비를 슬슬 피하는 거였어요. 백 선비는 이엽우피소를 붙잡아 단상에 세웠어요. 그 소문을 듣고 관리들과 사람들이 모여들었어요. 백수와 이엽우피소가 눈을 부릅뜨고 마주 섰어요. 누가 진짜인지 가짜인지 정말 구분이 안 되었어요. 마치 쌍둥이 형제 같았어요. 백수가 먼저 제안했어요.

"제가 진짜입니다. 진짜는 줄기와 이파리에서는 하얀 진액이 나오고 뿌리에선 진액이 나오지 않습니다. 확인해 봐주십시오."

말을 마친 백수는 자신의 몸을 비틀었어요. 허리가 홀쭉해져 모래시계처럼 되도록 숨을 참고 비트니까 하얀 진액이 나왔어요. 이 모습을 보고 있는 하 선비는 눈물을 훔쳤어요. 이엽우피소는 기겁하며 도망가다가 단상에서 떨어져 다리가 부러졌어요. 그러자 다리에서 허연 진액이 나왔어요. 사람들은 그 모습을 보고 이 엽우피소를 향해 '가짜 백수다. 가짜는 물러가라'며 소리를 질렀어요. 하수는 단상으로 올라가 말했어요.

"이분은 제 친구 백수가 맞습니다. 저 하수는 동글동글하고 뚱뚱하고 붉은 피부를 가졌고 제 친구 백수는 다리가 길쭉하고 하얀 피부를 가졌고 줄기처럼 가는 허리를 비틀면 하얀 진액이 나옵니다. 의술에 관해서는 엄격하기 짝이 없고 산삼보다 더 나은 백수입니다. 저 하수와 백수는 십년지기입니다."

백수도 사람들을 향해 말했어요.

"저 백수를 끝까지 믿어주고 용기를 준 것은 하수입니다. 완벽한 내 편이 되어준 하수가 있어서 살맛 납니다."

두 사람의 우정에 사람들은 오~~ 하는 함성과 큰 박수를 보냈어요. 그래서 두 사람의 이름 뒤에 '오'자가 붙었답니다.

"백수, 오~~~~~"

"하수, 오~~~~~"

백 선비와 하 선비의 우정이 장수할 수 있었던 것은 어떤 상황에서도 믿어주고 기다려주었던 마음 덕분입니다. 암약초로 불리는 백수오와 수약초로 불리는 하수오는 약초의 단짝으로 흐르는 세월에도 비껴간 듯 검은 머리카락을 자랑하며 잃었던 신뢰를 회복하여 많은 사람에게 사랑을 받고 있습니다.

6. 명당, 연화부수(학업의 장수)

① 주제 : 조상은 후손을 지켜주고 후손은 조상을 잘 섬긴다

② 소재 : 연화부수형 무덤, 연화부수형은 장수 할배의 배

③ 형상화 : 조상의 묘 = 진흙 속에 핀 연꽃

④ 스토리텔링

-지형이 좋은 장수를 연화부수형 창작스토리로 알린다.

-영주 선비의 고장 중 하나인 장수를 학문의 고장으로 알린다.

-머리 좋아지는 약초, 보약의 우두머리 황기를 먹으면 마음이 평온해져서 학업에 도움이 된다. 황기 꽃말처럼 평온한 장수의, '학문 HOUSE'에서 고전 필사 체험을 할 수 있다.

⑤ 황기 꽃말 : 평온해요

⑥ 스토리

연화 마을에는 대대로 학문에 뜻을 이룬 집안이 있습니다. 이 집안에는 한 가지 특별한 이야기가 있는데 오늘날까지 사람들의 입을 통해 전해지고 있으며 많은 사람들의 귀감이 되고 있습니다. 이야기를 따라 권선 부인의 댁으로 가보겠습니다.

점심때가 다가오자 권선 부인은 손도 마음도 바쁘게 움직입니다. 정성스럽게 차린 음식을 싸리채로 만든 광주리에 담습니다. 음식이라야 보리밥 한 그릇과 나물 하나 그리고 멀건 숭늉이 전부지만 황기 농사를 짓는 남편에게 드릴 생각을 하니 행복합니다. 아끼고 아꼈지만, 오늘 아침에는 쌀독이 바닥을 드러내고 말았어요. 병든 어머니와 농사짓는 남편께 내일은 무엇으로 상을

차려서 내놓아야 할까요. 걱정도 잠시 뙤약볕에서 황기 농사를 짓느라 땀을 흘리고 있을 남편 얼굴이 떠올랐어요. 종종걸음을 치며 약초밭을 향해 갔지요.

마을 당수 나무 앞을 지날 때였어요. 당수 나무 아래에 쓰러져 있는 한 노인을 발견했어요. 깜짝 놀란 부인은 광주리를 내려놓고 노인을 흔들어 깨웠어요. 노인이 실눈을 겨우 떴어요. 노인은 힘이 하나도 없어 보였어요. 권선 부인은 광주리에서 숭늉을 꺼내 노인께 드렸어요. 노인은 숭늉을 단번에 모두 마셔버렸어요. 노인이 너무나 배가 고파 보였어요. 부인은 노인을 그냥 두고 갈 수가 없어서 광주리에서 밥을 꺼냈어요.

"남편께 드릴 점심밥이에요. 다 드리고 싶지만, 밥이 더 없어서 반만 드시어요. 죄송해요."

노인은 고맙다는 말도 없이 허겁지겁 밥을 먹었어요. 밥그릇을 쥔 노인은 부인의 말을 들었는지 못 들었는지 밥 한 그릇을 순식간에 다 먹어버렸어요. 부인은 가슴이 타들어 갔어요. 당황해하는 부인에게 노인은 빈 그릇을 주며 말했어요.

"집에 노모가 돌아가시거든 저기 저 산 아래에다 묻으시오. 내가 지나가면서 이 지팡이를 꽂아두고 가겠소."

부인에게 말을 마친 노인은 산을 향해 걸어갔어요. 부인은 광주리 속의 빈 밥그릇을 보며 눈물이 났어요. 남편에게 뭐라고 말해야 할지 생각이 떠오르지 않았어요. 빈 바구니를 이고 터벅터벅 황기밭으로 갔어요.

늦게 도착한 부인의 얼굴을 본 남편은 뭔가 일이 있었음을 직감했어요. 광주리를 열어 보이며 부인이 겨우 입을 떼려는데 남편이 먼저 말했어요.

"나, 좀 전에 밥을 먹었소. 저기 당귀 농사짓는 김 씨가 오늘따라 배가 아프다며 나보고 밥을 먹으라고 줬소."

부인은 그 말이 거짓말이란 걸 알았어요. 자신의 행동이 너무 경솔해서 밥을 제대로 챙겨오지 못했다며 용서를 빌었어요. 남편은 부인의 어깨를 토닥토닥 두드리며 위로했어요. 평화롭고 고요한 황기밭의 한낮이 지나갔어요.

얼마 뒤, 노모가 돌아가시고 노인이 점지해 준 곳에 묻었어요. 그 이후 권선 부인의 집에는 좋은 일이 연이어 생겼어요. 자식들은 과거급제도 했고요. 손자들도 모두 관직에 나갔고 후손들이 대대로 잘되는 집안이라고 합니다. 그럴 때마다 노인의 이야기는 회자하였고 오늘날까지 이어졌어요. 세월이 많이 흘러 지역개발을 하던 중 지관이 와서 땅을 보는 일이 생겼는데 지관이 탄복하며 말했다고 합니다.

"이 묘는 연화부수형입니다. 연화부수는 물 위에 뜬 연꽃, 독 속에 연꽃을 띄워놓은 모양입니다. 이런 자리는 상석과 비석을 세우면 물에 가라앉아 좋지 않습니다. 상석과 비석을 세우지 않은 것은 잘한 일입니다. 영주는 금계포란형으로 닭이 알을 품은 형세이지요. 게다가 이곳은 연화부수형입니다. 좋은 기운이 겹겹이 싸고도는데 어찌 복을 받지 않을 수 있습니까. 이곳 장수는 복이 많은 고장입니다. 어떤 일이든 장수할 곳이지요."

  장수에 훌륭한 인물이 많이 나는 것은 어른을 알아보고 조상을 잘 모시는 어진 자식들이 많아서랍니다. 또 지형이 장수 할배 형상이어서 그렇답니다. 장수 할배가 지켜주어서 학문에 밝은 자손이 많이 나온다고 장수면을 학문의 장수 터라고 합니다.

7. 유황 대장(건강의 장수)
① 주제 : 인생의 맛은 삼채 맛과 같다
② 소재 : 단맛, 매운맛, 쓴맛이 나는 삼채
③ 형상화 : 삼채 = 인생, 약방의 감초 = 음식의 삼채
④ 스토리텔링
- 귀농하여 삼채를 재배하게 된 사연을 통해 삼채를 알린다
- 어떤 음식에도 어울려 음식의 감초인 삼채를 이용한 요리를 알린다.
- 암 치료에 도움이 되는 약초, 삼채의 꽃말은 행복, '건강 HOUSE'에서 가족의 행복을 추억으로 남길 수 있는 가족사진 촬영 체험을 할 수 있다.
⑤ 삼채 꽃말 : 행복해요.
⑥ 스토리

  반구는 귀농하여 삼채 농사를 짓는 농부입니다. 반구가 삼채에 반하게 된 것은 세 가지 맛에 있다고 합니다. 삼채는 단맛, 매운맛, 쓴맛이 나는데 그 맛이 반구가 살아온 인생의 맛과 똑같아서

그렇답니다.

아내를 만났던 때가 반구 인생에 단맛의 시작이었다고 합니다. 그들은 잉꼬부부로 소문이 났지요. 그 비결은 '웃음'이라고 합니다. 힘든 일이 생기면 더 웃으려고 노력하고 자주 웃으면서 이해해 주면 된답니다.

직장생활을 하면서 반구는 인생의 여러 가지 매운맛을 다 봤다고 합니다. 일이 힘들 때마다 힘들다는 마음을 억지로라도 내려놓고 일을 '놀이'처럼 한답니다. 무엇이든 내려놓고 나니 좀 덜 맵더랍니다.

장인이 암에 걸렸을 때는 반구 인생에 쓴맛을 본 시기였답니다. 장인의 병을 낫게 해 볼 양으로 귀농하여 삼채 농사를 지었는데 삼채를 드시지도 못한 채, 돌아가셨을 때, 참 슬펐다고 합니다. 인생의 쓴맛은 곳곳에 있겠지요.

반구는 쏩쏠함을 딛고 일어나 삼채 농사를 지었는데 이번엔 부친께서 갑자기 쓰러지셨답니다. 그래서 삼채로 여러 가지 요리를 해서 드시게 하던 중, '삼채 비빔장'을 개발하게 되었답니다. 삼채에 대해서 좀 더 자세히 공부하던 중, 어떤 논문에서 알게 된 것인데 삼채가 마늘보다 유황 성분이 6배나 더 많더라는 겁니다. 그래서 반구는 삼채를 '유황 대장'이라 이름을 붙이고 아버지께 꾸준히 드시도록 했더니 병이 많이 호전되었답니다.

잘 먹는 것이 건강의 최고 비결이라죠. 아버지의 건강을 되찾아 드린 반구는 장수면의 삼채농부로 자리를 잡고, 건강할 때, '잘 먹자'라며 삼채요리 연구에 빠졌답니다. 어떤 한약이든 감초가 들어가면 맛이 좋아지듯이, 어떤 음식에든 삼채가 들어가면 잘 어울려 맛이 좋아진답니다. 약방에는 감초, 음식에는 삼채, 감초와 삼채는 몸을 건강하게 하는 쌍둥이 형제와 같답니다.

 인생의 단맛, 매운맛, 쓴맛을 다 겪고 나니 이제는 다시 단맛이 느껴진답니다. 인생에서 겪어야 할 맛은 단맛, 쓴맛, 매운맛뿐만 아니겠지요. 어떤 맛이 나든 어우렁더우렁 섞여 살아가는 것이 인생의 맛이랍니다.

 어느 날, 밥에 삼채를 넣고 삼채 비빔장으로 비벼 먹었는데 그 맛에서 인생의 맛이 느껴지더라는 겁니다. 그래서 삼채비빔밥을 만들어냈답니다. 반구의 삼채비빔밥은 바로 인생 비빔밥인 게지요. 삼채는 생으로 먹어도 좋고, 말려서 달여 먹어도 좋고 반찬으로도 좋고 약으로도 좋습니다. 어떤 음식에도 어울려 먹기 좋으니 손쉬운 건강의 파트너로 가족의 행복을 지켜주는 약초입니다.

 신이 난 반구는 새로운 차도 개발했지요. '유자삼채차'는 식후 한 잔 마시면 소화가 잘된답니다. 삼채를 먹고 많은 사람이 건강하고 행복하여 장수하길 바라는 것이 반구의 소망이랍니다. 귀농으로 인생의 맛을 개발한 반구는 이렇게 말합니다.

 "행복이 장수하려면 뭐니 뭐니 해도 '잘 웃자, 잘 놀자, 잘 먹자' 입니다."

첨부 2.

영주시 이산면
돗밤실 둘레길 스토리텔링
부제 : 오봉 십장생 로드

작품 : 스토리텔링 작가 주인석

목차
1. 주민 의견과 해결책
2. 스토리텔링이란
3. 콘텐츠 제안
4. 이산면과 돗밤실 소개
5. 스토리텔링

Ⅰ. 주민 의견과 해결책

0. 작가의 말

주민참여 회의에서 주민들이 무엇을 바라는지 알 수 있었습니다. 그중에 중복은 걸러내고 7가지 정도로 압축하여 분석해 보았습니다. 스토리텔링을 기반으로 하여 해결책을 제시합니다.

1. 영주시의 젊은 사람들이 많이 이용했으면 좋겠다
-스토리에 맞는 포토존 설치
-돗밤실 둘레길의 부제 〈오봉 십장생 로드〉에서
미션1) 오봉을 찍어라 〈정상 표시석 설치〉
미션2) 이산의 십장생을 찾아라 〈십장생 옆에 그림과 설명 간판〉

2. 용두사미가 되지 않고 마을 발전으로 부자가 되었으면 좋겠다
-인문학 강좌를 통해 전 주민의 해설사 교육
-공공근로를 통해 마을과 둘레길의 청결과 콘텐츠 보존에 함께 힘쓸 것.

3. 특색 있는 것을 찾아야 한다
-작은 실마리로 80% 이상 창작에 의존한 스토리 창작
-돗밤실과 관련성을 최대한 고려함

4. 이산면의 교육, 인문학 활용으로 이어졌으면 좋겠다

-로드 해설사 교육으로 인문학 마을로 재탄생

-돗밤실 스토리텔링 책자 발행

5. 마을 공동사업 추진이 되었으면 좋겠다

-이산 찐빵, 이산 수박은 스토리텔링의 이산 십장생에 속하는 붉은 것과 흰 것에 해당

-스토리에서 개발할 수 있는 음식 : 달빵(떡)

-자연 자원 꿀밤 나무로 이산 도토리묵 개발

6. 농산물 판매장이 생겼으면 좋겠다

-둘레길을 홍보하여 사람이 많아지면 흑석사 가는 쪽 쉼터의 빈 공터에 고정적인 날짜를 정해서 번개시장 개설

-참고

감포 가는 길 : 번개시장 오전 10시~12시까지

제주 15일장 : 15일마다 젊은 사람들이 모여 번개시장을 엶

7. 센터건립 후 눈에 띄는 조형물을 세웠으면 좋겠다

콘텐츠1) 대형 〈행복의 종〉 설치

*헤드라인 : 종을 울리면 이루어진다.

*바디스토리

이산면 돗밤실은 6·25전쟁 등 환란을 겪으면서 많은 사람들이

목숨을 잃은 곳이다. 마을에 일이 생길 때마다 종을 울렸고 사람들은 모여 함께 피했다. 어느 날, 인민군이 마을을 습격한다는 소식과 함께 종이 울렸다. 사람들은 미리 파둔 '디귿자형 동굴'로 몸을 숨겼다. 그런데 마을 처녀가 혼자서 계속 종을 울리고 있었다. 마을 총각 하나가 보이지 않았기 때문이다. 깊은 잠에 빠져 있던 총각은 요란스런 종소리를 듣고 잠에서 깨어나 겨우 목숨을 구했다. 후에 두 사람은 사랑이 이루어져 부부의 연을 맺었다는 이야기가 있다. 사람들의 생명을 구해주고 사랑을 이루게 해 준 종을 기리기 위해 〈행복의 종〉이라 이름 지었다.

콘텐츠2) 디귿자형 〈희망 동굴〉 정비
*헤드라인 : 보이지 않는 곳에 희망이 있다
*바디스토리
환란이 일어날 때마다 마을 주민들이 숨었던 동굴이다. 인민군이 동굴 두 개를 발견하고 입구에서 총을 마구 쏘아댔다. 그런데 마을 사람들은 한 사람도 죽지 않았다. 두 개의 동굴이 아니라 디귿자 모양으로 된 하나의 동굴이었기 때문이다. 입구와 출구는 보여도 보이지 않는 부분, 그곳에 사람들이 숨어서 생명을 지킬 수 있었다. 삶이 힘들고 미래가 불투명한 젊은이들에게 희망은 보이지 않는 곳에 존재한다는 것을 깨우쳐 주기 위해 이 동굴을 개방하고 〈희망 동굴〉이라 이름 지었다.

Ⅱ. 스토리텔링이란

1. 스토리텔링이란?
① 시대 경향(트랜드)에 따라 변하는 이야기
② 인생을 이해하는 이야기
③ 타인과 소통하기 위한 매개체
④ 스토리텔링 = 최초의 이야기 + 상상의 이야기 +콘텐츠
⑤ 기획 = 현장 조사 + 자료조사 + 브레인스토밍
⑥ 한 줄로 압축한 컨셉을 중심으로 한 스토리

2. 스토리텔링시 확인해야 할 사항
① 하나의 주제문?
② 스토리의 갈등 상황은?
③ 남과 다른 등장인물은?
④ 감각적 경험이 될 만한 것은?
   (콘텐츠, 이름, 칼라, 로고, 슬로건, 사운드, 상징 등)
⑤ 스토리의 진정성(공감력)은?
⑥ 네이밍(곧 광고다)은 읽기 좋고, 듣기 편하고, 말하기 쉽고, 기억하기 쉬운가?

Ⅲ. 콘텐츠 제안

1. 돗밤실 둘레길 콘텐츠 제안
① 관광객 인원체크기
② 5봉 정상 표시석
③ 스토리 간판 5개
④ 십장생 안내 간판 10개
⑤ 행복의 종(시작-끝)
⑥ 행복의 종(대형-건축물 앞)
⑦ 꿀밤 기념품과 덕담 갈피
⑧ 주제 색상 : 흰색과 핑크(3번 이상 반복할 것)
⑨ 오봉십장생 심벌마크 : 박이와 찐이
⑩ 돗밤실 둘레길 '미션' 걷기 대회

Ⅳ. 이산면과 돗밤실 컨셉

1. 이산면이란?

이산(伊山))면의 '伊'는 人 + 尹인데 윤(尹)은 천하를 다스리는 것이다. 여기에 사람인(人)을 덧붙이면 '천하를 다스리는 사람'이란 뜻이 된다. 신라 때는 높은 벼슬에 이(伊)를 쓰기도 했다. 천하를 다스리는 사람이라는 글자와 산을 합한 글자가 '이산'이다. 그러므로 이산면의 돗밤실 둘레길을 걷는다면 훌륭한 인재가 태어나는 곳의 좋은 기운을 받을 기회를 얻는 것이다.

2. 돗밤실이란?

① 꿀밤나무가 많은 마을

② 꿀밤 = 돼지밤, 꿀 = 도야지 + 밤 = 꿀밤마을

③ 도야지의 돗 + 밤 = 돗밤실

④ 현재 안동권씨 집성촌으로 단양우씨가 개척하고 안동권씨가 500년 살고 있다.

⑤ 이산면 원리(행정구역 주소) 내력

조선 태종(1413) 때 영천군 산이면 저율곡방으로 불리다가

조선 중기에는 영천군 산이면 저율곡리로

조선 후기에는 영천군 산이면 원리로 불렸다. 원리는 이산서원의 '원'에서 유래되었다.

1914년 일제의 행정개편 때, 영주군 이산면 원리로 개칭 되었다.

3. 컨셉

돗밤실 둘레길에서 오봉, 십장생을 찾아라

① 오봉 : 다섯 개 봉우리를 찍고 오복을 받으세요.

망월봉(장수)

약수봉(건강)

제비봉(부귀)

명학봉(벼슬)
묘봉(자손 번창)

② 십장생
망월봉과 약수봉 사이 : 달, 소나무를 찾아라.
약수봉과 제비봉 사이 : 물, 거북을 찾아라.
제비봉과 명학봉 사이 : 산을 찾아라.
명학봉과 묘봉 사이 : 학, 대나무를 찾아라.
묘봉과 망월봉 사이 : 해, 붉은 것과 흰 것(이산 수박과 이산 찐빵)을 찾아라.

*십장생이란
일월산천, 송죽구학, 녹지(붉은 것과 흰 것 = 이산 수박과 이산 찐빵)
 -해, 달, 산, 물, 대나무, 소나무, 거북, 학, 사슴과 영지(이산 수박, 이산 찐빵)
 -십은 동서와 남북을 잇는 수로, 모든 것을 갖춘 완전한 수
 -일월 : 지혜로운 존재
 -산천 : 불변의 존재
 -송죽 : 절개와 의지의 존재
 -구학 : 장수와 기상의 존재
 -록지 : 순수함과 신선의 음식(수박과 찐빵)

③ 컨셉 해설

사전에 불행을 막고 행운을 누리는 돗밤실 사람들의 둘레길에는 '돗밤실 십장생'이 있다. 국내 유일의 '오봉 십장생 로드'로 다섯 개 봉우리를 찍으면서 다섯 가지 복을 받고, 십장생을 찾아 그 의미를 알아가면서 아이들에게는 학습의 재미를, 어른들에게는 불로장생과 만수무강한 삶의 행운도 덤으로 얻을 수 있기를 기원한다.

Ⅴ. 돗밤실 둘레길의 오봉 십장생 스토리텔링

0. 출발지 현수막
단 한 번만 체험해도 삶이 달라집니다 -오봉 십장생 로드-

1. 출발 : 행복의 종
6·25전쟁을 겪으면서 비상시에 마을 사람들의 생명과 재산을 위험으로부터 구하고 행복을 준 종입니다. 종소리가 많이 날수록 마을이 번창한다는 의미가 있어서 돗밤실 둘레길의 오봉 십장생을 찾아가는 사람들은 출발을 알리는 종을 칩니다.

한 번 울리면 장수
두 번 울리면 건강

세 번 울리면 부자

네 번 울리면 출세

다섯 번 울리면 자손 번창

2. 망월봉

장수하세요.

*특징 : 소나무가 많고 보름달을 보는 장소가 있음

*스토리 : 달로 간 토끼

 노총각 성진은 팔순의 노부모와 함께 돗밤실에 살고 있었어요. 성진은 매일 산에 갔지요. 좋은 나무를 찾으러 갔죠. 그렇지만 매번 허탕 치고 잡목만 가득 지고 집으로 돌아와야만 했어요. 좋은 나무를 찾아내진 못했지만 잡나무가 영 쓸모없었던 건 아니에요. 잡나무로 부모님 방에 군불을 넣어드렸고 때때로 시장에 내다 팔아먹을 것을 사 오기도 했지요.

 그러던 어느 날이었어요. 그날도 성진은 산에 갔어요. 평소 좋아하는 노래를 부르며 열심히 나무를 자르던 성진은 올가미에 걸려 발버둥치고 있는 토끼를 발견했어요. 깜짝 놀란 성진은 토끼를 구해 상처 난 곳에 송진을 발라주었어요. 토끼를 놓아준 성진은 부모님이 챙겨준 떡을 먹으면서 쉬었어요. 그런데 토끼가 숲속으로 돌아가지 않고 성진에게 다가와 귀를 핥아주며 옆에 계속 앉아 있는 거예요. 배가 고파서 그런가 싶어서 성진은 떡을 조금 떼어 토끼에게 주며 말했어요.

-어서 집으로 가거라.
-한 가지 궁금한 것이 있어요.
　토끼의 음성이 들리는 거예요. 성진은 자신의 귀를 만지며 토끼를 보았어요.
-제가 귀를 핥아주었잖아요. 이제 저와 대화 할 수 있어요.
-그렇구나! 그런데 무엇이 궁금하냐?
-방금 부른 노래 다시 한 번 들려줄 수 있나요?
-아, 그 노래? 그래, 뭐 그러지 뭐.
　달아달아 밝은 달아 이태백이 놀던 달아
　저기저기 저 달 속에 계수나무 박혔으니
　옥도끼로 찍어내고 금도끼로 다듬어서
　초가삼간 집을 지어 양친 부모 모셔다가
　천년만년 살고지고 천년만년 살고지고
-그런데 왜 이 노래를 날마다 부르나요?
-네가 다 들었나 보구나. 내가 이 노래를 부르는 건 우리 부모님이랑 좋은 집 짓고 살고 싶어서 그래. 부모님은 연로하신데 아직 움막에서 살고 계시거든. 내가 어서 좋은 나무를 구해서 집을 짓고 편히 모시고 싶어서 노래를 부르는 거야.
-좋은 나무가 어떤 건데요?
-음, 저기 저 달 속에 나무 같은 거지.
-그래요? 그럼 제가 발이 빠르니까 달에 뛰어가서 나무를 구해 올게요.

성진이 대답할 새도 없이 토끼는 저만치 뛰어가고 있었어요. 성진은 토끼를 뒤따라가며 배가 고플 수도 있으니 떡이라도 가져가라며 챙겨주었지요.

성진은 산봉우리에 앉아서 토끼가 돌아오길 기다리며 날마다 달을 쳐다보았어요. 성진의 옆에는 산 속의 토끼들이 한 마리 두 마리 모여들었어요. 아무리 기다려도 달로 간 토끼가 돌아오지 않자 또 다른 토끼 한 마리가 나서서 자신이 달로 가서 알아보겠다며 훌쩍 뛰어갔지요. 어찌 된 일인지 두 마리 토끼 모두 돌아오지 않았어요.

토끼가 달로 간 지 한 달이 지나 그믐이 되었어요. 토끼를 기다리다 성진은 지쳐서 산봉우리에 누워 있었는데 토끼가 헐레벌떡 뛰어왔어요.

-그믐을 이용해서 달님이 잠든 사이 잠깐 빠져나왔어요.

-도대체 어떻게 된 일이냐?

-그게 말이에요. 달님이 말이에요.

-그래 달님이 어쨌다는 거냐?

-달님을 만나서 먼저 가져간 떡을 드렸지요. 그리고 달님께 성진 님의 사정 이야기를 하고 나무가 필요하다고 말씀드렸어요. 달님은 떡이 너무 맛있다면서 떡을 좀 더 만들어주면 나무를 주겠다고 했어요. 그래서 저는 떡방아를 열심히 찧어 떡을 만들어 달님께 바쳤지요. 그런데 달님은 떡을 너무 잘 먹었고 산봉우리마다 산신령을 불러 모아 떡을 대접했지요. 제가 아

무리 떡을 많이 만들어도 날마다 떡이 모자랐어요. 그런 어느 날, 제 친구가 왔더군요. 사정을 들은 친구도 제가 떡을 만드는 걸 도왔지요. 둘이서 떡방아를 아무리 많이 찧어도 떡은 늘 모자랐어요. 제가 달님께 항의했지요. 떡을 이렇게 많이 만들어 드렸는데 왜 나무를 주지 않느냐고 했지요.

-그래서?

-그런데 달님은 또 다른 말을 하는 거예요. 떡이 너무 맛있기 때문에 이 세상 사람들이 모두 떡을 나누어 먹을 수 있는 날 나무를 주겠다고 했어요. 그래서 제가 못 돌아온 거예요. 어서 돌아가서 빨리 떡을 만들어 주고 나무를 가지고 돌아올게요.

토끼는 달로 돌아갔어요. 달님이 가장 기분 좋아서 훤히 웃는 보름날이 되었어요. 성진이 달을 쳐다보니 나무 아래 두 마리 토끼가 마주 서서 계속 방아를 찧고 있었어요. 성진은 곰곰이 생각에 잠겨 토끼들을 돕기로 마음을 먹었어요.

다음날, 성진은 떡을 많이 만들어 마을 사람들을 산봉우리로 불러 모아 떡을 먹으며 잔치를 열고 다 함께 '달아달아' 노래를 불렀어요. 노래 소리는 달님의 귀에도 들렸겠지요. 모든 사람이 떡을 먹고 있는 것을 본 달님은 더는 토끼를 잡아 둘 수가 없어서 나무를 줄 수밖에 없었어요. 달님은 토끼에게 나무를 주며 말했어요.

-토끼야, 나무는 너희 동네에도 많단다.

-예?

-키가 크고 이파리가 푸르면 좋은 나무지? 사실 여기 있는 나무

는 사람들이 만든 상상의 나무란다.

-예? 뭐라고요? 아아, 알겠어요. 그렇지만 우리 동네엔 그런 나무는 없어요.

-하하하,

토끼는 달님이 나무를 도로 뺏어 갈까 봐 얼른 어깨에 메고 성진에게 달려왔어요.

-은혜를 갚게 되어 기뻐요.

-내가 더 고맙구나.

-이 모든 것이 떡 덕분이에요. 성진 님이 주신 떡 덕분에 나무를 얻을 수 있었어요. 그런데 말이에요. 달님이 주신 나무가 상상의 나무라면서 우리 동네에서 가장 좋은 나무라고 이상한 말을 했어요. 그렇지만 나무를 얻어서 참 다행이에요.

-그렇구나, 하여간 집을 지을 수 있는 나무가 생겨서 참 기쁘다. 그리고 달님을 탄복시킨 떡이니 이제부터 이 떡을 '달떡'이라 불러야겠구나.

성진은 너무 기뻐 나무를 밤새 안고 잠이 들었어요. 그런데 다음날 일어나보니 너무나 낯익은 나무가 성진 앞에 있는 거예요. 찬찬히 살펴보니 소나무였어요. 성진은 토끼의 말을 되새겨 보다가 아, 하고 깨달았어요. 성진이 그토록 얻으려 했던 귀한 나무가 바로 소나무였던 거예요. 눈앞에 귀한 것을 두고 몰라봤던 거지요.

성진은 이산의 계수나무인, 소나무로 집을 지어 부모님과 함께 돗밤실에서 오래오래 장수를 누리며 행복하게 살았지요. 그날 이후, 달에는 계수나무도 없어지고 방아를 찧던 토끼 두 마리도 보이지 않는답니다. 보름달을 한 번 쳐다보세요. 가장 소중한 것은 가장 가까이에 있다는 것을 알게 해 주는 달님에게 간절히 소원하고 기도하면 무엇이든 이루어지게 해주던 봉우리라 하여 '망월봉'이란 이름이 붙었어요.

① 십장생 : 달, 소나무를 찾아라
② 포토존 : 저 높은 곳을 향하여, 계수나무집 쉼터와 달망 토끼 의자, 달떡, 소나무 피톤치드 길 표시판

3. 약수봉:
건강하세요.
*특징 : 거북 바위가 있고 옛날에 약수터였다는 흔적이 있음.
*스토리 : 거북이 된 모자

돗밤실 이웃 마을에는 무엇이든 박박 긁어모으고 쌓아놓는 것을 좋아하는 구 부인이 있었어요. 구 부인에게는 딸만 일곱 명 있었기 때문에 아들 낳는 것이 소원이었어요. 구 부인은 백일기도를 하면서 아들만 낳게 해 주면 많이 베풀고 살겠다고 신께 맹세를 했지요. 구 부인의 기도가 통했는지 아들을 낳았어요. 그런데 구 부인은 약속을 잊어버리고 더 욕심을 부리며 살았지요.
-내 아들과 천년만년 잘 먹고 잘살 거야.
그런데 이상한 일이 생겼어요. 통통하게 살이 오르던 아들이 등

이 가렵다고 난리가 난 거예요. 구 부인은 아들의 등을 날마다 긁어주며 온갖 약을 다 구해다 먹였지요. 그래도 아들의 등은 나을 줄 모르고 피딱지가 꾸덕꾸덕 겹겹이 앉았고 건드리기만 하면 피가 줄줄 흘렀어요.

구 부인은 날마다 아들을 업고 약을 구하러 다녔죠. 하루는 피부병에 명약명수가 있다는 돗밤실 약수봉을 알게 되었죠. 구 부인은 약수봉으로 한달음에 달려갔어요. 과연 약수봉의 바위틈에는 맑고 깨끗한 단물이 흘러내리고 있었어요. 구 부인은 바위틈에 자리를 잡고 아들을 물에다 씻기고 먹였지요. 날마다 약수에 치료를 한 덕분에 아들의 등에 붙어있던 딱지가 조금씩 떨어지고 피부병이 많이 나았어요.

그런 어느 날, 구 부인은 아들을 씻기다가 바위 위에서 나는 이상한 소리를 들었어요.

-약수봉의 물을 먹으면 그렇게 된단 말이지요?

-그렇고말고요. 그런데 딱 천일을 그렇게 해야 되요.

-천 일 동안 몸과 마음을 다 비우고…

-그럼, 혹시? 천 일 동안 물을 먹고 신선이 된 이가 있습니까?

-흠, 아직 없지요. 그게 보통 일이 아니니까요. 그런데 최근에 용 한 마리가 나타나 신선이 되어 영원히 살겠다고 약수를 휘젓고 구정물을 일으키고 난리가 났지요. 아무도 못 먹게 난리를 치다가 벌을 받아서 그대로 소나무가 되어 버렸죠. 그놈이 지랄용천을 한 거죠. 그래서 나는 그 소나무를 '지랄용천나무'

라고 부르지요. 허허허. 저기 저 아래에 있답니다. 내려가다가 한 번 보시지요.

-그런 일이, 허허허, 허허허허허

약수봉에서는 일 년에 한 번, 산신령들이 모여 물 위에 술잔을 띄우고 이야기를 나누는, 유상곡수 놀이를 해요. 산신령들의 비밀을 들은 구 부인은 정신이 번쩍 들었어요. 약수를 천 일 동안 먹으면 신선이 되어 영원히 살 수 있다는 말을 들은 셈이지요. 구 부인은 옳거니 싶었어요. 아들과 천년만년 사는 것이 구 부인의 꿈이었으니까요. 구 부인은 당장 바위틈에다 튼튼한 움막을 지었어요. 그리고 아들과 함께 열심히 물을 먹고 몸을 씻었지요. 그런데 흐르는 물을 조금씩 받아서 씻으려니 힘들기도 했고 욕심이 나기도 했어요. 혹시 누군가 약수를 먼저 많이 먹고 신선이 되어 버릴까 봐 걱정도 되었고요.

구 부인은 물을 가두기 시작했어요. 한 방울도 흘러내리지 않도록 튼튼하게 돌을 쌓고 짚과 흙으로 막아 연못을 만들어 놓고 아들과 구 부인만 사용했지요. 아들의 등딱지는 많이 떨어져 나가 새살이 돋아났어요. 구부인은 신선이 되는 것을 상상하며 신이 났어요.

그런데 마을에서는 난리가 났어요. 가뭄도 들지 않았는데 마을의 우물마다 물이 다 말라버린 거예요. 하늘만 쳐다보던 마을 어른들은 더는 기다릴 수 없었던지 음식을 잘 차려 산신령께 제를 올렸지요. 특별한 날도 아닌데 마을 사람들이 왜 찾아왔나 싶어 산신령은 가만히 들어보았지요.

-신령님, 신령님, 마을에 물이 다 말라 버렸습니다. 우리가 무엇을 잘못했는지 모르겠지만 용서하시고 물을 내려 주십시오.

-물이 없다고? 여기 산봉우리에 물이 이렇게 많은데 어째서 마을에 물이 없다는 거지?

산신령은 산봉우리에서부터 아래로 찬찬히 살펴보았어요. 그러다 깜짝 놀랄만한 광경을 발견했지요. 약수바위 밑에 물이 가득 고여 있는 거예요. 가까이 가서 보니 어떤 여자가 아이를 데리고 그곳에서 씻고 먹고 물놀이까지 하고 있는 거예요. 산신령은 여자 앞에 나타났어요. 구 부인은 깜짝 놀라 아들을 안고 엎드렸어요.

-너희들은 여기서 무얼 하고 있느냐?

-예예, 아들의 피부병을 치료하는 중이에요.

-그런데 물은 왜 가두었느냐?

- ……

-물을 왜 가두었지?

- ……

-바르게 말하지 않으면 큰 벌을 내릴 것이다.

-예예, 말씀드릴게요. 사실은 아들 피부병을 고치러 왔다가 천일 동안 여기 약수를 먹고 몸을 씻으면 신선이 된다는 비밀을 엿듣게 되었습니다. 신선이 되어 아들과 영원히 함께 살고 싶은 마음에 물을 가두어 두고 먹고 씻었습니다.

-뭐? 네가 신선이 된다고? 너의 욕심으로 마을에 물이 모두 말

라버렸다.

-잘못했습니다. 정말 잘못했습니다. 용서해 주십시오.
-아들의 피부병을 고치려고 왔으면 그것으로 만족할 일이지. 쯧쯧. 아직 아들의 등에 딱지가 다 떨어지지도 않았는데 또 다른 욕심을 냈느냐? 네 소원이 아들과 영원히 함께 사는 것이라 했느냐? 네 소원을 들어주마. 등에 딱지를 업고 사는 거북처럼 너희 모자는 약수봉 아래 거북바위가 되어 영원히 함께 살 거라.
-예? 뭐라고요?
-거북바위를 찾아와 기도하는 아픈 사람이 있거든 너희들의 긴 수명을 아낌없이 나누어 주거라. 그리하여 너희의 수명이 모두 없어지는 날, 너희는 다시 사람으로 태어날 것이다. 그러나 너희가 또 욕심을 부려 수명을 나누지 않는다면 너희 둘은 영원히 바위로 남아 있을 것이다.

천 일을 하루 앞두고 산신령에게 들켜버린 구 부인은 용서를 빌며 통곡을 했지만, 아들을 안고 엎드린 채로 바위가 되어버렸답니다. 그 모양이 아기를 안고 있는 거북 모양이라서 '거북바위'라고 부른답니다.

그 후, 무슨 일인지 약수바위는 산산조각으로 부서졌고 약수봉에 물은 더는 흐르지 않았어요. 마을 사람들은 새마을 사업을 하면서 흩어진 바위 조각을 주워 집집마다 담을 쌓거나 우물 벽을 쌓거나 마을 댐을 만드는 데 사용했어요. 그로부터 돗밤실 마을에는 물이 마른 적이 없었으니 산신령이 약수봉의 물줄기를 집집마다 내려보내 준 모양이에요. 일 년 내내 집에서 약수를 마시며 '건강'하게 사는 돗밤실 사람들은 옛날 약수가 흘러넘쳤던 봉우리를 기억하며 '약수봉'이라 부른답니다.

① 십장생 : 물, 거북을 찾아라.
② 포토존 : 포석정처럼 유상곡수 쉼터,
　　　　　나무 계단길 〈방하착 계단〉 팻말-내려가면서 욕심 하나씩을 내려놓기
　　　　　방하착(放下着)이란, 손을 밑에 둔다는 말로 '내려놓아라' '놓아버려라'는 의미.
　　　　　용이 승천했다는 나무의 팻말을 〈지랄용천나무〉 교체

4. 제비봉
부자 되세요.
*특징 : 흔들 그네와 흔들의자가 있고 소나무 숲이 좋은 쉼터가 있음.
*스토리 : 사람의 이마에 집을 짓는 제비

따뜻한 봄날, 처마 아래에서 수 노인이 꾸벅꾸벅 졸고 있어요. 수 노인은 이마가 정말 길었어요. 키의 절반이 이마였으니 말이에요. 머리카락은 머리 뒤쪽에만 있어서 이마는 훤했지만, 수염은 아주 길고 덥수룩했어요. 수 노인은 벙글벙글 잘 웃고 춤도 잘 추고 술을 아주 좋아했어요. 수 노인의 마당에는 아지랑이가 피어올랐고 마당 한가득 노란 개나리와 호랑나비, 흰나비, 제비들이

날아다녔어요. 수 노인의 눈에는 이 모든 것이 아른아른 흔들려 보였어요.

 어찌 된 일인지 며칠 전부터 제비들이 날아와 수 노인의 초가집 마당을 빙빙 돌며 빨랫줄에 앉았다 날아가고 앉았다 날아가기를 반복하더니 오늘은 마당 가득 하얀 똥을 싸 놓았어요. 마치 눈이 온 것처럼 하얗게 말이에요. 어떤 집에서는 제비 똥이 싫어서 제비를 내쫓기도 한다지요.

 분주히 오가던 제비가 오늘 아침부터 집을 짓기 시작했어요. 부지런히 진흙과 짚을 물어다가 촘촘히 섞어가며 집을 짓고 있어요. 제비는 사람이 사는 집만 찾아다니며 집을 지어요. 제비는 빈 집은 싫어해요. 구렁이나 쥐 같은 것들이 나타나 새끼를 잡아먹을 수도 있거든요. 그런데 사람이 사는 곳은 그런 적들로부터 보호받을 수 있거든요. 제비는 기와집보다 초가집 처마 밑을 더 좋아해요. 제비는 집을 짓도록 처마를 내준 사람에게는 꼭 보답을 한다고 해요. 흥부놀부 이야기 알죠? 제비는 아무리 멀리 떨어진 곳에서도 집을 지었던 곳을 기억해서 되돌아오는 능력이 남다르대요. 그래서 제비를 길조라고 해요.

 하여간 수 노인은 누구든 집에 오는 걸 좋아해요. 아침부터 마을 손님과 약주를 마신 탓인지 햇살 아래 앉아 있다가 꾸벅꾸벅 잠이 든 거예요. 수 노인은 잠결에 어렴풋이 왁자지껄한 소리를 들었어요.

 ─돗밤실 산에는 황새밭골, 참새밭골, 꿩골, 거미골, 호랑밭골,

학봉도 있는데 우리만 골짜기가 없어. 그러니 우리를 잘 받아
주는 수 노인집으로 우르르 모여들 수밖에 없잖아.

-그러게 말이야. 수 노인한테는 좀 미안하지만 어쩔 수 없이 여
기에라도 집을 지어야지.

-야, 그렇지만 이마에다 집을 지으면 어떡하니?

-그럼 어떡해? 여기라도 지어야 새끼를 낳고 키워서 농사를 거
들 수 있지. 우리가 벌레를 잡아야 마을에 풍년이 오고 집집마
다 부자가 되지 않겠니?

-그야 그렇지. 그렇다고 수 노인의 이마에다 집을 짓냐?

-너희들이 수 노인의 동서남북 처마에 먼저 자리를 잡고 집을
지어버렸으니 별수 없잖아.

-그래도 그렇지. 수 노인이 잠에서 깨면 어떡할 거야? 다른 집
도 있는데.

-무슨 소리야? 수 노인의 처마에는 우리 조상 대대로 집을 지었
다고.

-그만, 그만! 이렇게 자꾸 다툴 것이 아니라 우리에게도 다른
새들처럼 쉴 수 있는 산이 하나 있으면 좋으련만. 우리가 농사
를 돕는 사이 다른 새들이 산을 다 차지해 버렸어.

시끄러운 소리에 수 노인은 잠을 깼어요. 이마가 묵직했지요.
손으로 만져보니 올록볼록한 사발 같은 것이 손에 잡혔어요. 그
때 사발 안에서 제비 부부가 지지배배, 인사를 하는 거예요.

-이런 제비집이구나. 허허허!

-지지배배!

-오호라! 집터를 못 잡았구나.

-지지배배!

-오냐, 오냐, 잘 지었다. 내 이마가 최고의 집터구나. 너희가 새끼를 낳고 잘 기를 때까지 내가 너희 집이 되어주마. 그리고 새끼가 날 수 있을 때, 너희들이 쉴 수 있는 산도 선물해 주마.

-지지배배! 지지배배!

수 노인은 제비집을 이마에 달고 조심조심 살았어요. 수 노인은 일을 할 수 없어서 양식이 떨어지고 굶고 있으면서도 제비 새끼와 함께 즐겁게 노래를 불렀어요. 소문은 일파만파 퍼져나갔어요. 제비집을 달고 있는 이상한 노인을 구경하러 사람들이 모여들었어요. 수 노인은 조심스럽지만 친절하게 사람을 맞이하고 제비도 구경시켜주었어요. 사람들은 몸이 말라가는 수 노인에게 먹을 것과 재물을 주고 갔어요. 엄청 술이 먹고 싶었지만 제비 새끼가 다 자랄 때까지는 참기로 했어요. 잘못해서 넘어지면 제비집이 망가지고 새끼들이 다 죽을 수도 있으니까요. 술을 못 먹어도 제비집을 달고 조심조심 엉거주춤 춤을 추면서 제비들과 노래를 부르며 행복하게 살고 있는 수 노인을 보러 온 사람들도 덩달아 춤을 추며 즐거웠지요.

그런데 말이에요. 언젠가부터 수 노인의 손을 잡고 함께 놀면서 제비를 보고 간 사람들은 하는 일마다 잘 되더라는 거예요. 그때부터 '제비가 사람의 몸에 앉으면 재물이 늘어난다'는 소문이 났어요. 부자가 되고 싶은 사람들은 제비와 수 노인을 만져보기 위해 더 많은 재물을 들고 찾아오기 시작했어요. 제비를 구경하러 온 사람들의 줄은 마을 입구까지 이어졌어요. 수 노인의 창고는 곡식이 넘쳐나고 수 노인은 부자가 되었어요. 수 노인의 집 처마에 터를 잡은 제비들도 새끼를 많이 낳아 농사를 도왔지요. 마을도 덩달아 부자가 되었어요.

제비 새끼가 날기 시작하자 수 노인은 덩실덩실 춤을 추면서 산을 올랐어요. 마을의 제비가 모두 수 노인을 따라갔지요. 어찌나 흥겹게 산에 올라갔던지 산에 사는 동물들이 모두 수 노인의 뒤를 따라 춤을 추며 산꼭대기로 올랐어요. 멋진 소나무도 튼튼한 팔을 스윽 내밀며 수 노인을 붙잡았지요.

-여기 그네를 매달아 신나게 타면 좋겠네.

소나무의 팔에 긴 줄을 매달아 그네를 만들었어요. 수 노인은 새들이 밀어주는 그네를 신나게 탔어요. 동물들도 신이 나서 돌아가면서 그네를 탔어요. 마음이 흡족한 수 노인은 다시 산을 올라가다가 작은 봉우리를 발견했어요. 집에서 살던 제비들은 벌써 지쳐 보였어요. 수 노인은 제비 새끼들이 힘들어 보여서 발걸음을 멈추었어요.

-오늘부터 여기 이 봉우리가 제비들의 놀이터다.

-지지배배! 지지배배!

숲속 모든 새들이 축하해주었어요. 드디어 제비도 자신들만의 봉우리가 생긴 거지요. 제비들은 해마다 진달래에게 부탁하여 이산의 봄소식을 가장 먼저 제비봉에서 흠뻑 핀 진달래로 알려주었어요.

수 노인이 흔들흔들 덩실덩실 춤을 추며 갔던 길에는 '흔들그네'와 '출렁다리'가 있어요. 가을이 되어 제비들이 남쪽으로 돌아갔어요. 수 노인은 제비집을 떼어 산봉우리에 놓아주었지요. 돗밤실에는 새 이름으로 된 골짜기가 많은데 '재물'을 물어다 주는 제비를 닮은 봉우리, 제비 이야기가 있는 봉우리라 하여 '제비봉'이라 부른답니다.

① 십장생 : 산을 찾아라
② 포토존 : 흔들그네, 출렁다리, 제비집, 춤추는 산(팻말)

5. 명학봉
성공하세요.
*특징 : 학자를 상징하는 대나무가 많고 여러 종류의 새들이 많음.
*스토리 : 돌을 물어 나르는 학

세상이 당쟁으로 시끄러울 때였어요. 상대방의 부패와 권력 남용을 꼬집으며 서로를 견제했지요. 말다툼은 상대방을 거부하고 물리치는 것이 대부분이었을 뿐만 아니라 상중에 입는 옷의 문제, 세자를 세우는 문제로 시작되었어요. 다툼은 동물이 새끼를 치듯 동서남북으로 갈리고 대소로 찢기기에 이르렀어요. 선비들도 모이기만 하면 왈가왈부했어요. 돗밤실 윤 선비도 나라 걱정이 많았지요. 그러나 하루도 게을리할 수 없는 것은 글공부였어요. 글공부를 열심히 하여 나랏일을 하는 관리가 되는 것이 꿈이었거든요.

하루는 글공부를 하던 중, 밖이 하도 시끄러워 내다보았지요. 박봉산 근처에서 나는 소리였어요. 윤 선비는 밖으로 나와 산으로 올라갔어요. 박봉산으로 가는 작은 봉우리마다 온갖 잡새가 무슨 일인지 지지거리고 있었어요. 시끄러운 새소리를 듣고 있자니 머리가 아파 귀를 막고 올라갔어요.

한참을 오르다 보니 봉우리 하나가 나왔어요. 그런데 봉우리엔 자그마한 돌들이 소복이 쌓여있는 거예요. 선비는 산봉우리에 잔돌무더기가 있는 것을 이상히 여기고 가만히 앉아서 돌무더기를 지켜보았지요.

잠시 후, 한 마리의 학이 날아와 잔돌 무더기에 사뿐히 앉더니 입에서 무언가 뱉고는 '두' 하고 길게 소리를 내고는 날아가는 거예요. 아, 여기서 잠깐요. 학의 수컷이 '두' 하고 울면 암컷이 '두루두루' 하고 따라간다고 해서 학을 순우리말로 '두루미'라고 불러요. 하여간 두루미와 학은 같은 새예요. 학이 날아가고 난 뒤, 윤 선비는 돌무더기로 가보았어요. 조금 전, 학이 뱉은 것은 조그마한 돌이었던 게 분명했어요. 학은 종일토록 잔돌을 물어다 놓고 딱 한 번, 소리를 내고는 날아가는 것이었어요. 그런데 다른 새들은 시도 때도 없이 종일 지저귀고 있었어요.

한낮이 되자 하늘에 시커먼 그림자 하나가 숲으로 날아가는가 싶더니 지지거리던 새 한 마리가 하늘에서 버둥거리는 것이 보였어요. 아뿔싸! 매가 새를 낚아채 가는 것이었어요. 잠시 뒤에 또 지저귀던 새 한 마리가 잡혀갔어요. 검은 폭풍처럼 날아온 매는 새소리가 요란한 곳으로만 빙빙 돌더군요. 선비는 무릎을 탁, 쳤어요.

-학이 돌을 물어다 나르는 이유가 있었구나.

지혜로운 학은 함부로 소리를 내지 않았어요. 소리를 내지르고 싶은 것을 참기 위해 스스로 입에 돌로 재갈을 물렸던 거예요. 그렇지 않으면 다른 새들처럼 지저귀다가 매에게 잡혀간다는 것을 알았던 거예요. 함부로 소리를 내지 않는 것이 살아남는 길이란 것을 학도 다른 새들을 보며 깨우쳤던 거예요.

윤 선비는 새들과 학을 보면서 크게 깨우쳤어요. 이 사람 저 사람 어울리며 함부로 이 말 저 말 떠들어대기보다는 글공부를 더 열심히 하여 꼭 해야 할 말을 딱 한 번 바르게 할 수 있는 학 같은 사람이 되리라 다짐을 했어요.

무리 지어 몰려다니며 떠들어대던 선비 중에 몇몇은 당쟁에 휘말려 죽음에 이르기도 했지요. 또 천 리 밖으로 귀양을 보내 가시울타리 속에서 살게도 했고요. 당쟁이 심할 때였으니 옳고 그름보다는 기분에 따라 걸고넘어지면 어떤 것이든 죄가 될 수 있었으니까 특히 입을 조심해야 했어요. 말은 하기는 쉽지만 주워 담기는 어렵거든요.

유교 경전에서는 학을 어질고 덕이 있는 선비, 현인군자(賢人君子)에 비유하기도 했어요. 덕을 감추고 사는 선비가 학과 닮았다는 뜻인데요. 돗밤실의 윤 선비가 학의 지혜를 잊지 않고 열심히 공부하여 '출세'의 뜻을 이루게 된 곳이라 하여 '명학봉'이라 부른답니다.

① 십장생 : 학, 대나무를 찾아라
② 포토존 : 학, 침묵의 잔돌 무더기, 조릿대를 더 심어주세요

6. 묘봉
자손 번창하세요.
*특징 : 일몰이 좋고 마을과 가장 가까움.
*스토리 : 거미처럼 살고 싶은 고양이

돗밤실에는 새해가 되면 대대로 내려오는 효제충신 행사를 해요. 설 다음 날 마을 사람들이 모두 모여 '공동세배'를 하는 것인데요. 공동 세배를 최초로 만든 분은 권병호 어르신인데 현재까지 이어져 오고 있답니다. 세배가 끝나면 어른들은 덕담과 재미난 이야기를 들려주었다고 해요. 오늘은 그 이야기 중의 하나를 들려줄게요.

돗밤실에 권 선비 집에는 쥐를 잘 잡는 기특한 고양이 한 마리가 있었대요. 권 선비의 낙은 고양이를 곁에 두고 말동무를 하며 글을 읽는 것이었는데요. 그 당시는 권력에 아부하는 잘못된 사람들이 많아서 선한 선비들이 떼죽음을 당하거나 쫓겨나는 일이 많았다고 해요. 그때 권 선비의 친인척들도 수난을 많이 당했다

고 합니다. 권 선비는 고양이를 벗하며 고난을 이겨내고 있었던 것이지요.

그날도 책을 읽다가 마당을 내다보니 고양이가 쥐 한 마리를 잡아 죽이지 않고 까불거리며 쥐를 놀리고 있는 거예요. 쥐는 혼이 빠져 쓰러졌다가 일어나 달아나고 다시 잡히고 쓰러지고 반복하는 거예요. 그러다 고양이는 쥐를 앞에 앉히고는 뭐라고 말을 거는 것 같았어요. 고양이의 행동이 신기해서 권 선비는 호기심이 생겼어요. 조용히 고양이를 따라가며 관찰했지요.

고양이는 쥐를 앞에 두고 앞발로 툭툭 건드리며 말을 거는 것 같았어요. 쥐는 죽은 듯이 엎드려 있다가 일어나며 찍찍 소리를 냈고요. 권 선비는 귀를 더 쫑긋 세우고 고양이와 쥐의 이야기를 들어보았지요.

-야, 쥐야! 너는 뭘 먹어서 그렇게 맛있게 살이 통통 올랐냐?

-아이고, 아야, 아야.

-야, 빨리 말해. 네가 뭘 먹는지 말해주면 내가 너를 살려주겠다.

-예? 그럼 가르쳐드릴게요. 제발 살려주세요. 저는 아무거나 다 잘 먹지만 제가 특히 좋아하는 건 박봉산에 사는 참새가 최고 쫄깃쫄깃하니 맛있어요. 아마도 마을 사람들의 곡식을 늘 훔쳐 먹어서 그럴 거예요. 훔쳐 먹느라 많이 날아다녀서 그런지 날개가 특히 맛있어요.

-오호, 그러냐? 이런 나쁜 참새를 내가 당장 잡으러 가야겠구나.

쥐를 놓아준 고양이는 박봉산으로 달려갔어요. 고양이는 나무

위에 숨어서 참새들이 날아오길 기다렸어요. 참새들이 지저귀며 무리지어 날아와 나무에 앉았어요. 때를 놓치지 않고 고양이는 날쌔게 뛰어올라 참새 한 마리를 잡았어요. 고양이는 참새를 잡고 한입에 먹으려다 갑자기 궁금한 것이 생겼어요.

-참새야, 네가 남의 것을 잘 훔쳐 먹어서 너의 살이 엄청 맛있다는 이야기를 들었다. 그래서 너를 잡아먹으려고 한다. 할 말 있니?

-아니, 아니에요, 누가 그런 말을 해요. 저보다 더 맛있는 게 있어요.

-아니? 그게 뭐니?

-저는 세상에서 제일 맛있는 걸 먹어요.

-그게 뭐니? 가르쳐주면 너는 살려주겠다.

-예예, 가르쳐줄게요. 제발. 세상에서 제일 맛있는 것은 사마귀에요. 수컷을 잡아먹은 암사마귀가 제일 맛있어요. 가족끼리 물고 뜯으며 잡아먹어서 그런지 고소하니 맛있습니다.

-그래? 저런 못된 것이 있나? 당장 잡으러 가야겠다.

참새를 날려 보내준 고양이는 숲이 우거진 곳으로 갔어요. 커다란 나뭇잎에서 소복하게 알을 낳고 있는 사마귀를 발견했어요. 고양이는 날카로운 발톱으로 단숨에 사마귀를 잡아 땅에 거꾸러뜨렸어요. 순식간에 공격을 받은 사마귀는 날개를 부풀리고 일어서려고 했어요.

-야, 사마귀야, 너는 배가 고프면 눈에 뵈는 것이 없는 모양이

더구나. 가족끼리도 잡아먹는다며? 네가 얼마나 맛있는지 내가 널 먼저 잡아먹어야겠다.

-아니 이게 무슨 말씀이세요? 저보다 더 나쁘게 사는 것들도 많다고요.

-뭐? 너보다 더 나빠?

-예, 줄을 치고서는 가만히 앉아 기다리면서 큰 것 작은 것, 위 아래 예의 없이 모두 잡아먹죠. 야옹님도 잡아먹을지 몰라요. 그래서 살이 통통 올라서 알도 엄청 많이 낳죠. 자식이 엄청 많아요. 그것들 몇 마리만 잡아먹으면 영양보충 다 될 걸요?

-허허, 그게 누구냐?

-저기, 저 봉우리에 사는 거미예요.

-오, 그렇구나. 위아래도 모르는 놈, 당장 잡으러 가야겠다.

고양이는 한달음에 건너편 산봉우리로 갔어요. 아무리 둘러보아도 산들만 얼키설키 얽혀서 거미줄처럼 보일 뿐, 거미는 한 마리도 보이지 않았어요. 온종일 기다리던 고양이는 사마귀에게 속은 기분이 들었어요. 그때, 고양이의 눈앞으로 줄을 타고 주르르 내려온 거미가 보였어요. 거미가 줄에 매달려 대롱대롱 흔들거리는 바람에 고양이의 눈도 뱅글뱅글 돌았어요. 거미는 있는 힘을 다해 다시 줄을 타고 올라가 거미줄 한가운데 떡하니 앉아 정신을 못 차리고 있는 고양이를 내려다보았어요.

-야옹 님, 나를 잡으러 왔나요?

-으으, 그래. 위아래도 모르고 닥치는 대로 잡아먹는다는 예의

없는 너를 잡으러 왔다.

-그래요? 제가요? 저는 남의 것을 뺏은 적 없고, 훔친 적은 더 없으며, 가족끼리 싸우지도 않아요. 그냥 제가 쳐놓은 줄에 걸리는 것들만 먹습니다. 술에 취해 비틀거리는 것들, 너무 욕심이 지나쳐 먹이를 손에 쥐고도 저를 잡으러 오다 걸린 것들, 실없이 빈둥거리며 날아다니는 게으른 것들, 일도 하지 않고 저의 줄에 걸린 먹이를 탐내는 것들, 뭐 대충 이런 것들이 제가 쳐놓은 줄에 걸리더라고요. 저는 제 일을 열심히 하며 자손을 번창시키는 것이 저의 가장 큰 행복이에요. 뭐니 뭐니 해도 가족이 최고거든요. 산의 구석구석에 거미줄이 얼마나 많은지 모르죠? 그게 모두 저의 자손들이 쳐 놓은 거랍니다.

-그렇구나. 그런데 사마귀가 아니, 참새가, 아니, 쥐가, 아니 아니구나. 내가 쓸데없이 모두를 쥐 잡듯 잡았구나. 내가 남의 말만 듣고 실속 없이 여기까지 왔구나.

-하하하, 그러시군요.

-네가 자식을 많이 낳고 곁에 두고 사는 모습을 보니 먹이만 쫓았던 내 모습이 부끄럽고 무척 외롭게 느껴지는구나.

-너무 슬퍼하지 마세요. 지금부터 하면 되죠.

-지금부터? 그래, 지금부터 나도 너처럼 멋지게 살아야겠다.

-네네. 야옹이 님의 꿈이 이루어지도록 선물을 하나 할게요.

거미는 꽁무니에서 실을 뽑아 허공에다 커다란 글자를 써 주었어요.

'꿈이 꼭 이루어지리라'

고양이는 거미를 잡으러 왔다가 오히려 좋은 친구를 얻었어요. 석양을 받아 거미줄 한가운데 앉아 있는 거미가 붉은 해처럼 훌륭하게 보였어요. 무에서 유를 창조하고, 허공에 자신의 우주를 넓혀가는 모습이 사방으로 비추는 햇살 같았어요. 고양이는 거미에게 인사를 하고 골골송을 부르며 집으로 돌아왔어요. 고양이를 계속 지켜보던 선비는 감동했지요. 자신도 거미가 줄을 치듯, 자손을 번창시키리라 다짐했어요. 권 선비는 자손 번창 뿐만 아니라 인간관계에 대해서도 많은 생각을 하게 해 준 고양이에게 고마워했지요.

해마다 설날이면 공동세배를 마치고 어른들의 덕담과 조상들의 이야기를 들을 수 있어요. 그래서 돗밤실은 '효 시범마을'로 인정을 받았어요. 그리고 권 선비의 뜻을 기리기 위해 고양이와 거미가 만난 봉우리를 '묘봉'이라 불렀어요. 이는 한자로 고양이 묘(猫)를 쓴 것이기도 하고 거미줄처럼 산세가 얽힌 모습이 그림을 그려놓은 듯하다고 그릴 묘(描)의 뜻으로 쓰기도 하는데 권 선비가 자손 번창을 맹세한 후 뜻이 이루어졌기 때문에 이 봉우리를 '묘봉'이라 부른답니다.

① 십장생 : 해를 찾아라
② 포토존 : '꼭, 이루어지리라. 멋진 당신, 멋진 돗밤실에서' 거미줄(가운데 해 모양 거미), 체험판, 덕담갈피(무료 또는 판매)- 박스 또는 기계

7. 도착 : 행복의 종

돗밤실 둘레길을 완주한 사람에게 축복을 내리는 종이에요. 완주를 끝낸 사람들은 완주하였음을 알리는 종을 치죠.

한 번 울리면 장수

두 번 울리면 건강

세 번 울리면 부자

네 번 울리면 출세

다섯 번 울리면 자손 번창

8. 사모바위

사모는 고려 말에서 조선 시대에 걸쳐 문무백관이 평상시에 쓰던 관모로 앞이 낮고 뒤가 높은 2단 모자예요. 사모는 관청에 출근할 때 쓰던 모자이기 때문에 출세와 벼슬, 큰 인물로 대변 하기도 해요. 바위의 모양이 사모와 닮아서 '사모바위'라 이름 붙였으며 돗밤실의 훌륭한 인재를 배출하고 보살피는 상징물로서 영험함이 있답니다.

① 포토존 : 사모를 써 볼 수 있는 체험

② 콘텐츠 : 사모 부스 만들기

9. 이산 찐빵과 이산 수박

① 십장생 : 이산 찐빵과 이산 수박을 맛보라

② 포토존 : 박이와 찐이(손잡고 있는 빨간 수박 모형과 하얀 찐

빵 모형)

③ 컨셉 : 알고 먹으면 복 받아요! 알고 먹으면 더 맛있어요!

이산의 돗밤실에는 십장생이 있다. 십장생은 사람에게 복을 주고 건강하게 오래 사는 열 가지를 말한다. 해, 달, 산, 물, 소나무, 대나무, 거북, 학 그리고 붉은 것과 흰 것을 의미하는 사슴과 영지버섯인데 지역마다 마지막 두 가지는 다를 수 있다. 이산의 십장생 여덟 가지는 산에 있으며 마지막 두 가지 붉은 것과 흰 것은 이산의 명물, 이산 수박과 이산 찐빵이다. 순수한 찐이와 맑은 박이는 돗밤실 둘레길 걷기의 화룡점정이다.

*이산 찐빵 스토리

돗밤실 마을에 사는 권 씨 부인의 아들이 대학을 갔다. 아들이 공부하는 동안, 부인도 무엇인가 해야겠다는 생각이 들었다. 그 옛날 한석봉과 어머니 이야기가 생각났기 때문이다. 부인은 아들이 공부를 끝낼 때까지 자신도 맛있는 빵을 만들어내야겠다고 생각했다. 아들이 학교에 가고 나면 열심히 빵을 만들어 아들과 친구들 이웃 사람들과 나누어 먹었다. 부인은 더 많은 빵을 만들었다. 누구에게나 찐덥게 대하는 부인의 마음 씀씀이를 본 사람들은 이 빵은 그냥 빵이 아니라 부인의 찐더운 마음이 든 빵이니 '찐빵'이라 부르자고 했다. 매번 그냥 나눠 줄 것이 아니라 팔라고 성화였다. 그 바람에 찐빵 장사를 하게 되었다. 부인은 고마운 마음에 봉지가 넘치도록 찐빵을 담아 주었는데 아직까지도 그러하다.

우리나라에서 개수가 제일 많은 푸짐한 찐빵이다. 이때부터 순수한 권씨부인의 마음이 담긴 찐빵은 찐빵이 아니라 권 씨 부인의 막내 '찐이'가 되었다.

*참고 : 찐덥다는 순우리말로 마음이 흐뭇하고 만족스러운 상황을 나타내는 말이다.

*이산 수박 스토리

이산의 돗밤실 둘레길에는 약수봉이 있다. 약수봉에는 신들의 음식이라 할 수 있는 맛있는 물이 넘쳐흘렀다. 그런데 욕심을 부린 어떤 모자가 물을 가두어 놓고 쓰는 바람에 산신령이 화가 나서 약수바위를 없애버렸다. 대신에 약수의 물줄기를 마을의 땅속 깊숙이 흘려보내 주었다. 논밭 농사도 잘 되었고 특히 수박 농사가 잘 되었다. 땅속 깊숙이 약수를 먹고 자란 수박은 이산의 자랑거리로 '박터지게 잘 팔린다'고 해서 이산 수박을 '박이'라 부르게 되었다.

*박이와 찐이

이산 수박과 이산 찐빵에서 탄생한 캐릭터는 박이와 찐이다. 박이와 찐이 캐릭터는 이산면을 소개하는 메인 캐릭터로 사용할 수 있다.

-돗밤실 둘레길 소개하는 캐릭터
-특산물 소개하는 캐릭터

-캐릭터가 박힌 소품 등

첨부3

환경인형극 『데굴데굴 물꼬마』

극작: 조재현
원작: 주인석(물꼬마 스토리텔링 동화)
연출: 조국원
　　　환경부. 영주시(환경사업소) 주최
　　　영주소백산예술촌 주관
　　　극단두들, 극단영주 제작 참여

데굴데굴 물꼬마 인형 극본
출연 배역 캐릭터 : 쏘르르, 쭈르르, 꾸르르, 또르르, 뿌르르, 님프, 다섯 대왕들

1장. 물의 나라

공연이 시작되면서 영상으로 된 '데굴데굴 물꼬마'라는 글자가 사라지면서 새로운 세상으로 빨려 들어가듯 중앙에서 뱅글뱅글 돌더니 다른 세상이 펼쳐진다(물꼬마들의 세상).

하늘에서 이슬(색상이 있는 구 형태)이 등장해서 산으로 다가가며 계곡을 들어간다. 클로즈업되면 '풍덩!' 하는 소리가 들리면서 흐르는 계곡물 영상 위로 다섯 개의 구 형태의 물꼬마들이 소리를 지르면서 흘러간다!

물꼬마들 : (누구는 무서워하고! 누구는 신났다)
꾸르르 : 엄청 빨라! 헤헤헤
쏘르르 : 으아악! 앞에 폭포가 있어!
또르르 : 다들 준비해! 떨어진다아아아!
물꼬마들 : 으아아악!!

(풍덩 소리와 함께 물이 튀기는 영상이 무대를 뒤덮고, 동시에 물꼬마 막대 인형이 등장한다.)

쏘르르 : 으아아 진짜 무서웠어!
뿌르르 : 무서워하기는?! 나는 하나도 안 무서웠거든!

쭈르르 : 나는 그냥 계속 미끄러져서 내려왔어! 헤헤

또르르 : 어?! 얘들은 누구지? 처음 보는 친구들인데?

꾸르르 : 얘들은 여기사는 애들이 아닌가 봐!

(무대 위에 영상으로 작은 물고기들이 등장한다! 물고기들이 다양하게 움직인다. 빠르게, 천천히)

또르르 : 아악! 물고기들아 우리는 먹는 게 아니야.

물고기 : 후후후 먹으려고 한 것은 아니고 너희들 냄새가 너무 좋아서.

뿌르르 : 뭐? 우리 냄새가 좋다고? 처음 듣는 말이네?!

물고기 : 너희들은 정말 깨끗하고 향기로운 물들이야.
 우리 물고기는 좋은 물을 만나면 입속에 넣었다가 향기 맡고 내뱉기도 하고 동그란 물방울을 만들기도 하는데, 그건 좋다는 표현이야!
 하지만 세상에는 고약한 냄새가 나는 물이 너무 많아. 어떤 물은 먹으면 숨도 못 쉬고 캑캑거리다 죽어버리기도 해.

쏘르르 : 숨도 못 쉬는 물이 있다고?

물고기 : 응. 더러운 물에선 살기가 어려워, 독약이지.
 우린 그런 물을 너무 많이 먹어서 맑은 물 찾아 산을 타고 여기까지 오게 된 거야! 그런데 여긴 어디야?

쏘르르 : 여긴 공기도, 물도 가장 맑은 소백산 계곡이라는 곳이
         야.
물고기 : 그렇구나. 우리 여기서 살아도 될까?
또르르 : 당연하지! 물은 물속 생물 모두의 것이야!
         우린 데굴데굴 물 꼬마들이야.
물고기 : 데굴데굴 물 꼬마?
또르르 : 작은 물방울들이 모여 큰물 만들어 보내는 물 꼬마들
         이지.
         자! 우리 물 꼬마 친구들을 소개할게.
(물고기 영상이 아웃되고 조명효과! 음악이 나온다)

S1 - 물꼬마들 노래

나는 꾸르르, 말썽꾸러기 물꼬마! 호기심 많은 꾸러기.
   이리 보고 저리 보고 궁금하면 못 참아요.
나는 또르르, 똘똘이 물꼬마! 탐구 잘하는 대장.
   머리도 좋고, 달리기도 잘하죠!
나는 뿌르르, 따라쟁이 물꼬마! 빵구쟁이 뿡뿡!
   냄새는 고약해도 친구들이 좋아하죠. 아유 부끄러워!
나는 쏘르르, 꾀쟁이 물꼬마! 언제든지 척척!
   위기에 처하면 나를 불러요! 언제든지!
나는 쭈르르, 미끌미끌 물꼬마! 언제든지 미끄러지고
   한번 웃음보 터지면! 헤헤헤 하하하 호 호!

(물꼬마 꾸르르-대사로) 그만, 그만 웃어 쮸르르, 너무 웃으면 웃음보 터져!

(물꼬마 모두-노래로) 우리는 다섯 물꼬마, 데굴데굴 물꼬마들. 동글동글 댕글댕글, 여러분의 친구지요!

꾸르르 : 애들아, 나는 무척 궁금한 게 있어!
 여기 계곡물을 따라가면 무엇이 있을까?
쮸르르 : 왜? 꾸르르! 또 궁금증이 발동했어?
 호기심 발동하면 사고 쳐서 항상 혼나잖아!
또르르 : 누나한테 물어볼까?
쏘르르 : 안돼, 엄마가 계곡으로 내려가면서 누나보고
 '동생들 멀리 가지 못하게 해라.
 한번 산 아래로 흘러가면 다시 이곳에 올 수 없으니깐'
 라고 했어!
꾸르르 : 누나한테는 안 물어볼 거야.
쏘르르 : 누나가 아니라면 누가 있지? 저 아래 세상은 아무도 모르는데….
뿌르르 : (따라 한다) 아무도 모르는데
쏘르르 : 아하! 알겠다!
뿌르르 : (따라 한다) 아하! 알겠다!
쏘르르 : 야 뿌르르 따라 하지 마!
뿌르르 : (따라 한다) 따라 하지 마!

쏘르르 : 내가 알아낸 거야!

뿌르르 : (따라 한다) 내가 알아낸 거야!

쏘르르 : 그건 바로!

뿌르르 : (따라 한다) 그건 바로!

쏘르르&뿌르르: (동시에) 물고기 친구들!

쏘르르 : 아아아! 진짜! 뿌르르!!!

뿌르르 : 헤헤헤

또르르 : 그래, 물고기! 물고기는 저 아래 세상을 알 거야.
 올라왔다가 내려갔다가 자기 마음대로 하니까.

꾸르르 : 그래, 물고기한테 물어보면 알겠다. 물고기야, 물고기야.

(큰 물고기 영상이 다시 등장한다 – 위치가 상수 하수 변해도 상관없다)

물고기 : 나 불렀어. 왜?

꾸르르 : 내 친구 물고기야. 이 물 따라가면 어떤 세상이 나와?

물고기 : 개울 물이 흘러 하천으로 가고, 하천물은 시냇물이 되지.
 시냇물은 강으로 가고, 강물은 바다로! 바다는 물의 마지막 종착지야.
 그런데 간혹 인간들이 만든 상수원이라는 곳으로 흘러가게 되면 요리 보고 조리 보고 하다가 사람들 집으로 보낸다.

그러면 물은 사람들 입으로 들어가지.

쏘르르 : 입이 뭐야?

물고기 : 하하하 우린 주둥이, 사람들은 입이라고 하지.

입속으로 들어가면 길고 긴 캄캄한 굴 속을지나

뽀~옹~뽕! 하고 고약한 냄새와 함께. 폐수관을 따라서~

뿌르르 : 뽀~옹~뽕은 알아, 그 냄새는 아주 고약해.

그런데 말이야, 아이들 입속으로도 간다는데 아이들은 어떻게 생겼어?

물고기 : 땅 위에 살고, 작고 귀엽게 생겼지!

밥도 잘 먹고, 우유라는 것도 먹고!

학교라는 곳에서 공부도 하고, 집에 와서는 인사하자마자 핸드폰이라는 걸 해! 그러면 엄마들이 그만하고 공부나 해! 그러면 또다시

공부하는 척하다가 또다시 톡톡톡!

(물고기 영상이 아래로 향하거나 해서 변화가 있으면 좋겠다.)

아! 여기 많이 있네! (관객 아이들 보고)

쏘르르 : 참 이쁘고, 신기하게 생겼네. (아이보고)

안녕! 어린이 친구!

뿌르르 : 나도 나도! 나랑 뽕뽕할 사람? (아이들 대답 타임 주기) 헤헤헤

꾸르르 : 물고기야, 또 다른 세상도 있어?

물고기 : 그럼, 아주 많아. 부릉부릉 자동차 공장이나 세차하는 곳으로 가면 미끌미끌 끈적끈적, 진짜 무서운 기름 괴물도 있고, 소나 돼지라는 동물들 사는 곳으로 가면 똥물을 뒤집어쓰기도 하지!

또르르 : 똥물! 으윽 더러워라!

물고기 : 애들아! 더러운 물은 절대로 뒤집어쓰면 안 돼. 절대로! 더럽고 냄새 고약한 물이 되면 하수처리 다섯 대왕이 잡아가서 뱅글뱅글 돌리기도 하고, 무시무시한 혀를 날름거리며 흔들고, 돌리고, 비비고, 바람통 속으로 확 끌고 가서는….

꾸르르 : 그만, 됐어!

쏘르르 : 왜 됐어?

꾸르르 : 난 그런 재미난 세상이 좋아. 다 들으면 재미없잖아!

뿌르르 : 꾸르르, 정말 가겠다는 거야?

꾸르르 : 그럼, 무섭긴 하겠지만 신비한 세상 같지 않아. 누가, 같이 갈 거야?

또르르 : 무섭지만 나도.

쏘르르 : 나도 갈 거야.

쭈르르 : 나도.

꾸르르 : 뿌르르, 넌. 넓은 강 보는 것도 소원이라고 하지 않았어?

뿌르르 : 그랬지만! 난 무서워서…. 음…! 좋아. 나도 갈 거야!

꾸르르 : 좋았어. 그럼, 우리 모두 인간 세상으로 가보자. 무엇이

있을까?!

물고기 : 혹시 대왕들을 만나서 위기에 처하면 님프 요정을 불러.

쏘르르 : 누구, 님프 요정?

물고기 : 응. 물의 요정 님프님을 찾으면 너희들을 도와줄 거야.

꾸르르 : 응! 고마워, 물고기 친구.

물고기 : 잘 갔다 와, 이곳은 내가 지키고 있을게. 안~녕! (퇴장한다)

꾸르르 : 여러분, 신나게 세상 구경해볼까요?

(관객 대답할지 모르니 한템포 쉬고)

쏘르르 : 좋아! 그럼 우리랑 세상 구경 떠나요.

물꼬마들 :(다 같이) 출발!!!

[1장 물꼬마 퇴장, 암전]

2장. 다섯 나라 대왕 이야기

(영상으로 다섯 대왕들이 실루엣으로 중앙에 등장하고 더러워진 물들 주변에 쓰레기들이 보여도 좋다. 영상은 대왕들의 노래와 함께 계속되며 대왕들이 자신들을 소개할 때마다! 더러운 물이 조금씩 깨끗하게 변하고, 지저분한 것도 없어진다. - 2장은 모두 영상과 음악으로만 보여준다)

S2 - 대왕들의 노래

사람들은 우릴 보고 더럽다고 말하지만
이곳저곳 보내주는 뒤죽박죽 오염된 물
우리들이 없다면 깨끗한 물도 없어
다섯 나라 대왕들은 하수처리 정수 대왕

부릉부릉 세차하고 버려지는 폐수 물들,
밥~먹고 치카치카 퐁퐁 물에 거품 된 물,
얼룩덜룩 뒤죽박죽 하수물은 대왕들 꺼
우리는 깨끗한 물 만드는 대왕들~!.

해롱대왕 : 나는 흔들흔들 뒤죽박죽 나라 해롱해롱대왕.
 더러운 물은 아무도 통과하지 못해.
뱅뱅대왕 : 나는 뱅글뱅글 좋아하는 소용돌이 나라 뱅뱅대왕
 어지럽게 뱅뱅 돌려 얼룩진 걸 털어내지.
쉬쉬대왕 : 나는 왕짜증쟁이. 깊은 물 속을 지키는 살금나라 쉬쉬대왕
 큰 소리로 떠들다간 잡아다가 웅덩이에 가둬두지
후후대왕 : 나는 언제나 커다란 바람자루를 들고 못된 놈 잡는 씽씽나라의 대왕
 지저분한 것들 모두 다! 빠져나가지 못한다!

먹지마왕 : 사람들은 나를 보고 배불뚝이 욕심쟁이 먹지마왕이
라 하네
더러운 찌꺼기, 덩어리 무엇이든 비벼서 맛있게 냠냠.
다섯대왕 : 우리는 하수처리장 지키는 다섯 나라 대왕들.

해롱대장 : 흐흐흐, 누가 온다! 아주 퀴퀴한 냄새가 나는군.
모두 자기 자리로 가서 지키고 있다가 한 놈씩 잡아
먹자~
후후대왕 : (관객보고) 애들아, 너희들은 깨끗해서 안 잡아 먹
을 테니 지저분한 물이 나타나면 소리를 질러, 크게!
알았지요? 자! 우리는 숨어서 기다려보자고!
(대왕들 사라진다.)

〈2장 끝 암전〉

3장. 다섯 물꼬마의 모험!

(조명이 들어오면 중앙에 나뭇잎 배가 설치되어있다. 레이어 부분, 아랫단 부분에 푸른색의 조명이나 영상이 일렁인다. 멀리 있는 강을, 물길을 표현한 것)

또르르 : 저 멀리 강이 보여!

쏘르르 : 그러게 거의 다 왔나 봐. 어?! 저쪽이 인간들이 사는 곳인가?

꾸르르 : 오! 궁금한데?! 각자 흩어져서 원하는 물길 따라 가보는 건 어때?

물꼬마들 : 좋아!

또르르 : (또르르 무언가 발견한다. 가리킨다) 얘들아 여기!! 이걸 타고 가볼까?!

(중앙 배에 조명이 들어온다)

뿌르르 : 그래! 물길 따라 이걸 타고 가면, 더 많은 세상을 볼지도 몰라!

꾸르르 : 좋아! 그럼 가다가 마음에 드는 곳에서 각자 내리는 거야!

쭈르르 : 응! 그래!

(물꼬마들 배 위에 탄다)

또르르 : 다들 준비됐지?!

물꼬마들 : 응! 준비됐어!

또르르 : 하나둘 셋!

물꼬마들 : 출발!!!

(나뭇잎 배가 덜컹 소리와 함께 움직이고 무빙 라이트로 효과를 줘서 울렁거리는 물길을 만들어준다. 모험을 떠나는 것을 멋지게 보여준다.)

또르르 : 야호! 애들아! 나는 여기서 내릴게! 좀 이따 봐! (샤워기 소리 & 욕조!)

꾸르르 : 오! 완전 큰! 동물이다! 나는 여기로 결정! (동물 소리 *소 *돼지)

뿌르르 : 안녕 사람 꼬마 친구들! 우리 같이 뿡뿡하자 (변기 물 내려가는 소리)

쭈르르 : 나는 기계가 좋아! (자동차 소리 부릉부릉 빵빵)

(모두 배에서 내리고 쏘르르 혼자 남아있다)

쏘르르 : 애들아 조심해! 큰 강에서 만나!
(효과음 그리고 암전)

(다시 조명이 들어오면 배는 안 보이고 배경과 느낌이 달라져 있다! 대왕들의
　나라다. 무대에는 지저분해진 물꼬마 다섯이 있다. 서로의 모습을 보고 웃는다)

쏘르르 : 다들 모였지?! 뿌르르 넌 어디 갔다가 왔어? 난 빗물에 휩쓸렸어!

뿌르르 : 응, 난 사람 친구 따라갔다가 뿡뿡 방귀가 나서 화장실에 있었는데 변기 물이 확 내려가 여기로 왔어! 또르르, 넌?

또르르 : 난 사람 친구랑 욕조라는 곳에서 놀고 있는데 비누 거품 물이 쏟아져서 여기로 왔지. 온몸에 거품이야!

쭈르르 : 난 빨간 붕붕 차에 매달렸다가 까만 기름 물에 쭈르르 미끄러져서 여기로 왔어. 어휴 지저분해. 그런데 이 고약한 냄새는 뭐야?! 으윽

(쿵쿵 소리를 내면서 꾸르르에게서 멀어진다)

꾸르르 : 나야 나, 신기한 소하고 돼지라는 동물 오줌통에 빠지는 바람에 헤헤
(물꼬마들 코를 잡고 냄새가 지독하다는 듯하면서 깔깔거린다)

물꼬마들 : 뭐, 오줌 통에!

꾸르르 : 놀리지 마! 그런데 여기가 어디지? 또르르! 넌 똑똑하니까 여기 알지?

또르르 : 여… 여긴 물고기가 말한 더러운 물을 잡아먹는다는 다섯 대왕이 사는 하수처리장인 것 같아!

물꼬마들 : (모두 놀라며) 뭐라고!

쭈르르 : 우리 어떻게 해?!

쏘르르 : 그럼, 이제 우린 여기서 못 나가는 거야?

　　　　엄마도 못 만나고, 엄마~(운다) 이잉

뿌르르 : (울먹이며) 야, 꾸르르, 너가 책임져. 모두 너 때문이야.

　　　　산속 맑은 물에 있었으면 이곳에 오지 않았잖아.

또르르 : 큰일 났네. 고약한 냄새가 많이 나면 금방 대왕들이 알고 찾아올 텐데.

꾸르르 : 걱… 걱정 마, 대왕들이 수수께끼를 좋아해서 답을 말하면 지나가게 해준다고 물고기가 알려줬어! 그리고 우리 몸에 붙은 더러운 것도 털어준데 냄새나는 것도.

쏘르르 : 대답 못 하면?

꾸르르 : 잡아…. 먹히기도 하겠지!

물꼬마들 : 잡아 먹힌다고? 으아아앙

뿌르르 : 아니야! 우리에게는 용감하고 언제든지 척척 해결하는 쏘르르가 있으니까, 수수께끼 정도는 금방 풀 수 있을 거야!

쏘르르 : 나?! 으응…! 맞아 나는 위기에 처하면 잘해… 해결하고 용… 용감해!!

꾸르르 : 자! 그럼 일단 살금살금 몰래 대왕들을 지나치는 거야.

알았지?

(작은 방구소리)

쏘르르 : 뿌르르! 넌 뿡뿡 방귀 뀌지 마. 엉덩이 꽉!
뿌르르 : 알았어, 이렇게 (엉덩이를 잡고-물꼬마와 관객 아이들
　　　　　웃는다)
꾸르르 : 쭈르르, 너도 쭈르륵 미끄러지면 안 돼.
쭈르르 : 알았어. 자 어서 가자! (점프하는데 미끄러지는 소리
　　　　　미끄러진다) 으악!

(쭈르르 미끄러져서 다들 쭈르르에 밀려서 퇴장된다)

물꼬마들 : 쭈르르!!
쭈르르 : 미안~~~~~~~~~~~~
　〈3장 끝 암전〉

4장. 대왕들의 나라!

첫 번째 나라 – 침사지 (모래 제거를 위한 못)를 지키는 해롱
　　　　　　 해롱 대왕.

해롱해롱 대왕은 길고 붉은 혀를 가진 무시무시 한 대왕이다.
조명이 들어오자 중앙에 둥글둥글한 분홍색 혓바닥이 걸려있다.
물꼬마들이 쭈르르와 함께 미끄러져서 들어오다가 다들 혓바닥에 부딪힌다.

물꼬마들 : 으아악! 안돼!

(부딪히자 쿵 소리가 난다)

해롱대왕 : 아야!, 누구냐?.
  어딜 지나가려고. 흐흐흐 오호 너희들 참 맛있어 보이는구나!
  흐음, 달콤한 냄새가 나는 너(쏘르르)부터 잡아먹을까!
  아님, 나의 혀를 밟은 요놈을(쭈르르) 먼저 잡아먹을까.
  아니지, 아니야. 이곳에 왔으니 일단 뒤죽박죽 흔들고, 돌리고, 모래부터 털어내서 깨끗하게 해서 먹어야지. 이야압!
쏘르르 : (급하게)대왕님! 잠시만요!
해롱대왕 : 뭐냐!!!
쏘르르 : 우리 수수께끼 내기해요.

해롱대왕 : 뭐, 수수께끼를! 이놈들, 내가 수수께끼 좋아한다는
걸 어떻게 알았을까. 흐흠.
좋아. 그럼, 냄새나는 물꼬마들아! 여긴 어느 나라지?

(모두 쏘르르를 보고, 쏘르르 소곤소곤 얘기해준다)

쏘르르 : 소곤소곤……. (물꼬마들 끄덕끄덕)…… 하나둘, 셋!
물꼬마들 : 뒤죽박죽 나라요!
해롱대왕 : 똑똑하군! 그럼 이 나라 즉! 뒤죽박죽 나라는 무엇을
하는 곳이냐?
또르르 : 공장이나 가정에서 버린 오염된 물과 모래를 가라앉혀
두는 연못이 아닙니까?!
해롱대왕 : 이런이런! 잘 알고 있구나! 약속은 약속이니 좋다!
지나가거라.
단, 지저분한 것을 좀 털어내 주마!

(재미난 음악 소리가 나오면서 다들 몸을 흔든다)
물꼬마들 : 이렇게요?! (물꼬마 몸을 털면서 도망을 가듯 퇴장
한다)
해롱대왕 : 그래 그렇게! 난 깨끗한 물이나 만들러 가봐야지 어험
(혓바닥이 무대 뒤로 들어간다)

두 번째 나라- 유랑조정조 대왕

(무대 양쪽에서 우산이 나와서 뱅글뱅글 돌고 있고 물꼬마들이 하나씩 등장하는데 곳곳에 날아다닌다. 영상 혹은 조명으로 뱅글뱅글 도는 효과를 준다)

물꼬마들 : 아유, 어지러워. 살려줘요, 님프님! 님프님 살려줘요.

(아름다운 효과음이 들리면서 소리가 나온다)

님프 : (소리만) 수리수리마수리, 후~ 얍!

(양쪽에 우산이 멈춘다. 영상 조명효과들도 멈추고 인형들도 자리를 잡는다! 무대에서 얼굴이 그려진 우산이 나온다. 뱅글뱅글 대왕이다! 님프가 등장한다!)

또르르 : 님프님 고마워요! 뱅뱅대왕님,
　　　　이렇게 마구마구 돌리면 머리가 아프고 토할 것 같습니다.
뱅글대왕 : 하하하 토할 것 같다고?
　　　　그럼 얼른 토해버려, 더러운 찌꺼기는 가지고 있으면 안 되지.
　　　　안그래요 여러분? 자 다시! 뱅글뱅글!!!

(다시 뱅글뱅글 돌아간다!)

꾸르르 : 잠깐만요 대왕님! 이건 이상합니다!

(효과들이 멈춘다)

뱅글대왕 : 이상하다니?

꾸르르 : 여기도 물이 있어야 더 깨끗한 물을 만들 수 있는데 우릴 잡아먹으면 깨끗한 물을 어떻게 만들 수 있나요?!

님프 : 뱅글뱅글 대왕님. 꾸르르 말이 맞아요.
　　　대왕님의 뱅글뱅글 원판을 이용해서 더러운 걸 제거하면 물꼬마들을 다시 맑고 깨끗한 물로 만들 수 있을 꺼에요!

뱅글대왕 : 님프, 일리가 있다만…

님프 : 그렇다니까요. 이제 보내주세요.

뱅글대왕 : 그렇다면 괜찮지만, 불순물 제거 안 하고 보내면 다른 나라 대왕들이 무척 화를 내.
　　　음…. 여기가 어떤 나라인지 맞춘다면 보내주든지 하지!
　　　맞춰보거라! 유량조정조 소용돌이 나라는 어떤 곳이냐!!!

또르르 : 소용돌이로 나쁜 물질을 제거하고, 더러운 물을 조정하는 나라입니다!

뱅글대왕 : 참 똑똑한 녀석들이구나. 통과!

물꼬마들 : 야호!

님프 : 물꼬마들아, 아직 세 개 나라가 더 있으니
　　　정신 바짝 차리고 무사히 지나가요!
쭈르르 : 님프님, 다음 나라는 어느 나라예요?
님프 : (뱅글대왕을 살짝 보고는)
　　　다음 나라는 살금살금나라 잠꾸러기 쉬쉬대왕인데 떠드는 걸 아주 싫어하니 조용히 지나가야 해요! 알겠죠?! 그리고 속닥속닥속닥!
물꼬마들 : 네 고마워요. 님프님! (관객 보며)여러분도 쉬이~

(물꼬마들 뱅글대왕, 님프 퇴장하면서 쉬쉬대왕이 등장한다. 물꼬마 인형이 양옆 가림막 뒤에서 등장해도 좋을 것 같다)

세 번째 나라 - 최초침전지- 살금살금 나라 쉬쉬대왕(잠꾸러기 대왕)

또르르 : 살금살금 지나가자! 님프님이 조심하라고 했어!
뿌르르 : 아 방구뽕이 나오려고 해! 뽕~ (방귀 소리)
쭈르르 : 으악 깜짝이야 (놀라 넘어진다 우당탕탕 소리)

쉬쉬대왕 : 아니, 누가 이렇게 시끄럽게 해! 아이구 신경질 나.
　　　　　겁도 없이 여기서 떠들다니 무서운 맛을 보여주마.
꾸르르 : 살금살금나라 대왕님!

쉬쉬대왕 : 아니, 이 나라의 이름은 수수께끼 정답이었는데?!
어떻게?!

꾸르르 : 후후 그거야 아주 쉬운 문제니까요!
지나가도 되겠지요? 애들아 얼른 가자.

쉬쉬대왕 : 안돼! 너희들 몸에 있는 불순물을 제거했는지
검사를 해 봐야겠다. 모두 손들어!

(모두 양손 든다. 살금대왕 커다란 돋보기 같은 거로 살핀다)

또르르 : 애들아 전부 아무 말 하지 말고 조용히 있는 거야! 알
았지?! 시~작!

쉬쉬대왕 : 으으……. 조용하니까 자꾸 잠이 오는군…. 잠….
잠…. 잠이….

(쉬쉬대왕 잠이 든다)

쭈르르 : 지금이야! 어서 나가자!

쉬쉬대왕 : 어어! 안돼 기다려라!

뿌르르 : 대왕님! 우린 다른 곳도 통과해서 괜찮을꺼에요! 안녕
잠꾸러기 대왕님!

쉬쉬대왕 : 잠꾸러기 대왕이라니, 거기 섯거라(쿵쿵 소리 내며
퇴장한다).

(물꼬마들 헉헉거리며 들어와 우습다고 쉬쉬대왕 흉을 본다)

뿌르르 : 어휴, 난 웃음보가 터져 혼날뻔했네.
　　　　잠을 그렇게 쉽게 잔다니!
쏘르르 : 님프님이 방법을 가르쳐 준 걸 전혀 모르겠지?!
쭈르르 : 역시, 쏘르르는 머리가 좋아.
꾸르르 : 대왕들 생각보다 별것 아닌데? 헤헤 다음 나라로 출발
　　　　이다!

(청소기 소리가 난다)

또르르 : 이게 무슨 소리야? 어 어?! 안돼! 안돼!
(또르르가 점점 밑으로 내려간다)
꾸르르 : 또르르 날 잡아!
뿌르르 : 내 손도! 얼른 잡아 또르르!
물꼬마들 : 영차영차! 친구들 힘을 주세요! 영차영차 영차영차!

(청소기 소리가 더 커진다! 그리고 또르르와 함께 꾸르르 뿌르르가 같이 밑으로 사라진다!)

또, 꾸, 뿌르르 : 으아악! 얘들아~
쏘르르 : 어쩌면 좋아?!

쭈르르 : 빨리 쫓아 가보자!

(쏘르르와 쭈르르가 퇴장하고 무대는 암전 없이 커다란 보따리가 나온다. 무대는 미생물이 아주 작게 보이기도 한다.)

네 번째 나라 포기조- 씽씽 쌩쌩나라 후후대왕(심술쟁이)

(자루 속 물꼬마들이 풀어달라고 소리친다)

꾸르르 : (자루 속에서)어서 풀어 줘! 얘들아! 어딨어?!

(쏘르르, 쭈르르 등장한다!)

쏘르르 : 얘들아!! 잠깐만 기다려, 꺼내줄게! 쭈르르. 대왕이 오는지 봐줘.
쭈르르 : 알았어(쭈르르 밖으로 나가 한쪽을 응시하며) 아직 안 와.
또르르 : (자루 속에서) 쏘르르 빨리~ 안이 너무 답답해
쏘르르 : 알았다니까. 혼자서는 안 되겠는걸. 쭈르르 어서 와서 줄을 당겨!
쭈르르 : 알았어, (쭈르르가 들어와 줄을 잡고) 여기?
쏘르르 : 응, 힘껏 당기는 거야!
　　　　자, 여러분도 하나둘, 셋 하면 '힘' 하고 소리쳐주세요!

알았죠?

하나, 둘, 셋! 힘!!!

(펑 소리와 함께 보따리가 터지고, 잡혀있던 아이들이 튀어나온다! 무대에는 곳곳에 미생물이 풀려버렸다! 영상 조명 변경)

뿌루루 : 아이구 내 뽕뽕 엉덩이!
꾸르르 : 고마워 쏘르르 쭈르르!

(이때 바람 소리 & 바람 효과가 등장하여 심술쟁이 후후대왕이 들어 온다 후후대왕은 배우가 실제로 하수 쪽에서나 상수 쪽에서 등장한다.)

쭈르르 : 네 번째 대왕 후후대왕인가 봐! 얼른 도망가자!
후후대왕 : 너희들!!! 이게 뭐 하는 거냐! 물을 깨끗하게 만들어
         주는 미생물들이 다 빠져나가 버렸잖아!
         으으악 너희도 이 자루에 잡아서 몽땅 청소해주마!
         (후후대왕이 뿌르르를 손으로 잡는다!)
         너부터 자루에 넣어주마!
물꼬마들 : 안돼! 뿌르르!
뿌르르 : 으앙 무서워, 무서워!!! (뽕뽕뽕)

(후후대왕 갑자기 뿌르르를 다시 놓는다.)

후후대왕 : 으악… 이게 무슨 냄새야! 깨끗한 물의 세계를 오염시키지 마라!
쏘르르 : 이거야! 후후대왕은 항상 깨끗해서! 냄새나는 거 지저분한 걸 싫어하는 거야! 뿌르르! 어서 방귀를 껴!
꾸르르 : 그래! 엉덩이 꽉 안 해도 돼! 뿌르르!
뿌르르 : 정말?! 으으…. 알았어! 그럼 간다! 받아라. 뿡뿡뿡뿡 방귀 폭탄!
(격한 방귀 소리가 난다)
후후대왕 : 아니, 이건. 난 냄새는 싫어! 아 그만 그만!!! 항복, 항복, 항복. 안 되겠다. 도망가야겠다(후후대왕 도망을 간다. 퇴장).

물꼬마들 : 우리가 이겼다!!! 야호! (신나 한다)
또르르 : 뿌르르의 뿡뿡이 쓸모가 있었구나! 히히
꾸르르 : 냄새가 지독하긴 했어! 뿌르르 다음부터는 뿡뿡해도 뭐라고 덜 할게!
뿌르르 : 헤헤헤 고마워! 뿡뿡을 많이 하니깐! 몸이 아주 시원해졌어!
다음 대왕도 이길 수 있을 것 같아!
쏘르르 : 이제 남은 대왕은 다섯 번째 나라 먹지마왕이야. 여기

만 통과하면 우린 엄마가 있는 강으로 나갈 수가 있어!

쭈르르 : 먹지마왕은 우릴 잡아먹어 버릴 텐데.

쏘르르 : 걱정 마, 우린 이제 깨끗한 몸이 되었고, 그래도 잡아먹으려고 한다면 우리 힘을 합쳐 이겨 낼 수 있어!

꾸르르 : 그래, 맞아 모두 힘을 합쳐 마지막 와구와구 나라를 지나가는 거야.

뿌르르 : 어떻게?

쭈르르 : 어떻게?

또르르 : 먹지마왕은 하나, 우리는 다섯이잖아! 헤헤 그러니 용기를 내자.

쭈르르 : 시시해… 전혀 힘이 안 나는걸..

꾸르르 : 아니야! 쭈르르! 용기를 내자! 우리 힘이 날 수 있게 용기의 물꼬마 노래를 부르면서 마지막 나라로 가는 거야! 자 마지막 나라로 출발!

물꼬마들 : 좋아. 하나둘, 셋, 넷(물꼬마들 노래를 부른다)

S3 물꼬마들 노래

우리는 물꼬마들 씩씩한 용사.
소백산 맑은 무~을 우리 놀이터
이기자, 나가자 힘을 합쳐
와구와구 먹지마왕 이겨내자

얍! 얍! 얍!
우리는 물 꼬마들 씩씩한 용사들
으쌰, 으쌰, 으쌰

(씩씩하게 행진한다. 퇴장. 그리고 잠시 암전 후 먹지마왕이 등장한다!)

다섯 번째 나라 - 최종 침전지
와구와구 먹지마왕은 욕심 많은 배불뚝이로 거대한 입을 가진 탈 형태이다!
찌꺼기들을 쌓아 덩어리로 만들어서 비벼 먹는다.

먹지마왕 : 너희들은! 네 곳의 나라 무사히 통과했다는 물 꼬마들?! 허허허!
        하지만 내가 있는 여기는 아무도 통과 못 해!
        아무리 깨끗해져도 내 눈에는 찌꺼기들이 보이는구나!
        너희들을 잡아먹어서 더러운 것들이 세상으로 못 나가게 하겠다!
또르르 : 먹지마왕님, 우린 찌꺼기가 아니에요. 우리랑 정정당당 승부해요!
먹지마왕 : 승부를 하자고? 그래 해볼까. 여긴 뭐 하는 나라지?

꾸르르 : 여긴 더러운 걸 잡아내서 깨끗한 물만 보내는 아~주! 훌륭한 일을 하는 와구와구 나라지요!

먹지마왕 : 정답, 정답이다만, 난, 욕심이 많아. 사실 승부 같은 건 안 해, 아직도 찌꺼기가 붙어있는 너희를 잡아먹을 테다. 하하하.

쏘르르 : 아니에요. 우린 깨끗한 물이 되었다니까요.

먹지마왕 : 아니야, 아직 완벽하게 깨끗해지진 않았어.
세상을 오염시키는 더러운 것은 모두 여기서 내가 냠냠, 호호호
자, 입을 크게 벌리고, 한놈 두놈 입속으로 쏙!

쮸르르 : 으악! 안돼! 절 잡아먹지 말아요! 으악 미끄러진다!

(쮸르르 미끄러져서 대왕 입속으로 들어가 버린다)

물꼬마들 : 안돼! 쮸르르!!! 으아아아앙!!

먹지마왕 : 호호호! 이제 남은 넷도! 잡아먹어 주마!

쏘르르 : 안돼! 어떻게 하지?!

뿌르르 : 으아 방구뽕도 이제 안 나온단 말이야 으앙

먹지마왕 : 자 모두 내 입속으로 들어와라! 흐하하하하!!

쮸르르 : (소리가 들려온다) 얘들아!

물꼬마들 : 쮸르르 어디야?! 쮸르르!

쮸르르 : 여기 있어 얘들아! 마지막 출구는 먹지마왕님 입이야!

입을 통과하면 마지막 님프님의 뽀드득나라야!

또르르 : 그렇지만! 너무 무서워! 출구가 아니면 어떻게?!

꾸르르 : 또르르! 우리가 힘을 합치면 어디서든 빠져나올 수 있을거야!

쭈르르 말을 믿어보자!

쏘르르 : 그래! 얘들아! 저 입속으로 우리 들어가 보는 거야! 용기를 내자!

뿌르르 : 응! 알겠어! 손을 잡아서 힘을 모으자!! (손을 잡는다)

쏘르르 : 우리들은 용기 있는!!!

물꼬마들 : 데굴데굴 물꼬마!!! 가자!!!!

(물꼬마들 먹지마왕 입속으로 달려간다. 모두 들어간다)

먹지마왕 : 크흐흐흐!! 그래! 마지막 나라는 서로가 힘을 합쳐야 통과할 수 있다! 서로를 믿고 협동심을 발휘하는 게 중요하지!

상으로! 너희들은 다시 깨끗한 물로 돌아가는 것이다! 흐하하하하하!

잘가라 물꼬마들아! 언제든지 지저분해지면 우리 다섯 대왕이 깨끗하게 만들어주마!!!

(다섯 대왕들 나와서 하하하 웃는다! 따뜻한 조명 음향, 등으로

포근하게 느낌을 주는 것이 좋을 것 같다-)

〈4장 끝 암전〉

5장. 송알송알 맑은 물!

(깨끗해진 다섯 물꼬마들이 님프와 함께 있다!)

님프 : 자, 물꼬마 여러분, 이제 마지막으로 깨끗하게 씻어야해요. 아니면 다시 더러운 물이 되기 쉬워요!

물꼬마들 : 네!

(물 꼬마들 서로 씻어주고 털어주고 한다)

또르르 : 물의 세계를 통과하면서 옛날처럼 깨끗하고 맑은 물이 되었어요.

님프 : 그렇지요? 다섯 대왕님들이 무섭기는 하지만 대왕님들이 없으면 강도 계곡도 전부 더러워지고 말 거예요!

꾸르르 : 정말 대왕님들이 그래요?!

님프 : 그렇답니다! 우리 데굴데굴 물꼬마 여러분! 이곳에서 같이 깨끗한 물을 만들어 보는 건 어때요?

쏘르르 : 님프님 고마워요! 하지만 우린 넓은 강으로 가야 해요. 엄마가 우릴 기다리고 있을 거예요. 그리고 더 큰 모험

도 할거에요!

님프 : 그래요! 물꼬마 여러분! 그럼 우리 언제든지 다시 만나요!

뿌,쭈르르 : 네 님프님!

또르르 : 물의 세계를 통해서 알게 됐어요! 아무리 깨끗한 물도, 쓰레기를 마구 버리고 돌보지 않는다면 썩은 물이 된다는 것을요.

그렇게 되면 물속 모든 친구들은 살 수가 없다는 걸요!

꾸르르 : 그리고! 다섯 나라 대왕님들이 정말 좋은 분들이라는 것도요!

님프 : 맞아요! 우리 물꼬마들과 여기 친구들이 물을 사랑해서 돌본다면 정말 예쁜 세상이 될 거예요! (관객을 보고) 다들 약속할 수 있죠?

물꼬마들 : 네, 네 님프님!

쏘르르 : 우리 다시 만나요. 고마워요. 님프님! 고마워요. 대왕님들! 안녕!

(퇴장하고 배가 다시 등장한다. 물꼬마들이 그 위에 올라탄다. 무대는 큰 강처럼 보이게 영상과 조명이 꾸며준다. 다섯 물꼬마 노래한다!)

S4 〈지켜줘요. 우리 환경〉 -

사랑해요 물꼬마! 사랑해요 물의세상!

데굴데굴 물꼬마! 여러분의 친구!

친구들아! 함부로 버리면 안 돼요.

물이 썩어요. 강이 죽어요. 우리도 아파요.

아름다운 물이 흐르는 세상에서 살아요.

지켜줘요. 우리 환경! 하수처리 대왕님!

(지켜줘요, 우리 환경! 지켜줘요, 우리 지구!)

(우리 함께 사랑~해~요~~!)

(물꼬마들과 배우들 모두 등장하여 인사.

물꼬마 테마곡이 흘러나오고 아이들과 소통한다. 커튼콜 끝나면 다시 프리셋)

데굴데굴 물꼬마

끝.

■ 에필로그

원고에 마침표를 찍으면서 생각나는 한 사람, '니체'이다. 책의 마지막 부분까지 스토리텔링에 대한 나의 주장이나 해석을 말하기보다 스토리텔링에 대한 나의 심경을 니체의 글로 대신하고자 한다. 니체의 『짜라투스트라는 이렇게 말했다』 중에 나오는 「더욱 고귀한 인간」 이야기는 내가 가장 좋아하는 부분이다.

지금 나의 걷는 자세를 보라. 자신의 목적에 가까워진 자는 춤을 춘다. 나는 기둥처럼, 둔중하게, 뻣뻣이 서 있지 않고 재빨리 달음질치는 것을 사랑한다. 설령 지상에 진창이나 커다란 고뇌가 있다고 해도 가벼운 다리를 가진 자는 진창까지도 뛰어넘어, 먼지 하나 없는 얼음 위에서처럼 춤을 춘다. 가슴을 높이 올려라, 높이 더 높이 그리고 다리를 올려라. 훌륭히 춤추는 자여!

춤추는 자는 가벼운 자, 날개로 신호를 보내는 자이다. 날아다닐 준비가 되어 있는 자이다. 모든 새들을 향해 신호를 하는 자, 대책을 마련하는 다, 행복하고 쾌활하게 웃는 자이다. 성급하지 않고, 절대적이지 않고, 도약을 사랑하는 자이다.

행복한 바보가, 불행한 바보보다 훨씬 낫고, 서툴게라도 춤추는 것이 쩔룩거리며 걷는 것보다 낫다. 부디 비탄과 천민의 슬픔을 잊어버려라. 산 속에서 부는 바람처럼 행동하라. 바람은 그 자체의 피리 소리에 춤을 출 것이다. 그 발길 아래에서 바다는 뛰어 오를 것이다. 이 착한 자유의 정신을 찬미하라.

더욱 고귀한 인간이여, 얼마나 많은 일이 아직도 가능한가? 그러니 자신을 초월하여 춤추는 법을 배우라. 좋은 웃음을 배우라. 웃음의 왕관, 춤의 왕관을 그대들에게 던져주리. 웃는 것을 배우라.

나이를 먹을수록 내 인격이 모자란다는 생각이 들고, 공부는 할수록 모르는 것이 많다 생각이 들고, 글은 쓸수록 부족하고 부끄럽다는 생각이 든다. 그래서 출판을 앞두고 가장 즐거워야겠지만 오히려 후회가 되고 우울해진다. 이번 책은 그런 감정을 떨쳐버리기 위해 마지막 말은 줄이기로 했다. 반면 니체의 말처럼 행복한 바보가 되어 춤추고 즐거워하며 웃기로 했다. 10년간 스토리텔링을 해 왔지만 이 기간은 앞으로 내가 하게 될 스토리텔링의 준비운동에 불과했을지 모른다. 이 책이 내 어깨를 토닥여줄 힘이 되고, 출판사에는 윤활유가 되었으면 하는 바람이다.

이 책을 읽고 나서 스토리텔링을 알게 되었고, 좀 더 자세히 배우고 싶고, 직접 해 보고 싶다는 마음이 든 독자님들께 감사의 마음을 전한다. 스토리텔링은 첫째도 둘째도 셋째도 자신이 즐거워야 하며 저절로 춤을 추고 웃음이 나와야 한다. 그래야만 잘할 수 있다. 스토리텔링은 실천이기 때문이다.